STANZE

조르조 아감벤 지음
윤병언 옮김

Giorgio
Agamben

STANZE

행
간

자음과모음

닐로폴리스의 호라폴론Ori Apollinis Niliaci, 〈사랑〉, 『이집트 신성문자 도감』, 파리, 1574.

차례

서문 ——————————————————— 9

1부 에로스의 유령 ————————————— 23

  1. 정오의 악령 ——————————————— 25
  2. 멜랑콜리아 I ——————————————— 40
  3. 우울증에 빠진 에로스 ————————————— 50
  4. 잃어버린 물건 —————————————— 56
  5. 에로스의 유령들 ————————————— 62

2부 오드라덱의 세계 ————————————— 75

  1. 프로이트 혹은 부재하는 대상 ———————— 77
  2. 마르크스 혹은 만국박람회 ————————— 85
  3. 보들레르 혹은 절대상품 ——————————— 93
  4. 보 브럼멜 혹은 비현실의 도용 ——————— 104
  5. 팽쿠크 부인 혹은 장난감 요정 ——————— 118

3부 말과 유령 ———————————— 129

  1. 나르시스와 피그말리온 ———————— 131

  2. 거울 앞의 에로스 —————————————— 151

  3. "환상적 영" ——————————————————— 186

  4. 사랑의 영 ——————————————————— 210

  5. 나르시스와 피그말리온 사이에서 —————— 226

  6. "결코 끝나지 않을 기쁨" ———————————— 253

4부 퇴폐한 이미지 ———————————— 269

  1. 오이디푸스와 스핑크스 —————————— 271

  2. 고유한 것과 고유하지 않은 것 ——————— 282

  3. 저항선과 상처 ——————————————— 304

  후기 ———————————————————————— 319

  옮긴이의 말 —————————————————— 325

  인명색인 ——————————————————— 330

- Stanze에 관하여

원제목인 '스탄체Stanze'를 '행간行間'으로 옮긴 것은 '스탄차'라는 용어가 제목으로서 가
지고 있는 상징적 의미가 크다고 보았기 때문이다. 로마 제국시대 말기에 '방' '주거 공간'
이라는 뜻으로 쓰이던 이 말은 중세에 일련의 시 형식을 가리키는 용어로 기용되었다. 단
테에 의하면 '스탄차'는 '시의 정수가 모이는 공간'이었다. 하지만 저자가 이 책에서 시 형
식으로서의 '스탄차'를 다루는 것은 아니다. 중세 연애시를 다루는 3부에서도 주로 다루
는 것은 서사이고 '스탄차'라는 용어는 본문에 한 번도 등장하지 않는다. 저자가 주목하
는 것은 '스탄차'가 가지고 있는 정신적인 의미다. 아감벤이 시가 철학의 가장 이상적인
글쓰기 형식이라는 점을 부각시키기 위해 '시의 정수가 모이는 공간'을 '철학의 정수가
모이는 공간'으로 대치하면서 상징적인 의미로 제시하고 있는 제목이 '스탄차'라는 점은
서문에서 밝힌 저자의 의도와 책의 전체적인 구도 속에서 분명하게 드러난다. 번역어로
서 '행간'은 이중적인 의미를 내포할 수 있다는 가정하에 선택되었다. 먼저 행과 행 사이
에 감추어진 것을 가리키는 원래의 뜻은 이 책이 교묘하게 감추어진 진실의 비밀을 다루
고 있고 시어와 시어, 개념과 개념, 시대와 시대 사이의 진실을 읽고 있다는 차원에서 적
용될 수 있다고 보았다. '행간'이라는 용어가 수렴할 수 있는 또 하나의 의미는 단테가 설
명하고 있는 '시어들의 공간'이다. '사이'를 뜻하는 '간間'이 실제로 '마구간'이나 '외양간'
에서처럼 하나의 테두리가 있는 공간이라는 뜻으로 활용되는 경우가 많다는 점을 고려해
Stanze가 내포하고 있는 '시어들의 공간'을 '행간'으로 번역했다.

일러두기

- 이 책은 조르조 아감벤의 『Stanze: La parola e il fantasma nella cultura occidentale』를 우리
  말로 옮긴 것이다.
- 저자가 원어 그대로 사용하고 있는 라틴어와 그리스어, 프랑스어 문장들은 일괄적으로 본문의 경
  우 한국어로 번역한 뒤 각주 혹은 병기 처리하고 각주의 경우 병기 처리했다. 저자가 유일하게 이
  탈리아 번역문을 각주에 표기하고 있는 프로방스어 시의 경우 이탈리아어를 번역하고 프로방스어
  를 각주 처리했다.
- 저자의 부연설명이라 할 수 있는 '노트'의 경우에는 약물(*)로 해당 부분을 표기했다.
- 개별 작품은 〈 〉, 시와 논문 · 기사의 경우에는 「 」, 단행본과 잡지는 『 』로 표기했다.
- 각주의 용례는 다음과 같다. app=부록, cap=장(章), cit=앞의 책, ed=교정판, ep=서간문, foll=
  이하(following), fr=단상(fragment), ibid=같은 책, lat=라틴어, n=각주, sgg=이하, trad=번역,
  vv=행(行)

서문

소설의 경우에는 전달해야 할 이야기를 빠트리는 사건이 발생해도 받아들여지는 것이 보통인 반면 비평에 대해서는 결과물 내지 증명해 보이고자 하는 논제, 혹은 흔히들 이야기하는 가정을 기대하기 마련이다. 하지만 비평이라는 단어가 서양철학의 한 용어로서 등장했을 때 그것이 의미했던 것은 앎의 한계에 관한 연구, 정확히 말해 가정할 수도 없고 규정할 수도 없는 것의 한계에 관한 연구였다. 비평이 이와 같이 앎의 경계를 추적하기 때문에 우리의 눈앞에 "진실의 세계"를 "자연이 불변의 경계 속에 가두는 하나의 섬"으로 펼쳐 보인다면, 비평은 어쨌든 "폭풍우에 휩싸인 드넓은 대서양"의 끊임없는 유혹에, 항해사를 그가 거부할 수도 없고 끝낼 수도 없는 모험 속으로 끊임없이 끌어들이는 유혹에 노출되어 있어야 한다. "범세계적 발전의 시학"이라는 거대한 프로젝트 속에서 시와 비평철학 사이의 구분 자체를 폐지시키려고 했던 예나의 학자들에게 당당히 비평이라는 이름으로 불릴 만한 자격이 있는 작품이란 그 안에 비평 자체를 부정하는 내용을 담고 있는, 즉 작품 안에서 결코 찾아볼 수 없는 것을 본질적인 내용으로 하는 비평을 의미했다. 20세기 유럽의 인문학은 이런 장르의 비평을 많이 배출했다고 할 수 없다. 좀 더 정확히 말하자면, 쓰인 적이 없기 때문에 영원히 "완전한 것 이상"으로 남을, 다름 아닌 "침묵의 인간", 펠릭스 페네옹Félix Fénéon, 1861~1944[1]의 존재하지 않는 작품 옆에, 아마도 한 권의 책만이 진정한 의미에서 '비평'으로 불릴 자격을 가지고 있을 것이다. 그 책은 발터 벤야민의 『독일 비애극의 원천』이다.

분명한 것은, 이러한 사유의 전통에 뿌리를 두고 있고 또 그것을 어느 정도는 의식하고 있는 학자들의 상당수가 비평의 "창조적인" 성격을, 그것도 다름 아닌 예술이 창조에 관한 모든 권리를 포기한 시점에서 강조하고 있다는 점이 바로 이러한 전통의 또렷한 전락의 징조가 된다는 사실이다. 고대 알렉산드리아의 시인 필리타스Philitas에게 역사상 처음으로 적용되었던 표현이('시인이면서 동시에 비평가인poietes hama kai kritikos') 오늘의 현대 예술가를 정의하는 정당한 표현으로 되살아날 수 있다면, 다시 말해 비평이 정말 예술작품과 동일시될 수 있다면, 그것은 비평 역시 "창조적인" 성격

1　프랑스 언론인, 문학비평가, 소설가. 프랑스 문학사상 가장 고차원적이고 까다로운 비평지 중 하나였던 『르뷔 블랑슈Revue Blanche』를 통해 주로 활동했으며 생전에 한 권의 책도 출판하지 않았다. 사망한 지 4년 뒤에 장 폴랑Jean Paulhan이 페네옹에 관한 글을 발표하면서 그의 비평가로서의 중요성을 세상에 알리게 된다. 폴랑은 그를 진정한 의미에서 비평가라고 할 수 있는 유일한 인물이라고 평가했다. 페네옹은 실제로 베를렌느, 프루스트, 클로델, 조이스, 자리, 말라르메, 아폴리네르, 랭보와 같은 인물들을 가장 먼저 알아보았던 비평가다. 천재적이고 신비에 휩싸인 인물로 알프레드 자리는 그를 '침묵의 인간'이라고 불렀다. 페네옹, "가능한 한 적게 말하고 써야 한다. 침묵이라는 음악이 몇 안 되는 소리를 천재적으로 울리게 하려면." —옮긴이

을 가지고 있기 때문이 아니라, 비평이 예술과 마찬가지로 부정적인 성격을 가지고 있기 때문이다. 비평이란 스스로가 실행하는 아이러니한 자기부정의 과정에 지나지 않는다. 즉 "아무것도 파괴하지 않는 자멸"의 과정, 혹은 헤겔의 악의가 엿보이는 예언자적인 정의, "스스로를 파괴하는 신"에 지나지 않는다. 헤겔이, 친애하는 프리드리히 폰 슐레겔과 졸거, 노발리스 그리고 또 다른 아이러니의 이론가들을 공격하며 펼치던 반박의 논리, 즉 이들이 "무한하고 절대적인 부정" 앞에서 꼼짝 못 하게 되리라는, 결국은 "표현되지 않은 것을 최고의 것으로" 치켜세우면서 가장 덜 예술적인 것을 "예술의 진정한 원칙"으로 내세우게 되리라는 반박의 논리 속에서 우리는 중요한 사실 한 가지, 즉 아이러니의 '부정'은, 제거와 초월을 동시에 의미하는 지양Aufhebung, 止揚의 마술 지팡이가 언제든지 긍정적인 것으로 뒤바꿀 수 있는 변증법의 잠정적인 부정이 아니라, 회복이 불가능하면서도 앎을 포기하지 않는 절대적인 부정이라는 사실을 발견하게 된다. 진정한 의미에서 문헌학적이고 과학적인 태도가 낭만주의 아이러니와 다름 아닌 슐레겔 형제로부터 생성될 수 있었다는 사실은(인도유럽 언어학 발전에 원동력을 제공했다는 사실을 예로 들 수 있다), 인문학 비평에 기초를 놓는다는 거시적인 관점에서 여전히 관찰해야 할 부분으로 남아 있다. 인문과학 속에서 주체와 객체가 방법론적인 필요성에 의해 일치할 수밖에 없는 것이 사실이라면 우리는 대상 없는 인문과학의 가능성을 하나의 흥미로운 모순 정도가 아니라 우리 시대의 철학에 주어진 아마도 가장 진지한 과제로 보아야 할 것이다. 방법론자들이 오랫동안 갈아온 날카로운 칼날을 더 이상 아무것도 자를 것이 없는 곳에 들이대며 모른 척할 때, 다시 말해, 연구를 통해 확실히 모습을 드러내야 하는 대상이 결국에는 우리의 앎을 외면할 때, 하지만 그런 난감함을 오히려 고유의 특징으로 삼을 줄 아는 것이 비평이다. 비평의 가장 뜻깊은 의도가 지향하는 속세의 빛은 비평의 대상을 가지고 있지 않다. 모든 정통한 연구와 마찬가지로 비평 역시 연구 대상의 정체를 밝히는 대신 대상의 접근 불가능성을 규명하는 데 주력한다.

1200년대의 시인들은 그들의 시에 핵심적인 요소, 시의 "거주지이자 피난처"가 되는 공간을 "스탄차", '행간'이라고 불렀다. 시의 모든 형식적인 요소들뿐만 아니라 그들이 시의 유일한 대상이라고 여겼던 '사랑의 기쁨joi d'amor'을 행간이 간직하고 있다고 여겼기 때문이다. 하지만 이 '사랑의 기쁨'이라는 대상은 과연 무엇인가? 어떤 종류의 기쁨을 위해 시의 행간이 모든 예술의 요람이 되는가? 무엇을 중심으로 그 노래가 한 공간으로 그토록 집요하게 모여드는가?

이 질문들이 안고 있는 문제에 접근한다는 것은 쉬운 일이 아니다. 왜냐하면 서구문화의 태동기에 생성된 한 분리현상의 망각과 함께 그것에 접근할 수 있는 길 또한 자취를 감추었기 때문이다. 지극히 당연한 것으로, 어쩔 수 없이 그렇게 흘러갈 수밖에 없는 문제로 받아들여졌던 이 분리는 그러나 정말 질문을 던져볼 만한 가치가 있는 유일한 문제였다. 분리된 것은 다름 아닌 시와 철학이다.

시적인 언어와 생각하는 언어 사이에서 일어난 이 분리현상은 처음부터 우리 문화에 깊숙이 뿌리박혀 있었고 일찍부터 플라톤은 이 두 언어의 관계를 "오래된 적대관계"라고 규정지을 수 있었다. 플라톤의 시학 속에 함축적으로만 내포되어 있었고 근대에 들어와 지배적인 성격을 띠게 된 개념에 따르면 '말의 분리'는, 시가 대상을 파악하지 못한 상태에서 그것을 소유하는 반면 철학은 대상을 소유하지 못한 상태에서 파악한다는 뜻으로 해석된다. 서구의 언어는 기본적으로 하나의 무의식적인 언어, 마치 하늘에서 떨어진 것처럼 앎의 대상을 아름다운 형태로만 표현하며 그것을 즐기는 언어와, 말할 수 없이 진지하고 앎의 대상에 대해 거의 모든 것을 의식하면서도 그것을 아름답게 표현할 줄 모르기 때문에 즐기지 못하는 언어로 분리되어 있다.

시와 철학 사이의 분리가 증언해주는 것은 서구문화가 가지고 있는 하나의 불가능성, 즉 앎의 대상을 완전히 소유할 수 없다는 사실 앞에서 드러나는 불가능성이다. (앎의 문제는 근본적으로 소유의 문제이며 모든 소유의 문제는 궁극적으로 향유의 문제, 즉 언어의 문제다.) 서구세계에서의 앎은 (아비 바르부르크가 서구적인 "정신분열증"의 원인으로 진단했던 모순에 따라) 두 개의 양극화된 차원, '영감과 희열'의 차원과 '이성과 인식'의 차원 속에 극적으로 분리되어 있다. 어느 한 차원이 다른 차원을 완전히 포괄하는 경우는 발생하지 않는다. 이러한 분열현상을 수동적으로만 인정했기 때문에 철학은 자신만의 언어를 발전시키는 일에 소홀했다. 앎의 대상을 표현하는 문제와는 상관없이 진실에 도달할 수 있는 "왕도王道, hodos basileie"가 존재한다고 믿었던 것이다. 반면에 시는 아무런 방법도 모색하지 않았고 스스로의 존재조차도 의식하지 못했다. 이런 식으로 우리의 기억에서 사라져버린 것이 있다면 그것은 모든 정통한 시의 궁극적인 목표가 앎이며 모든 정통한 철학이 항상 기쁨을 목표로 한다는 사실이다. 횔덜린의 이름과 (다시 말해, 시를 무엇보다도 하나의 문제로 보았던 시인, 그래서 그것의 창조과정이 분석될 수 있고 교육될 수 있기 위해 시가 고대인들의 Mekane[2]의 단계로까지 승격되기를 희망했던 시인) 스스로의 사상을 이미 "철학"이라는 이름으로 부르지 않는 어느 사상가와의 대화가 증언하는 것은 바로 우리의 문화를 위해, 이 분열된 언어의 통일성을 되찾아야 한다는 과제의 긴박함일 것이다.

비평은 시와 철학의 분리현상이 극치에 달하는 순간에 태어난다. 서구의 말이 분리되는 시점에서, 비평은 이 분리의 현장 혹은 그것을 넘어서는 곳에서 언어가 통일되는 지점을 가리킨다. 비평의 이러한 상황은 다음과 같은 공식으로 표현될 수 있다. 즉, '비평은 표현하지 않고 아는 것도 없지만 표현이 무엇인지 만큼은 알고 있다'. 알지 못하는 것의 향유와 기쁨 없는 지식의 습득에 반해 비평은 소유할 수 없는 것의 향유와 향유할 수 없는 것의 소유를 제시한다. 이것이 바로 비평이 가르강튀아[3]의 교훈을 해석하는 방식이다. '의식 없는 과학은 영혼의 파멸에 지나지 않는다.' 비평의 행간 속에 격리되어 있는 것은 아무것도 없지만 바로 그 아무것도 아

---

2 기계, 도구, 기교를 뜻한다. ─옮긴이
3 1500년대 중반에 쓰인 프랑수아 라블레의 풍자소설 『가르강튀아와 팡타그뤼엘Gar-gantua et Pantagruel』의 주인공. ─옮긴이

닌 무無가 접근과 향유와 소유의 불가능성을 비평의 가장 소중한 보물처럼 간직하고 있다.

이어지는 글들을 통해 우리는 인식의 모델을, '우울증 환자의 절망' 혹은 '페티시스트의 부정Verleugnung', 즉 욕망이 욕망의 대상을 부인하는 동시에 인정하는 지대, 그런 식이 아니라면 절대로 소유할 수 없고 즐길 수도 없는 무엇과의 관계 속으로 돌입하는 지대에서 추적하게 될 것이다. 바로 이러한 인식 모델이, 상품화에 의해 진행된 사물의 변신과정을 분석하기 위한 기반뿐만 아니라, 스핑크스의 '어두움'과 표징 형식의 분석을 통해, 오늘날 기호학을 지배하고 있는 기표와 기의의 낡은 범주에 구속되지 않는, 또 다른 의미의 모델을 발견할 수 있는 기반 또한 확보해줄 것이다. 이러한 전망 속에서 재구성해볼 만한 가치가 있는 것이 이 책의 주된 테마를 이루게 될 유령 이론과 그것을 감싸고 있는 중세 시학, 즉 음유시인들과 스틸노보 시인들이 유럽문화에 유산으로 물려준 원대한 시학의 프로젝트와 또 그 속에서 시가 유령과 욕망과 말의 밀도 높은 "앙트르베스카Entrebescar"4를 통해 사랑의 "결코 끝나지 않을 기쁨"을 위해 스스로 행간이 되어가는 과정일 것이다.

이 책을 구성하고 있는 논문들이 나름의 해석학적인 체제 속에서 그려내고 있는 것은, 어떤 식으로든 소유하지 말아야 할 것을 소

---

4 프로방스어 시 양식인 '트루바르 클뤼스'의 기법 중 하나로 여러 단어들의 한 조합 속에 의도적으로 더 많은 의미들을 함축시키는 방식을 말한다. —옮긴이

유해야 한다는 불가능한 과제 앞에서 인간의 영혼이 대답을 시도하는 공간, "행간"의 위치다. 미로 속에서, 멀리 떨어트려놓은 것의 심장으로 곧장 인도하는 '춤의 길'이 바로 인간의 문화를 상징하는 공간의 모델이자 이탈을 통해서만 도달할 수 있는 지점에 다가서기 위한 왕도의 모델이다. 이러한 관점에서, "이미 죽은 것을 움직이지 못하도록 붙들고 있는 것이 가장 큰 힘을 요구하는 일이라는 것"을 잘 알고 있고 "부정적인 것을 존재로 탈바꿈시키는 마술적인 힘"을 오만하게 발휘하고 싶어 하지 않는 담론은 필연적으로 담론 대상의 소유 불가능성을 보장해야만 한다. 대상을 향유함과 동시에 부인해버리는 '주인'처럼 굴지 않고, 스스로의 욕망을 뒤로 미루면서 그것을 가꾸고 변신시키는 '노예'처럼 굴지 않는 만큼, 이 담론의 움직임은 곧 '고귀한 사랑 fin'amors',[5] 동시에, 즐기면서 보류하고 인정하면서 부정하고 받아들이면서 거부하는 사랑, 그것의 유일한 현실은 "바람을 사랑하며/ 소를 몰아 토끼를 사냥하고/ 물살을 거슬러 헤엄치는"[6] 말의 비현실일 뿐인 사랑의 지고한 경영일 것이다.

이러한 관점에서 우리는 하나의 "비현실적인 것의 차원"에 대해 이야기할 수 있을 것이다. 이 '차원 topos'이라는 것, 아리스토텔레스

---

5 귀족적이고 우아한 사랑의 감정을 뜻하는 음유시인들만의 사랑의 개념이다. 관능적인 욕망과 영적인 긴장감이 동시에 존재하는 모호한 감정 상태를 토대로 이루어지며 이러한 모호함이 고통과 쾌락, 괴로움과 열광을 중재하는 척도가 된다. ─옮긴이
6 12세기의 음유시인 아르노 다니엘 Arnaut Daniel의 시 구절, "qu'amas[a] l'aura/ e chatz[a] la lebre ab lo bou/ e nad[a] contra suberna." ─옮긴이

가 "그토록 파악하기 힘든" 것이라고 했던, 하지만 그것이 가지고 있는 힘만큼은 "황홀하고 모든 힘에 우선하는", 그리고 플라톤이 『티마이오스』에서 "제3의" 존재라고까지 언급했던 이 '차원'은 필연적으로 "현실적인" 것이어야 할 이유를 가지고 있지 않다. 그런 의미에서, 아리스토텔레스가 『물리학』 Ⅳ권에서 던지고 있는 "염소사슴은 어디에 있는가? 스핑크스는?"이라는 질문을 한번 진지하게 다루어본다면, 틀림없이 어디에도 존재하지 않는다는 것이 옳은 대답이겠지만, 아마도 그것은 그들 자체가 '차원'이기 때문일 것이다. 우리는 이 '차원'을 공간적인 것 대신 공간보다 훨씬 더 근원적인 무언가로 인식하는 데 익숙해져야 한다. 예를 들어, 플라톤이 제안했던, 하나의 순수한 차이점으로, "사실이 아닌 것을 어떤 의미에서는 사실로, 사실인 것도 어떤 의미에서는 사실이 아닌 것으로" 만들 수 있는 힘을 어떤 식으로든 가지고 있는 하나의 순수한 차이로 고려해볼 수 있을 것이다. '크기 분석analysis magnitudinis'과 대립되는 개념인, 위상수학의 '위치 해석analysis situs'과 유사한 철학적 위상수학만이 유토피아적 차원의 탐구에 적합할 것이다. 끊임없는 차원 탐색은 유토피아의 광채 속에서 이루어진다. 비평적 의도가 강요하는 이 허공 속에서의 탐색을 다양한 각도에서 믿음을 가지고 지지할 수 있다면 그것이 의미하는 것은 한 가지다. 누군가 그 자체로 비현실적인 것, 소유 불가능한 것과 관계를 맺고 소통할 줄 한다면 그에게는 현실과 긍정적인 것에 접근하고 그것을 향유하고 소유하는 것이 가능해질 것이다. 이어지는 글들은, 부족하지만, 무질이 그의 미완성 소설에 의탁했던 원대한 계획의 발자취를 좇기 위한 첫걸음이 되고자 한다. 이 원대한 계획에 대해서는 몇 년 전 어느 시인이 다음과 같은 공식으로 표현한 바 있다. "가장 원대한 비현실을 붙드는 사람만이 가장 원대한 현실을 창조해낼 것이다."

마르틴 하이데거를 기억하며

행간

이와 관련하여 알아야 할 것은 이 말이 오로지 시의 예술을 가리키기 위해, 즉 칸초네의 모든 기술을 담고 있는 것의 이름으로 넓은 방 혹은 모든 예술의 피난처라는 뜻을 가지고 있는 행간Stanza이 기용되었다는 사실이다. 따라서 칸초네가 모든 사유를 담을 수 있는 중심이 되듯이 행간 속에 모든 시의 예술이 집중되어 있다. ─단테, 『속어 속에서의 설득력에 관하여』 II 9

1부

에로스의 유령

이제 '상실'은, 그것이 아무리 잔인하다 할지라도, '소유'를 상대로 아무것
도 할 수 없다. 아니 오히려 그것을 완성하고, 당신이 원한다면, 인정할 뿐
이다. 상실은 결국 또 하나의 취득, 이번에는 전적으로 내면적인, 그리고 못
지않게 강렬한 취득에 지나지 않는다. ― 릴케

많은 사람들이 세상에서 가장 커다란 기쁨을 기쁘게 노래하기 위해 헛된
노력을 기울여왔다. 이제 드디어 그것이 애도 속에서 표현되니. ― 횔덜린

정오의 악령

중세가 흘러가는 동안 줄곧 페스트보다 더 무서운 재앙이 성과 빌라와 도시의 궁전에 들이닥치면서 고행자들의 사막과 수도원의 회랑과 독방, 은둔자들의 기도실에까지 스며들며 이들의 영적 삶을 침범했다. 이 재앙이 영혼을 죽음으로 인도하는 다양한 방식에 교부들이 붙인 이름들이 있다. 바로 **나태**Acedia, **슬픔**Tristitia, **의욕상실**Taedium vitae, **게으름**Desidia과 같은 이름들이다. 비록 이 재앙의 이미지가 중세의 『미덕과 악덕 전집』[1]에서, 필사본의 세밀화 속에서, 칠죄종[2]을

---

1 1200년대 초 프랑스의 수도사 기욤 페로Guillaume Perrault에 의해 집필된 『미덕과 악덕 전집Summae Virtutum et vitiorum』은 그리스·라틴 고전 작가, 철학가, 신학자들의 작품과 성경을 대거 인용하면서 미덕과 악덕을 백과사전식으로 집대성한 작품이다. ─옮긴이
2 가장 오래된 교부철학 문헌에 따르면, 죽어 마땅한 죄의 종목은 일곱 가지가 아닌 여덟 가지이다. 카시아노Cassiano, 360~435의 목록에 따르면, 이들은 탐식Gastrimargia, 음욕Fornicatio, 인색Philargyria, 분노Ira, 슬픔Tristitia, 나태Acedia, 허영Cenodoxia, 교만Superbia이다.

다루는 대중적인 작품들 속에서도 다섯 번째 자리밖에는 차지하지 못했지만 고전 해석학은 이것을 악덕 중의 악덕, 어떤 식으로든 용서가 되지 않는 유일한 악덕으로 분류하고 있다.

교부들이 특별한 열정을 가지고 맞서 싸웠던 것이 바로 이 "정오의 악령",[3] 종교인들 가운데 희생자를 골라 해가 중천에 떴을 때 공격해오던 악령이 불러일으키는 위험이었다. 영혼을 위협하는 또 다른 종류의 유혹이 문제였다면, 아마도 교부들의 글이 그렇게까지 심리적으로 잔인하게 파고들거나 집요하고 차가운 뉘앙스를 풍기지는 않았을 것이다.

슬픔은 서구세계에서 교황 그레고리우스 1세 때부터 나태와 융합되었고, 칠죄종이 대중적 성격의 삽화나 중세 말기의 우의화寓意畵, allegoria 속에 나타나는 형태로 표현되기 시작한 것도 바로 이때부터. 이러한 이미지들을 우리는 파도바에 있는 지오토의 프레스코화나 프라도 박물관에 있는 보쉬의 원형화 혹은 브뤼헬의 판화 등을 통해서 익히 알고 있다. 결과적으로 글에서 '나태'가 언급될 때 가리키는 것은 항상 이 융합에서 비롯된 복잡한 개념으로, 좀 더 정확하게 표현하자면 슬픔과 나태가 되어야 할 것이다.

3 "가장 두려워하는 사람은 제 육시(정오)를 맞이하는 수도사다······. 그래서 적지 않은 수의 노인들이 바로 이것이 시편 90편에 나오는 정오의 악령이라고 여겼다(Maxime circa horam sextam monachum inquietans······. Denique nonnulli senum hunc esse pronuntiant meridianum daemonem, qui in psalmo nonagesimo nuncupatur)." (조반니 카시아노Giovanni Cassiani, 『수도사의 규범De institutis coenobiorum』, l. X, cap. I, in 『라틴교부총서Patrologia latina』, 49)

조반니 클리마코Giovanni Climaco, 575~650도 비슷한 말을 남겼다. "의사는 아침 일찍 환자를 방문하고 나태는 정오에 수도사를 찾아간다(Mane primum languentes medicus visitat, acedia vero monachos circa meridiem)." (『천국의 계단Scala paradisi』, gr. XIII, in 『그리스교부총서Patrologia graeca』, 88) 따라서 '나태'를 표현하고 있는 브뤼헬의 판화 왼쪽 윗부분에서 커다란 평면 위에 시침 대신 손 하나가 "정오"를 가리키고 있는 것은 우연이 아니다. 정오의 악령에 관해서는 레오파르디Leopardi가 『고대인들의 일반적인 과오에 대하여』라는 저서에서 밝히고 있는 내용을 참조 바란다. 카시아노가 말하는 「시편」 90편은 정확하게 6절을 가리키고 있으며 정오의 악령에 해당되는 히브리어는 Keteb이다. 에르빈 로데 Erwin Rohde에 의하면 그리스도교 학자들이 말하는 정오의 악령은, 헤카테가 이끄는 마녀들 중 하나이자 바로 정오에 등장하는 엠푸사의 환생에 지나지 않는다. (E. Rohde, 『프시케Psche』, Freiburg im Breisgau, 1890~1894, app. II 참조)

나태한 인간의 시선이 집요한 상상력을 발휘하며 창가에 머문다. 그는 누가 찾아오는 장면을 떠올린다. 문이 조금만 삐걱거려도 자리에서 벌떡 일어나 또 무슨 소리가 나는지 확인하기 위해 창가로 달려가 밖을 내다본다. 하지만 길가로 나서는 대신 하얗게 질린 얼굴을 하고 원래의 자리로 무기력하게 돌아와 앉는다. 책을 읽다가도 불안한 마음에 독서를 중단하고 1분이 채 지나지 않아 깊은 잠에 빠진다. 손으로 얼굴을 비빈 뒤에 손가락을 펴고 눈을 들어 시선을 벽에 고정시킨다. 그러다가 다시 책을 읽기 시작한다. 모든 말들의 마지막 음절을 더듬거리면서 몇 줄 정도 더 읽어 내려간다. 그러는 사이에 쓸모없는 계산으로 머릿속을 채우면서 책과 공책의 페이지 수를 세기 시작한다. 글자와 눈앞에 있는 멋진 세밀화들이 미워지기 시작하고, 결국에는 덮어버린 책을 베개 삼아 깊은 잠에 빠지고 만다. 그리고 무언가를 빼앗겼다는 느낌이, 배가 고파서 무언가를 먹어야겠다는 느낌이 그를 잠에서 깨어나게 만든다.[4]

정오의 악령은 한 불쌍한 수도사의 머리에 강박관념을 심고 동시에 그가 위치한 곳의 공간에 대한 혐오감을 불러일으키면서 그가 머무는 독방에 대한 불편함과 그와 함께 지내는 수도사들의 추잡함을 상기시킨다. 그의 형제들은 이제 그에게 게으르고 우스꽝스러운 인간으로 보일 뿐이다. 악령은 독방 안에서 이루어지는 모든 활동에 앞서 그를 무기력한 인간으로, 마음을 편히 다스리지 못하도록, 독서

---

4 Santi Nili, 『여덟 가지 영적 질병에 관하여De octo spiritibus malitiae』, cap. XIV.

에 전념할 수 없도록 만들어버린다. 결국 수도원 생활에서 아무런 기쁨도 느끼지 못하는 이 불쌍한 수도사는 불평불만을 늘어놓기 시작한다. 한숨을 쉬면서 그가 있는 곳에 머무르는 한, 자신의 영혼은 아무런 열매도 맺을 수 없다고 염려하기 시작한다. 투덜거리면서 자신은 영혼의 어떤 과제도 소화해낼 수 없는 무능력한 인간이라고 선포한다. 항상 똑같은 공간에서 벗어나지 못하고 머릿속이 텅 빈 채로 살아가는 상황을 그는 괴로워한다. 다른 사람들에게 도움을 주고 그들을 인도해야 할 그가 실제로는 아무것도 한 것이 없고 누구에게든 도움이 될 만한 일도 하지 못했다. 그는 없는 것과 다를 바 없는 멀리 있는 수도원들을 떠벌이듯이 칭찬하면서 그가 건강하고 행복하게 지낼 수 있는 곳, 형제들 사이에서 영적 대화를 나눌 수 있는 정결한 느낌의 수도원을 떠올린다. 반대로, 당장 할 수 있는 것들은 모두 어렵고 귀찮게만 느껴질 뿐이다. 그에게 형제들은 아무런 특성이 없는 인간으로 비친다. 게다가 음식을 구하는 것도 굉장한 노고를 기울여야 하는 일이다. 그래서 그는 독방에서 벗어나지 않는 한 절대로 행복할 수 없으리라는 결론에 도달하게 된다. 그곳에서 그를 기다리고 있는 것은 죽음뿐이다. 오시 혹은 육시가 돌아오면 갑자기 몸이 피로해지면서 미칠 듯이 배가 고파오기 시작한다. 마치 긴 여행을, 혹은 힘든 일을 마치고 지칠 대로 지쳐 돌아온 사람처럼, 혹은 이삼일 정도 굶은 사람처럼. 그래서 그는 독방 안을 두리번거리면서 이리저리 오가기 시작한다. 그리고 마치 황혼을 멈추기라도 할 것처럼 태양을 노려본다. 결국, 그의 머리 위에는 대지를 휘감는 안개처럼 혼돈이 내려앉는다. 그리고 그 혼돈은 그를 텅 비우고 무기력하

게 만들어버린다.[5]

교부들이 가지고 있는 이러한 우의적 경향의 사고방식이 나태
의 환각적·심리학적 성좌를 탁월한 방식으로 고착화할 수 있었던
것은 **나태의 딸들**filiae acediae[6]이 열을 지어 지옥으로 향하는 장면을

5 조반니 카시아노, 『수도사의 규범』, 1. X, cap. II. 많은 세월이 흘렀음에도 불구하고
나태한 사람에 대한 교부철학자들의 설명이 가지고 있는 희소성이나 유효성은 조금도
퇴색되지 않았다. 아니, 오히려, 세기병mal du siècle과 씨름하는 근대 문학에 적절한 모델
을 제공한 듯이 보인다. 고티에는, 일찍부터 퇴폐주의 문학의 성서 역할을 해온 『마드모
아젤 모팽』의 주인공 달베르의 성격을 묘사하면서, 중세에 '나태'를 중심으로 벌어졌던
현상을 곧장 상기시키는 용어들을 사용했다. 교부철학의 모델에 좀 더 가까워 보이는 것
은 위스망스의 『거꾸로』에 주인공으로 등장하는 인물 데제생트의 감정상태의 묘사다(더
군다나 소설의 주인공은 교부철학자들의 책을 선호하기까지 한다). 비슷한 유형이, 물론 차
용의 흔적이 역력하지만, 단눈치오의 『죽음의 승리』의 주인공 조르조 아우리스파의 묘
사 속에서도 나타난다. 여러 가지 측면에서, 『벌거벗은 내 마음』과 『불꽃』에 나타나는 보
들레르의 단상들도 '나태함'의 중세적 현상과 특별히 밀접한 관계를 가지고 있는 것으로
보인다. 그 외에도 『악의 꽃』의 첫 번째 시에서 보들레르는 자신의 시어들을 나태(여기서
는 '권태')라는 지표 아래에 두고 있다. 이러한 관점에서 보면, 보들레르의 시는 전부 나태
와 목숨을 건 전쟁으로 이해할 수 있고 동시에 나태를 무언가 긍정적인 것으로 뒤바꾸려
는 시도로도 읽을 수 있다. 보들레르가 시인의 완벽한 형태라고 보는 '댄디'를 어떤 의미
에서는 '나태한 인간'의 환생으로 고려해볼 수 있다는 점을 우리는 주목해야 한다. 댄디
즘의 본질이 사소한 것의 숭배 혹은 등한시하는 기술(무관심 자체에 대한 세심한 주의) 속
에 내재하는 것이 사실이라면 댄디즘은 나태의 역설적인 재평가라고 할 수 있다. 나태의
그리스 어원은 다름 아닌 무관심a-chedomai이다.
6 교황 그레고리우스 1세에 의하면 나태의 딸들은 모두 여섯 가지(악, 적개심, 소심함,
절망, 규범에 대한 둔감함torpor circa praecepta, 정신의 산만함)인 반면 세비야의 이시도르
가 열거하는 것은 일곱 가지(무위otiositas, 반수상태somnolentia, 부적절한 사고, 육체적 동요
inquietudo corporis, 불안, 다변verbositas, 궁금증)이다. 하지만 토마스 아퀴나스는 이들이 그
레고리우스 1세의 구분대로 요약될 수 있다고 말한다. 즉, "무위와 반수상태는 규범에 대
한 둔감함으로 요약될 수 있다……. 옳지 않은 것들을 향한 정신의 유랑과 관련하여 나
머지 다섯은 전부 나태에서 유래한다고 볼 수 있다(otiositas et somnolentia reducuntur ad
torporem circa praecepta……. omnia autem alia quinque, quae possint oriri ex acedia, pertinent
ad evagationem mentis circa illicita)." 프랑스의 가장 날카롭고 '나태한' 작가들 가운데 하
나인 미셸 레리스Michel Leiris의 첫 번째 소설 『여명』에서 우리는 나태가 낳은 딸들의 훨

떠올릴 수 있었기 때문이다. 나태가 낳는 것은 무엇보다도 **악**malitia, 선善 자체에 대한 모호하고 멈출 수 없는 애증과 **적개심**rancor, 선을 권고하는 사람들에 대한 악의적인 저항과 **소심함**pusillanimitas, 영적 존재로서의 의무와 어려움 앞에서 두려워하며 꽁무니를 빼는 "왜 소한 영혼"의 거리낌과 **절망**desperatio, 아무것도, 신의 자비조차도 자신을 구원할 수 없다고, 유죄판결을 앞당겨 받았다고 믿고 기꺼이 몰락의 길로 빠져드는 암담하고 오만한 확신과 **둔감함**torpor, 치유를 가능케 하는 어떤 행동도 마비시켜버리는 둔하고 졸음 섞인 혼미 상태 그리고 **정신의 산만함**evagatio mentis, 즉 자기로부터의 도주와 상상에 상상을[7] 거듭하며 불안 가운데 계속되는 **다변**verbositas 혹은 꼬

_____

씬 더 풍부한 목록(68개)을 발견할 수 있다. 하지만 이들 대부분이 교부철학의 범주 안에서 간략하게 요약될 수 있다는 것을 증명하기란 그다지 어려운 일이 아니다.

[7] 나태에 대한 교부들의 해석이 가지고 있는 본질적인 특징들 중에 하나는 나태한 자를, 곧 내면의 유령이 끊임없이 뱉어내는 생각들co-agitatio을 조절하지 못하는 자로 본다는 점이다[라틴어의 '생각cogitatio'이라는 단어는 '함께co'와 '뒤흔들다agitatio'의 합성어]. 『모든 신부들의 삶Vitae patrum』은(『라틴교부총서』, 73) 상상력에 의해 끝없이 이어지는 무시무시한 담론 앞으로 끌려나온 수도사들과 은둔자들의 외침으로 점철되어 있다. "주님, 구원받기를 원합니다. 하지만 잡다한 생각들이 그것을 허락하지 않습니다(domine, salvari desidero, sed cogita- tiones variae non permittunt)", "아버지, 무엇을 해야 합니까. 저는 수도사가 마땅히 해야 할 일은 전혀 하지 않고 게으름에 젖어 먹고 마시고 잘 뿐입니다. 끊임없이 이 생각에서 저 생각으로 옮겨 다닐 뿐입니다(quid faciam, pater, quoniam nulla opera facio monachi, sed in negligentia constitus comedo et bibo et dormio, et de hora in horam transgredior de cogitatione in cogitationem)." 중세에는 생각이라는 말이 항상 상상이나 환상과 연관되어 사용되었고 '분리된 지성'이라는 그리스적 · 중세적 개념이 완전히 사라진 후에야 '지적 활동'이라는 뜻으로 쓰이기 시작했다는 점을 명확히 해두어야 할 것이다.

앞으로 우리는 교부들이 해석하는 '나태'를 우울증이라는 신드롬 그리고 심신증의 원인이 되는 상사병과 하나로 묶어주는 특징들 중에 하나가 바로 이러한 상상력의 팽창이라는 것을 보게 될 것이다. 우울증이나 상사병처럼 나태도 비뚤어진 상상력의 오류vitium corruptae imaginationis로 정의될 수 있다. 우울증이나 병 혹은 마약에 시달리면서 이러한 상상의 무질서함을 경험해본 사람이라면 누구든지 이러한 내면적 이미지의 절제

리에 꼬리를 물고 이어지는 허황된 자기중심적 지론, 더불어 **궁금
증**curiositas이 안고 있는 사라지지 않는 갈증, 보기 위해 보고 싶어 하
고 항상 새로운 가능성 속에서 분해되는 갈증, **자신의 위치와 의도에
대한 불안**instabilitas loci vel propositi, **부적절한 사고**importunitas mentis 속에서 끊
임없이 질문을 내세우며 자신의 생각에 질서와 조화를 부여할 줄
모르는 무기력한 상태 같은 것들이다.

현대 심리학은 나태가 노동을 기초로 하는 자본주의적 윤리에
어긋난다고 보고 하나의 죄로 간주하면서 **나태**라는 용어가 가지고
있는 원래의 의미를 전적으로 무시해왔다. 때문에 이제는 정오의
악령과 그의 딸들을 화려하게 의인화하는 중세사상 속에서 우리가
흔히 나태한 사람을 지칭하기 위해 사용하는 게으르다는 의미, 소
극적이라는 의미 등을 무의식적으로 모두 한꺼번에 포함하는 표현
들을 찾는다는 것이 쉬운 일은 아니다.[8] 어쨌든, 종종 벌어지는 것

할 수 없는 흐름이 의식적 차원에서 가장 통과하기 힘들고 위험한 시험이라는 것을 알고
있을 것이다. 상상의 끔찍한 무질서함을 경험하면서 어린 시절 내내 괴로움을 겪어야만
했던 플로베르는 그가 심혈을 기울여 쓴 작품에서 상상의 "유혹"에 시달리는 영혼의 상
태를 묘사하고 있다. 모든 종류의 신비주의에 친숙한 면이겠지만, 유령과의 만남이 기본
적으로 가지고 있던 긍정적인 가능성을 발견해낸 것이 서양문화사 속에서는 이루 말할
수 없이 중요한 사건이었다.

근대에 들어와서 중세의 유령 이론에 상응할 만한 무언가를 만들어내기 위해 시도
했던 몇 안 되는 작품들 중에 하나가 바로 천재와 바보의 특이한 조합이라고 일컬어지던
레옹 도데(발터 벤야민이 상당히 좋아하던 작가다)의 작품이다. 내면에 기거하는 유령들에
대한 그의 분석은 (그는 personimages라는 단어를 사용한다) 인간의 정신을 '이미지와 유
형의 조직체'로 보는 본격적인 생물학적 차원에서의 정신 이론을 구축해냈다. 좀 더 발
전시킬 만한 가치가 충분히 있는 이론이다. 그런 의미에서, 이제는 찾기조차 쉽지 않은,
『이미지의 세계Le monde des images』(1919)와 『눈 뜨고 꾸는 꿈Le rêve éveillé』(1926)은 꼭 읽
어보아야 할 굉장한 작품들이다.

처럼, 한 현상의 오해와 그것의 최소화는 그 현상이 우리와는 상관
없고 이질적이라는 것을 보여주는 대신 그것이 우리와 너무 가까
이, 제거하거나 위장을 해야 할 정도로 가까이 있었다는 것을 증명
해준다. 이는 나태의 딸들을 해석하면서 교부들이 사용했던 동일
한 범주를 하이데거 역시 이용했음에도 그걸 알아차린 사람이 거
의 없다는 사실에서 더 명확하게 드러난다. 하이데거는 '긍정'이 정
통하지 못한 익명적 차원으로 추락하는 현상과 일상의 무의미함을
분석하면서 똑같은 카테고리들을 사용했고 그의 분석은 이른바 대
중사회를 살아가는 인간이 경험하는 수많은 사회적 변화에 이론적
인 배경을 제공했다. 물론 항상 의도적이었던 것은 아니다. 하지만

---

8 나태의 원래 의미를 복구하는 데 집중하는 해석에 관해서는 요제프 피퍼Josef Pieper
의 『희망에 관하여Sulla speranza』(Leipzig, 1935)를 참조하기 바란다.
　　게으름이 나태의 부르주아적인 변장이었던 것과 마찬가지로, 유용성과 생산성에 기
초하는 자본주의적 윤리에 대항하기 위해 예술가들이 게으름을 작품의 상징적인 요소
로 제시하기 시작했다는 사실을 결코 단순한 우연의 일치라고 볼 수는 없다. 보들레르
의 시는 처음부터 끝까지 무기력paresse이라는 개념, 즉 미의 기준으로서의 무기력에 의
해 지배된다. 구스타브 모로가 그림을 통해 창출해내려고 했던 기본적인 효과들 중에 하
나는 "아름다운 무기력함la belle inertie"이었다. 그의 작품들에서 우의적 여성상이(모델은,
여신적인 품위를 유지하는 그의 살로메다) 집요하게 등장한다는 점은 그가 여성을 비생산
적 권태와 무력함의 기호로 본다는 사실을 간과하고서는 바르게 이해될 수 없다. 그에
따르면, "따분하고 변덕스럽고 본능적으로 동물적인 성향을 가지고 있는 이 여인은 그
녀의 적이 바닥에 쓰러져 있는 모습을 바라보고 자신에게도 정말 보잘 것 없는 쾌락을
느끼면서 마치 자신의 욕망을 모두 만족시켰다는 듯이 치를 떨며 역겨워한다. 이 여인
은 식물처럼 무기력하게 떠돌아다닌다(Cette femme ennuyée, fantasque. à nature animale,
se donnant le plaisir, très peu vif pour elle, de voir son ennemi à terre, tant elle est dégoutée de
toute satisfaction de ses désir. Cette femme se promenant nonchalamment d'une façon végé-
tale)……." 모로가 인간의 모든 죄악과 모든 유혹을 표현하고자 했던 〈키메라〉라는 제목
의 커다란 미완성 캔버스 속에서 나태함-우울증의 전형적인 도상과 특별히 일치하는 인
물이 발견된다는 사실을 주목하기 바란다.

오가는 말들은 거의 용어적인 차원에서 일치한다. **정신의 산만함은** 이 세상에 존재할 수 있는 가장 정통한 가능성으로부터의 도주와 유희가 되고 **다변**은 우리가 드러내야 할 것을 어디에서든 끊임없이 감추면서 존재함을 애매함 속에 가두어버리는 "수다"가 된다. **궁금 증**은 "새로운 것을 찾는, 그것을 원하는 유일한 이유가 다시 한 번 좀 더 새로운 것을 향해 도약하기 위해서일 뿐인 궁금증", 눈앞에 나타난 것을 지켜야겠다는 생각은 하지 못하고 이 "멈출 수 없음" (교부들이 말하는 **불안**instabilitas)을 통해 지속적인 산만함의 가능성을 획득하는 궁금증이다.

중세가 나태한 인간의 형상 속에서 구체화시켰던 심리학적 지식의 부활은 결과적으로 단순한 기능 교육 이상의 무언가를 보여 줄 가능성이 있다. 가까이서 바라보면 정오의 유령이 쓰고 있는 가증스러운 가면은 상상했던 것보다는 우리에게 훨씬 더 친숙한 특징들을 가지고 있다.

사실 나태의 본질에 대해 교부들이 제공하는 해석들을 살펴보면, 우리는 나태가 게으름이라는 범주보다는 슬픔과 절망의 범주에 속해 있음을 발견할 수 있다. 교부들이 관찰한 내용들을 『신학대전Summa theologica』 속에 꼼꼼히 집대성한 토마스 아퀴나스에 의하면 나태는 '일종의 슬픔species tristitiae', 좀 더 정확히 말해 인간이 가지고 있는 본질적으로 영적인 자산 앞에서의 슬픔, 즉 신이 인간에게 부여한 특별한 영적 존엄성 앞에서의 슬픔이다. 나태한 인간을 괴롭히는 것은 그러니까 악과 병에 대한 의식이 아니라, 반대로, 가장 위대한 유산에 대한 생각이다. 나태는 정확히 말해 신 앞에 선

인간이 그에 대한 의무로부터 두려움에 떨며 도망가는 현기증 나는 후퇴recessus를 의미한다.[9] 즉, 어떤 식으로든 피할 수 없는 것 앞에서의 도주인 만큼, 나태는 곧 죽음에 이르는 병을 뜻한다. 아니, 그것으로는 부족하다. 나태는 죽음에 이르게 하는 가장 혹독한 병이다. 이 병의 처참한 이미지를 키에르케고어는 나태의 가장 무서운 결과를 묘사하면서 또렷하게 그려내고 있다. "스스로가 절망이라는 것을 의식하는 절망은 자아 속에 무언가 영원한 것을 가지고 있다는 것을 알고 있다. 그리고 이제 절망적으로 자기 자신이지 않으려 하거나, 혹은 절망적으로 자기 자신이기를 갈망한다."

이 신성한 선善, bono divino 앞에서의 후퇴, 자신이 가지고 있는 풍부한 영적 가능성 앞에서의 후퇴가 가지고 있는 의미는 어쨌든 하나의 기본적인 모순을 내포하고 있다. 중세 심리학이 이루어낸 가장 놀라운 성과들 가운데 하나가 바로 이 모순의 발견이다. 나태한 인간이 신의 섭리 앞에서 후퇴한다는 것은 사실 그가 신의 섭리를 잊어버린다거나 더 이상 바라지 않는다는 것을 의미하지는 않는다. 신학적인 관점에서, 그에게 부족한 것이 구원이 아니라 구원에 이

---

9 "나태함은 어디에서나 있을 영적 선으로부터의 정신적인 후퇴가 아니라 필연적으로 곁에 남아 있어야 하는 신성한 선으로부터의 후퇴다(Acedia non est recessus mentalis a quocumque spirituali bono, sed a bono divino, cui oportet mentem inhaerere ex necessitate)." (『신학대전』 II 2.35) 기욤 도베르뉴Guillaume d'Auvergne는, 나태한 인간은 신 자체에 대해 구토를 느낀다고 말한다. "모든 달콤함의 기원인 신은 무엇보다도 먼저 나태한 인간을 괴롭힌다(Deum igitur ipsum fontem omnium suavitatem in primis fastidit acidiosus)." (Guilielmi Parisiensis, 『Opera omnia』, Venetiis, 1591, 168쪽) 나태함에 대한 교부철학의 설명 속에 지속적으로 등장하는 '철회recessus'의 이미지는, 앞으로 보게 되겠지만, 기질의학에서 프로이트에 이르기까지 이어지는 우울증의 의학적인 설명 속에 똑같이 등장한다.

르는 길이라면, 심리학적인 관점에서 나태한 인간의 후퇴가 결국 드러내는 것은 욕망의 사라짐이라기보다는 오히려 접근하기가 점점 불가능해지는 욕망의 대상이다. **나태한 인간의 타락은 대상은 원하면서도 그것에 이르는 길은 원하지 않는 욕망의 타락이다. 그는 욕망하면서도 욕망의 성취를 위한 길을 가로막는다.**

토마스 아퀴나스는 절망과 욕망과의 알쏭달쏭한 관계를 정확하게 설명하고 있다. "우리가 갈망하지 않는 것은 희망의 대상도, 절망의 대상도 될 수 없다." 그의 『신학대전』에서 나태가 **열심**sollicitudo, 즉 기대나 관심과 상반되는 것이 아니라 **기쁨**gaudium, 즉 하느님 안에 거하는 영혼의 만족과 상반된 것으로 드러나는 이유는 나태의 성좌가 모호하고 관능적인 성격을 갖고 있기 때문이다.[10]

야코포네 다 베네벤토Jacopone da Benevento, 1360?~?[11]의 나태함에 대한 순진하고도 대중적인 묘사가 지적하고자 했던 바는 더 이상 접근

---

10 "따라서 나태함은 게으름과 다를 바 없다. 하지만 후자는 틀린 것으로 보인다. 게으름은 열심과 반대되는 말이지만 나태함과 반대되는 것은 기쁨이다(Ergo acedia nihil aliud est quam pigritia, quod videtur esse falsum; nam pigritia sollicitudini opponitur, acediae autem gaudium)." (『신학대전』 II 2.35) 앨퀸Alcuin 역시 나태함의 본질적인 특성으로 욕망의 고조를 꼽는다. 나태한 인간은, "육체적인 정욕에 대해 무기력하고 영적인 일에서도 아무런 기쁨을 느끼지 못한다. 영혼이 소망하는 것에서도, 일하면서 형제들의 도움을 받는 것에서도 기쁨을 느끼지 못한다. 하지만 그는 여전히 갈망하고 욕망한다. 그리고 그의 게으른 정신은 모든 것을 스쳐지나갈 뿐이다(torpescit in desideriis carnalibus, nec in opere gaudet spirituali, nec in desiderio animae suae laetatur, nec in adjutorio fraterni laboris hilarescit: sed tantum concupiscit et desiderat, et otiosa mens per omnia discurrit)". 나태함과 욕망의 밀접한 관계, 따라서 나태함과 사랑의 관계는 중세 심리학이 이루어낸 가장 천재적인 발견 중에 하나다. 이는 나태함의 본질적인 이해를 위한 필수적인 요소가 된다. 바로 이러한 관계성이 왜 단테가(『연옥』 18곡) 나태함을 하나의 사랑의 형태로, 정확히 말해 "선을 향해 우왕좌왕하며 다가가는che corre al ben con ordine corrotto" 사랑의 형태로 보는지 설명해준다.
11 도미니크 수도회 수도사. 중세 라틴어 저술가로 활동했다. ─옮긴이

이 불가능한 대상 앞에서 끈질기게 울부짖는 욕망의 목소리다. "나태는 모든 것을 원하지만 고생은 원하지 않는다." 중세의 저자들이 그들의 과감한 사변적 직관력을 집중시켰던 환상적 어원론[12]을 토대로 파스카시오 라드베르토Pascasio Radberto, 792?~865[13]가 아래와 같은 알쏭달쏭한 말을 남겼던 것도 마찬가지의 맥락에서이다. "절망을 절망이라고 부르는 이유는 그것이 그리스도의 길을 걷기 위한 **신발**을 가지고 있지 않기 때문이다(desperatio dicta est, eo quod desit illi **pes** in via, quae Christus est, gradiendi)."[14] 다가서기 힘들면 힘들수록 더욱 집요하게 쫓아가는 목표, 눈앞에 모습을 드러내는 순간 동시에 사라져버리는 목표를 수치스럽게 응시하면서, 나태한 인간은 하나의 모순적인 상황, 카프카가 말했듯이 "목표 지점은 존재하지만 도달할 수 있는 길은 존재하지 않는" 이상한 상황에 놓이게 된다. 탈출구는 보이지 않는다. 도달할 수조차 없는 것으로부터 도주한다는 것은 불가능하기 때문이다.

욕망과 거머쥘 수 없는 욕망의 대상 사이에서 펼쳐지는 심연 속으로 끊임없이 침몰하는 모습이 바로 중세의 도상학이 '나태'라는

---

12 어원을 다루는 이 환상적인 학문의 뛰어넘지 못할 모델은 플라톤의 『크라틸로스』이다. 이 작품이 언어학 분야와 관련하여 제공하고 있는 풍부한 자료들은 완전히 연구되었다고 보기 힘들다. 많은 농담조의 어원 설명 가운데 (물론 전부 농담으로 받아들일 수 없는 내용들이다) 몇 가지 예를 들어보면, '이름onoma'은 '게걸스럽게 찾아지는 것on ou masma estin'으로부터 유래하고, '역사istoria'는 '왜냐하면 시간의 흐름을 멈추기 때문이다hoti histesi ton hroun'로부터, '진실aletheia'은 '신의 달리기theia ale'에서 유래한다.
13 베네딕투스 수도사로 코르비의 수도원장을 역임한 신학자이자 가톨릭교회의 성자다. —옮긴이
14 pes(신발)의 철자가 desperatio(절망)에 들어 있고 de가 상실을 의미하는 접두사라는 점에 초점을 맞춘 문장이다. —옮긴이

유형에 고정시킨 이미지다. 이 이미지는 머리를 손바닥에 고이고 시선을 바닥에 떨어트린, 비탄에 빠진 여인의 모습으로, 혹은 낙담한 채 몸과 마음을 악마가 내미는 베개에 내맡기는 부르주아 내지는 성직자의 모습으로 나타난다.[15] 여기서 중세의 기억술이 관찰자의 이해를 위해 제공하는 것은 게으른 사람의 "졸음이라는 죄악"에 대한 있는 그대로의 묘사가 아니라 시선과 고개를 떨어트리는 행동, 즉 탈출구가 보이지 않는 상황 속에서의 한 영혼의 절망적인 마비 상태를 상징하는 행동이다. 나태가 부정적인 극성極性을 한 가지만 가지고 있지 않은 것도 나태 속에 내재하는 이러한 근본적인 모순 때문이다. 교부들은 영적 삶을 영위하는 사람들만이 가질 수 있는 전복적인 변론 능력을 발휘해 **죽음에 이르는 슬픔**tristitia mortifera(혹은 악마적이거나diabolica 세상에 피로를 느낀tristitia saeculi 슬픔) 옆에 건강

---

15 파노프스키Panofsky와 작슬Saxl은 뒤러의 판화 〈멜랑콜리아 I〉의 계보에 관한 그들의 연구에서(Dürers, 『〈Melencolia I〉, Eine quellen-und typengeschichtliche Untersuchung』, Leipzig-Berlin, 1923) 나태함을 게으른 인간의 '졸음이라는 죄악'으로 간단히 해석하면서 나태함의 중세적 개념을 잘못 이해하고 있다. 졸음('규율 앞에서의 무감각함'의 한 측면으로서의 졸음torpor circa praecepta)은 나태함에 기인하는 여러 가지 요소들 중에 하나이지 나태함의 본질적인 특징이라고 할 수 없다. 졸음이 쉽게 찾아드는 안식처는, 나태한 인간이 죄의 유혹을 참아낼 수 있는 모든 가능성을 빼앗기 위해 악마가 그에게 내미는 베개에 지나지 않는다. 여기서 머리를 베개에 받치는 장면은 졸음이 아니라 절망을 의미한다. 바로 이러한 수수께끼 같은 제스처와 연관되는 것이 나태함의 고대 독일어 truricheit이다 (truricheit는 '시선과 머리를 땅에 떨어트리다'는 뜻을 함축하고 있는 trûren에서 유래한다). 시간이 한참 흐른 뒤에야 나태함의 본질은 게으름과 뒤섞이고 둔탁해진다. 이러한 개종의 중재자 역할을 한 것이 나태함의 '정오의 악령'을 낮잠과 결부시켜 바라보던 시각이었을 가능성이 크다. 『살레르노의 보건 위생법』은 만병의 원인이 되는 낮잠을 피하라고 권하고 있다. "낮잠을 아예 피하던지 아주 조금만 자도록 하라. 열병과 게으름과 두통과 감기, 이 모든 것이 낮잠을 자는 사람들에게 발생한다(Sit brevis aut nullus tibi somnus meridianus. Febris, pigrities, capitis dolor atque catarrhus haec tibi proveniunt ex somno meridiano)."

한 슬픔tristitia salutifera(혹은 유용하거나utilis 하느님의 뜻에 따르는secundum deum 슬픔)을 대치시켰다. 후자는 "영혼을 위한 황금빛 자극"이며 구원을 위해 일하기 때문에 "악습으로 여길 것이 아니라 하나의 덕목으로 여겨야 한다".[16] 조반니 클리마코의 『천국의 계단』에서, 무아경에 빠진 영적 상승작용의 일곱 번째 단계는 "희열을 만들어내는 오열"이 차지하고 있으며 이것은 "무언가에 대한 타오르는 갈증을 느끼면서 항상 그것을 찾아다니는 영혼의 고통과 슬픔"으로 정의되고 있다. "그것은 갈증이 해소되지 않는 한 안절부절못하고 아우성과 신음소리를 내뱉으며, 달아나는 욕망의 대상을 뒤쫓는다."

바로 나태의 부정적 극성이 가지고 있는 모호함이 이런 방식으

---

16 성 아우구스티누스의 저작으로 추정되는 글(「Liber de conflictu vitiorum et virtutum」, in 『라틴교부총서』, 40)에서 슬픔은 이중적인 것으로 정의되고 있다. "나는 슬픔이 쌍둥이라는 것을 알았다. 사실 슬픔에는 두 종류가 있다. 하나는 건강을 또 하나는 재앙을 가져온다. 하나는 반성에 이르게 하고 또 하나는 절망에 이르게 한다(Geminam esse tristitiam novi, imo duo esse tristitias novi: unam scilicet quae salutem, alteram vero quae pernicem operatur; unam quae ad poenitentiam trahit, alteram quae ad desperationem ducit)." 그런 식으로, 앨퀸 역시 "슬픔에는 두 종류가 있다. 하나는 구원을 가져오고 하나는 재난을 가져온다(Tristitiae duo sunt genera: unum salutiferum, alterum pestiferum)"고 했고(「Liber de virtutis」, c. 33), 죠나스 도르레앙Jonas d'Orléans 역시 "슬픔은 두 가지 방식으로 나타난다. 그것은 때로는 유익하고 때로는 치명적이다. 그것이 유익할 때에는 악습으로 볼 것이 아니라 덕목으로 보아야 한다(Tristitia autem cum duobus modis fiat, id est aliquando salubriter, aliquando lethaliter; quando salubriter fit, non est vitium computanda, sed virtus)"고 설명했다. 연금술 전통 속에서도 나태함은 이중적인 양극성을 띠고 나타난다. 도른 Dorn의 『Clavis totius philosophiae』(in 『Theatrum chemicum』, Argentorati, 1622, v. I) 속에서 연금술사의 화덕은 느린 속도 때문에 나태함이라고 불리지만 동시에 꼭 필요한 요소로 나타난다. "이제 우리는 꽉 채워진 화덕을 가지고 있다. 그것을 우리는 때로 나태함이라는 이름으로 부른다. 느린 불로 인해 일을 더디게 하기 때문이다(Nunc furnum habemus completum, quem acediam solemus appellare, tum quia tardus est in operando, propter lentum ignem)……"

로 변증의 양분이 되어 빼앗김을 소유로 탈바꿈시키게 된다. 나태의 욕망은 근접할 수 없는 욕망의 대상에 고정되어 있기 때문에 나태는 **대상으로부터의 도주**일 뿐 아니라 **대상을 향한 도주**이기도 하다. 나태는 부정과 결핍의 언어로만 욕망의 대상과 소통한다. 이러한 추상적인 비유들이 때에 따라 이렇게 혹은 저렇게 해석될 수 있는 것과 마찬가지로, 모든 종류의 나태는 멀어지는 대상의 꽉 찬 모습을 스스로의 음각 속에 그려낸다. 나태가 도주하는 동안 취하는 모든 행동은 대상과의 결속력이 오랫동안 지속되리라는 믿음의 행동이다.

나태의 음흉한 의도가 거머쥘 수 없는 것의 현현을 위해 공간을 마련하는 만큼 이제 나태한 인간은, 희망이 모든 희망을 잃어버린 사람에게만 주어진다는, 꿈이 어떤 식으로든 그것을 이룰 수 없는 사람들에게만 주어진다는 암울한 지혜의 증인이 된다. 이처럼 변증적인 것이 바로 "정오의 유령"이 가지고 있는 본성이다. 죽음에 이르는 병이 회복의 가능성을 '스스로' 가지고 있듯이 우리는 나태에 대해서도 이런 말을 할 수 있다. "가장 커다란 불행은 불행을 한 번도 겪어본 적이 없는 사람의 것이다."

2
멜랑콜리아 I

『살레르노의 보건 위생법』[1]은 사체액설四體液說, teoria di quattro umori [2]의 네 가지 체질을 아래와 같은 3행의 경구 속에 축약하고 있다.

인간의 육체가 가지고 있는 네 가지 체질은
피와 담즙, 점액, 멜랑콜리아(흑 담즙)로 구성된다.
멜랑콜리아는 흙, 점액은 물, 피는 공기, 담즙은 불에 상응한다.[3]

---

1 『Regimen Sanitatis Salernitanum』. 12세기경, 이탈리아 살레르노의 의과대학에서 교육을 목적으로 발행한 의학 지침서. — 옮긴이
2 고대 그리스와 로마인들이 생각하던 인체의 구성 원리. 인간의 몸이 기본적으로 네 가지 체액으로 구성되어 있으며 모든 심신 장애는 체액의 결핍 혹은 과다함에 기인한다는 이론이다. 네 가지 체액은 혈액, 점액, 담즙, 흑담즙으로 이들은 각각 사계절, 4원소(공기, 물, 불, 흙)와 직접적인 관계를 가지고 있다. — 옮긴이
3 Quatuor humores in humano corpore constant/ Sanguis cum cholera, phlegma, melancholia./ Terra melancholia, acqua phlegma, aer sanguis, cholera ignis.

멜랑콜리아,[4] 혹은 흑담즙melania chole은 무질서한 상황 속으로 던져지는 순간 무시무시하고 파괴적인 결과를 초래할 수 있다. 중세의 체질 이론 속에서 전통적으로 멜랑콜리아와 짝을 이루던 것은 흙, 가을(혹은 겨울), 건조함, 추위, 북풍, 검은색, 노년기(혹은 장년기) 그리고 사투르노(토성)다. 우울한 인간은, 사투르노의 자식들인 절름발이, 목매달아 죽은 사람, 농사꾼, 노름꾼, 종교인, 돼지치기 사이에서 한 자리를 차지한다. 우울증이 심할 경우에는 피부 혹은 피와 소변이 검게 변하는 증상을 보이거나 맥박이 둔해진다든지, 배 속에서 뜨거운 열기가 느껴진다든지, 왼쪽 귀에 굉음이[5] 울려온다든지 혹은 헛배가 불러오는 증상, 메스꺼운 트림, 잦은 배변 혹은 변비, 몽상 등의 증상을 불러일으킨다. 우울증이 원인이 될 수 있는 병은 히스테리, 자살의 유혹, 치매, 간질, 나병, 치질, 피부병 등이다. 우울증이 심할 경우 발생하는 체질의 변화는 결과적으로 부정적인 면을 가지고 있다. 우울증 환자는 슬프고 안색이 나쁘고 질투

---

4 멜랑콜리아에 관한 가장 방대한 연구서는 여전히 클리반스키Klibansky, 파노프스키, 작슬의 『Saturn and Melancholy』(London, 1964)이다. 이 작품이 가지고 있는 부족한 점들, 의문시되는 점들이 여기서 이따금 제기될 것이다.

5 멜랑콜리아를 묘사하고 있는 화보들에서 그토록 자주 등장하는 자세, 왼쪽 손으로 머리를 받쳐 들고 있는 자세는 (더 오래된 화보들 속에서 우울증 환자는 보통 서서 왼쪽 귀를 손으로 짓누르는 자세를 하고 있다) 실제로 이러한 증세에서 유래하는 것으로 보인다. (이 자세는 파노프스키가 생각했던 것처럼 '나태한 졸음'에 기원을 두고 있지 않다. 아울러, 아리스토텔레스도 『잠든 상태와 깨어 있는 상태에 대하여De somno et vigilia』(457a)에서 "우울증에 빠진 사람들은 잠을 좋아하지 않는다"라고 말한 바 있다.) 이러한 자세가 후에 졸음의 기호로 오인되고 뒤이어 나태함을 묘사하는 화보들 속으로 흘러들어간 것으로 보인다. 이러한 뒤섞임의 원인은 '나태한' 정오의 악령과 관계되는 낮잠의 악영향을 기록하고 있는 의학 이론 속에서 발견할 수 있을 것이다.

심과 사기성이 강하고, 악의적이고 욕심이 많고 비열하고 세속적이다.

하지만 아주 오래전에는 이 체질 중에서도 최악이라고 할 수 있는 것이 시와 철학과 예술 활동에 아주 적합한 것으로 받아들여졌다. 아리스토텔레스의 『난제들problemata』 가운데 가장 기괴한 문제 하나는, "철학과 웅변과 시와 예술 분야에서 뛰어난 사람들은 왜 우울한가? 이들 중 몇몇은 흑담즙에 기인하는 병을 앓아야 할 정도로 심각하지 않은가?"라고 묻는다. 이 질문에 대한 아리스토텔레스의 대답은 오랜 세월에 걸쳐 진행된 변증적 담론의 시발점이 되었고 그 과정 속에서 우울증 이론과 천재 이론은 결코 떨어질 수 없는 관계로 발전했다. 두 이론을 묶어주는 것은 상징이라고 하는 복잡하면서도 매력적인 세계였다. 그리고 그것의 표징적emblema 이미지는 뒤러의 〈멜랑콜리아〉에 등장하는 날개 달린 천사에 고정되어 있다.

담즙이 풍부하고 차가운 사람들은 성격이 이상하고 느린 반면 담즙이 풍부하고 뜨거운 사람들은 밝고 정열적이고 집요하고 쉽게 열광하는 성격을 가지고 있다……. 많은 사람들이 광분하기도 하고 열정을 보이기도 하는 것은 담즙의 열원이 지성이 위치한 곳에 가깝기 때문이다. 유사한 현상이 시빌라Sibilla[6]와 바커스의 여신도들에게 일

---

6 고대 그리스, 로마 시대에 신이 가사 상태로 아폴론의 신탁을 전했다고 하는 무녀의 호칭. ―옮긴이

어났고 신들에게 영감을 받은 모든 사람들에게 마찬가지로 일어났다. 이들이 그런 증상을 보였던 것은 병에 걸렸기 때문이 아니라 그들이 가지고 있는 자연적인 체질 때문이다. 예를 들어 마라코 시라쿠자노는 정신이 나가 있을 때를 빼놓고는 훌륭한 시인이라고 할 수 없었다. 열기가 중심으로 모여드는 사람들 역시 우울증을 느낄 수 있다. 하지만 이들은 훨씬 더 현명하고 덜 엉뚱하며 어떤 이들은 문학에서 어떤 이들은 예술에서 또 어떤 이들은 정치에서 뛰어난 면모를 보인다.[7]

흑담즙이 가지고 있는 이러한 양극성과 플라톤의 "신이 내린 집요함"의 연관성을 찾아 연구하고 발전시켰던 사람들이 있다. 이들은 로렌초 대공의 피렌체에서, 최첨단의 살롱과 신비주의 교단의 성격이 교묘하게 섞여 있던 단체의 수장 마르실리오 피치노를 중심으로 모여 활동했던 지식인들이었다. 자신이 우울한 성격의 소유자라는 걸 인식했고 천궁도로 토성과 물병자리 상승궁을 가지고 있던 피치노의 사유 속에서 우울증의 재평가는 전통 천문학이 가

---

7 아리스토텔레스가 『난제들』(30)에서 인용하고 있는 우울증 환자들의 명단을 별도로 작성한다면 상당히 길어질 수밖에 없을 것이다(헤라클레스, 벨레로폰, 헤라클레이토스, 데모크리토스, 마라쿠스). 우울증은 1200년대의 시인들 사이에서 다시 모습을 드러내기 시작했고 이에서 르네상스 시기에 들어와 본격적인 복귀를 선언한다. 우울증에 걸린 대표적인 예술가로 미켈란젤로, 뒤러, 폰토르모를 들 수 있다. 우울증이 전염병처럼 번져나간 두 번째 시기는 영국의 엘리자베스 여왕 시대로(밥 로렌스Bob Lawrence, 『엘리자베스 시대의 병폐The Elizabethan malady』, Lansing, 1951 참조), 대표적인 인물은 존 돈이다. 우울증의 제3세대는 19세기에 모습을 드러낸다. 희생자 명단에 이름이 올라간 인물들은 보들레르, 네르발, 드 퀸시, 콜리지, 스트린드베리, 위스망스 등이다. 이 3세대 모두에게 우울증은, 대담한 양극성을 가지고 있는, 무언가 긍정적이면서 동시에 부정적인 것이었다.

장 사악한 별로 분류하고 우울한 체질과 상응한다고 보았던 토성의 영향[8]을 미화하는 작업과 동시에 이루어졌다. 즉 어두움 속에서의 파괴적인 경험과 명상 속에서 입신의 경지에 도달하는 신성한 경험이 상존하는 극성에 대해 직관했던 것이다. 따라서 기본적인 흙의 영향과 토성의 영향이 함께 어우러지며 우울한 인간에게 부여하던 것이 바로 내면적 성찰과 명상을 선호하는 성향이었다.

우울한 성향의 본성은 다른 요소들처럼 쉽게 흩어지지 않고 자기 안에 스스로를 집중시킬 줄 아는 흙의 성격을 따른다……. 수성과 토성의 본성 역시 마찬가지의 성격을 지니고 있다. 이들 덕분에 중앙에 모여드는 정령들이 영혼을 영혼과 이질적인 것으로부터 떨어트리고 영혼 고유의 것을 향해 끌어당기면서 명상 가운데 고정시키고 사물들의 중심을 꿰뚫을 수 있도록 예비한다.[9]

중세에 성기가 절단된 채 절뚝거리면서 사람을 잡아먹고 죽음

---

8 뒤러의 판화 〈멜랑콜리아 I〉의 해석을 위해 사투르노(토성)의 영향을 다루는 천문학 이론이 상당히 중요하다는 것을 밝혀낸 학자는 카를 길로(K. Giehlow, 『Dürers Stich 〈Melencholia I〉 und der maximilianische Humanistenkreis』, Wien, 1903)와 아비 바르부르크(A. Warburg, 「Heidnisch-antike Weissagung in Wort und Bild zu Luthers Zeiten」, in 『Sitzungsberichte der Heidelberg Akademie der Wissenschaften』, vol. XXVI, Heidelberg, 1920)다. 바르부르크는 뒤러의 이미지를 사투르노의 공포를 물리치기 위한 휴머니즘적인 위로의 이미지, 천문학자들의 악령의 이미지를 사색적인 인간의 조형으로 탈바꿈시킨 이미지로 보았다. 이러한 바르부르크의 해석이 바로 파노프스키와 작슬의 연구를 전체적으로 지배하고 있다.
9 마르실리오 피치노, 『Theologia platonica de animarum immortalitate』, ed, R. Marcel, Paris, 1964, l. XIII, cap. II.

의 낫을 휘두르는 모습으로 그려졌던 신은 모호한 이름의 기호로 변화했고 이제 그 기호의 모호한 지배하에 모인 가장 귀족적인 인간들, 지고의 신비를 연구하고 "명상에 몰두하도록 부름 받은 종교인들"은 사투르노의 "저속하고 조잡할 뿐인" 저주받은 자식들 옆에서 자신들의 자리를 찾게 된다.

정확하게 언제 '정오의 악령'의 윤리학이 수도원의 회랑 밖으로 흘러나와 흑담즙 기질의 오랜 신드롬과 결탁했는지 아는 것은 쉽지 않은 일이다. 분명한 것은 나태한 인간의 도상 형태와 우울증 환자의 그것이 중세 말기의 달력과 연감의 화보 속에 하나로 통일되어 나타났을 때 드러나는 이들의 용해 과정은 이미 오래전부터 시작되었던 것으로 보아야 한다는 사실이다. 아울러, 나태한 인간상과 그것의 뒤늦은 변신인 게으른 인간의 "졸음이라는 죄악"을 혼돈함으로 발생했던 오해만이 왜 파노프스키와 작슬이 뒤러의 판화 〈멜랑콜리아〉의 계보학을 구축하면서 "정오의 악령"에 관한 교부 철학 문헌에 전혀 관심을 기울이지 않았는지 설명해줄 수 있을 것이다. '나태함'이 중세에는 부정적으로만 평가되었다고 믿는 잘못된 견해 역시 이러한 오해에서 비롯되었다(이 문제를 다루던 모든 사람들이 전통적으로 반복해왔던 오류다[10]). 반대로 우리는, 다름 아닌 **슬픔**과 **나태함**의 이중적인 양극성이 발견됨으로서 르네상스 시대에

---

10 같은 오류를 에드가 빈트(E. Wind, 「Pagan Mysteries」, in 『the Renaissance』, 1967, 69쪽) 같은 꼼꼼한 학자와 비트코버R. Wittkower 역시 범하게 된다.

알브레히트 뒤러, 〈멜랑콜리아 I〉, 1514.

페테르 파울 루벤스,
〈우울증에 빠진 헤라클레이토스〉,
마드리드, 프라도 박물관.

이루어질 검은 기질의 재평가가 가능해졌다고, 다시 말해 종교인에게 유혹이 되는 정오의 악령과 사색적인 성향의 인간이 안고 있는 한 질병으로서의 검은 기질이 유사한 것으로 보일 수밖에 없는 상황 속에서, 그리고 우울증이 점차적인 정화의 과정을 겪으면서 마치 수도원의 슬픔이 낳은 속세의 후손처럼 보이기 시작한 상황 속에서 르네상스의 재평가가 이루어졌다고 가정할 수 있다.[11]

기질 이론의 우의적인 변신이 완성 단계에 이르는 것은 우고 디 산 비토레의 『영혼의 약Medicina dell'anima』을 통해서 이루어진 것으로 보인다. 힐데가르트 폰 빙엔Hildegard von Bingen, 1098~1179[12]이 우울증의 부정적인 극성을 여전히 원죄의 기호로 해석하고 있는 반면, 우고는 검은 기질을 '유용한 슬픔tristitia utilis'과 일치시키면서 기질 병리학이 구원론적인 메커니즘의 신체적인 도구가 될 수 있다는 차원을 정립하고 있다.

인간의 영혼은 네 개의 기질을 가지고 있다. 피의 자리에 달콤함을, 붉은 담즙의 자리에 씁쓸함은, 흑담즙의 자리에 슬픔을……. 흑담즙

---

11 어떤 동일한 현실의 두 측면처럼 떠오르기 시작하는 우울증과 슬픔-나태함의 이른 합류에 대한 증언은 성 히에로니무스의 편지에서 찾아볼 수 있다. "밤낮으로 소리 내어 독서를 하며 금식을 절제하지 않는 사람들, 세포의 습함과 외로움에서 비롯된 권태로 인해 우울증에 빠지는 사람들이 있다. 이들은 우리의 충고보다는 히포크라테스의 치료가 필요하다(Sunt qui humore cellarum, immoderatisque jeiunis, taedio solitudinis ac nimia lectione, dum diebus ac noctibus auribus suis personant, vertuntur in melancholiam et Hippocratis magis fomentis quam nostris monitis indigent)." (ep. IV)
12 베네딕투스 수도회에 속한 독일 출신의 여류 종교인으로 가톨릭교회의 성인이며 자연학자, 의사, 시인, 작곡가, 철학자, 언어학자, 천문학자로 활동했다. —옮긴이

은 차갑고 건조하다. 하지만 냉기와 건조함을 우리는 때로는 긍정적으로 때로는 부정적으로 해석할 수 있다……. 흑담즙은 때로는 졸음에 빠지게 하고 때로는 경각심을 불러일으킨다. 다시 말해 마음을 무겁게 하기도 하고 희망찬 소망과 함께 주의 깊게 정진하도록 하기도 한다……. 한때 피를 통해 자비의 달콤함을 소유하고 있던 사람도 언제든지 흑담즙을 통해 혹은 우울증을 통해 죄로 인한 슬픔을 맛볼 수 있다.[13]

나태함과 우울증 간의 상호침투적인 관계, 즉 인간의 가장 고귀한 정신적 이상 속에 포함되어 있는 치명적인 위험이냐 혹은 가장 극단적인 위험 속에 숨어 있는 구원의 가능성이냐는 선택의 아이디어 속에 이중적인 양극성을 유지하는 상호관계와의 관련 하에서만 우리는 왜 살레르노 의학대학의 학장 코스탄티누스 아프리카누스의 글에서 우울증의 주요 원인들 가운데 "지극히 높은 선의 정체를 보고자 하는 종교인들의 열망"이 등장하는지, 또 어떻게 기욤 도베르뉴 같은 신학자가 그가 살던 시대에 "신앙이 돈독하고 지극히 경건한 인간들이 우울증에 걸리기를 불타듯이 갈망했다"고 적을 수 있었는지 이해할 수 있을 것이다.[14] 사투르노적인 기질의 집요한 사색적 욕구 속에 살아남는 것은 스스로의 욕망을 접근 불가능한 곳에 가두는 나태한 인간의 퇴폐적인 에로스다.

---

13 글의 실제 저자는 위고 드 폴리에토Hugo de Folieto이다. (『라틴교부총서』, 176, 1183 이하)
14 Guilielmi Parisiensis, 『우주에 관하여De universo』 I 3.7, in 『Opera omnia』.

3
우울증에 빠진 에로스

우울한 성격이 시와 철학과 예술과 밀접한 관계가 있다고 보는 동일한 전통이 우울증에 부여하던 또 하나의 특징은 뿌리칠 수 없는 성적 욕망이다. 아리스토텔레스는 우울증에 빠진 사람들의 천재적인 면을 설명한 뒤에 이들이 가지고 있는 중요한 특징들 가운데 하나로 색욕을 들고 있다.

흑담즙을 기초로 하는 기질은 바람과 비슷한 성격을 가지고 있다……. 여기에서 우리는 우울한 사람들이 보통 악습에 물든 자유분방한 사람들이라는 결론을 내릴 수 있다. 사랑의 행각 역시 바람의 성격을 가지고 있기 때문이다. 그 증거로 남성의 성기가 갑작스레 부풀어 오르는 이유가 바람으로 채워지기 때문이라는 것을 들 수 있다.

이 순간부터 성적 자유분방함은 우울증의 전형적인 특징들 가운데 하나로 등장하기 시작한다.[1] 이와 유사한 방식으로, '나태한 인간' 역시 "쾌락주의filedonos" 같은 악습을 다루는 중세 연구서들 속에 등장했고 앨퀸Alcuin, 735~804[2]은 나태한 인간을 두고 "육체적 욕망 속에서 감각이 무뎌진" 인간이라고 규정하게 된다. 반면 체질 이론을 상당히 우화적으로 표현해낸 힐데가르트 폰 빙엔의 해석 속에서 우울증 환자의 비정상적인 성적 경향은 야수적이고 사드Sade적인 것으로 표현되기까지 했다.

우울증 환자들은 굵은 뼈를 가지고 있고 이 뼈 속에는 골수가 적게 들어 있다. 하지만 불처럼 타오르는 것이 바로 이 골수여서 이들은 뱀 같은 여인들과 함께하며 욕망을 억제하지 못하고…… 나귀 같은 여인들과 함께 음란한 짓들을 벌이면서 지칠 줄 몰라 한다. 그 퇴폐적인 행각을 그만두는 순간 아무렇지도 않게 미쳐버릴 정도여서…… 몸을 비트는 그들의 포옹은 미움으로 가득하고 잔인한 늑대들의 포옹처럼 죽음을 가져온다……. 성을 매매하는 그들은 암암리에 여자들을 미워한다.[3]

---

1 우울증과 성적 타락, 흥분 상태의 결합은 현대 정신의학에서도 여전히 우울증의 폐단으로 간주되고 있다. 이런 사실은 흑담즙 신드롬이라는 개념이 오랜 세월이 흘렀음에도 여전히 존속하고 있음을 단적으로 보여준다.
2 영국 요크 출신의 스콜라철학자이자 신학자. —옮긴이
3 힐데가르트 폰 빙엔, 『원인과 치료Causae et curae』, ed. Kaiser, Leipzig, 1903, 73쪽, 20쪽 이하.

그러나 사랑과 우울증이 가지고 있는 관계의 이론적인 기초는, 이들을 반드시 동일하지는 않더라도 유사한 병으로 여겨왔던 의학 전통 속에 이미 오래전부터 마련되어 있었다. 일찍이 아랍인 의사 할리 아바스의 저서 『비아티쿰Viaticum』(코스탄티누스 아프리카누스의 번역서를 통해 중세 유럽 의학에 지대한 영향을 끼친 작품)을 통해 집대성된 이 의학 전통 속에서 '사랑'은 '영웅적 사랑amor hereos 혹은 amor heroycus'이라는 이름으로 등장한다. '사랑'과 '우울증'은 유사한 계열의 정신병 목록⁴에 포함되어 있었고 가끔은 빈첸조 디 보베⁵의 『교리의 거울Speculum Doctrinale』에서처럼 동일한 목록 속에 등장하기까지 한다. 피치노가 『사랑에 관하여De amore』에서 표현하고 있는 것이 바로 이 사랑의 병리학과 우울증의 병리학이 가지고 있는 실질적인 근접성이다. 사랑에 빠지는 과정 자체가 여기에서는 체질과 감정의 균형을 방해하고 전복하는 장치가 되는 반면, 우울증에 빠진 인간의 경우에는 집요하게 관조적인 경향이 그를 숙명적으로 사랑의 열정 속에 몰아넣는다. 이런 식으로 교묘하게 축약된 사랑과 우울증의 우의적 개념은, 에로스로 하여금 체질 중에서도 가장 기이

---

4 유사한 방식으로 아르날도 다 빌라노바는 다섯 가지 종류의 이질적인 요소들을 열거하고 있다. 「Liber de parte operativa」, in 『Opera』, Lugduni, 1532, foll. 123~150) 세 번째가 멜랑콜리아, 네 번째는 "어마어마하고 비이성적인 정념이 동반되는 요소로, 그리스에서는 그것을 헤로이스라고 불렀고…… 보통 사람들은 사랑, 의사들은 '영웅적 사랑'이라고 불렀다(alienatio quam concomitatur immensa concupiscentia et irrationalis: et graece dicitur heroys…… et vulgariter amor, et a medicis amor heroycus)".

5 빈첸조 디 보베Vincenzo di Beauvais, 1190?~1264. 프랑스 도미니크 수도회 수도사로 백과사전 『큰 거울Speculum Maius』의 저자이다. 80권으로 만들어진 이 방대한 백과사전은 2세기에 걸쳐 수많은 수사본을 통해 보급되었다. 크게 세 부분(자연의 거울, 교리의 거울, 역사의 거울)으로 나뉘어 있다. —옮긴이

한 체질의 암울한 특징들을 수용하도록 만들면서 '우울한 사랑'의 대중적인 이미지 속에 수 세기에 걸쳐 살아남게 된다. 우울한 사랑의 모호하고 쇠약해진 실루엣은 시간이 흐르면서 우울증에 관한 17세기 연구서들의 표지를 장식하는 검은 기질의 상징기호들 사이에 등장하게 된다.

영혼의 집요함이 어디에 머물든, 그곳에는 정령이 등장한다. 정령은 영혼의 도구 혹은 운반수단이다. 정령이 마음속에 자리 잡는 것은 피의 가장 예민한 부분을 통해 이루어진다. 사랑하는 사람의 영혼은 사랑받는 사람과 머릿속에 새겨진 그의 이미지를 향해 끌려간다. 정령들 역시 그곳에서 매료당하고 그들의 집요한 비행 속에서 소진된다. 때문에 소모된 정령들을 되살리기 위해, 순수한 피를 지속적으로 충전해야 할 필요가 있다. 피의 가장 예민하고 가장 투명한 입자들이 정령들을 재생산하기 위해 매일같이 증발하기 때문이다. 그래서 순수하고 깨끗한 피는 녹고 불순하고 진하고 건조하고 검은 피만 남는 현상이 벌어진다. 그런 식으로 육체는 피폐해지고 사랑하는 사람들은 우울증에 빠지게 된다. 사실 우울증 혹은 흑담즙을 만들어내는 것은 진하고 건조하고 검은 피다. 흑담즙은 증기로 머리를 채우고 뇌의 활동을 더디게 하고 밤낮으로 쉬지 않고 음침하고 두려운 환영으로 영혼을 괴롭힌다……. 고대의 의학자들이 사랑의 열정을 우울증과 가까운 것으로 여겼던 것은 바로 이러한 현상을 관찰했기 때문이다. 그래서 의사 라시스는 이를 치료하기 위한 처방으로 성교와 금식과 술과 걷기를 권고한다……[6]

같은 문단에서 피치노는 우울증에 빠진 에로스의 본질적인 특징을 어느 정도는 이질적이고 과장된 방식으로 정의내리고 있다. "이러한 현상은 사랑을 남용하며 관조의 대상을 욕망의 대상으로 탈바꿈하는 이들에게 일어난다." 우울증의 무질서함을 유발시키는 성적 욕망은 여기서 관조의 대상이어야만 하는 것을 소유하고 만지고 싶어 하는 욕망으로 나타난다. 그렇게 해서 사투르노적인 기질의 비극적인 정신이상은 움켜쥘 수 없는 것을 품에 안으려는 행동의 은밀한 모순 속에서 그 뿌리를 발견하게 된다. 이러한 관점에서 해석되어야 할 것이 파노프스키가 뒤러의 판화와 관련지어 인용하고 있는 헨드릭 판 헨트Hendrik van Gent, 1217~1293 [7]의 문장이다. 그에의하면 우울증에 빠진 사람들은 말 그대로 "비물질적인 것을 이해하지 못한다". 그 이유는 "그들의 지성을 공간과 크기의 범주를 뛰어넘어 발전시킬 줄 모르기" 때문이다. 여기서 관건이 되는 것은, 파노프스키가 생각했던 것처럼, 단순히 형이상학적 범주를 이해하지 못하는 우울증 환자들의 정신적인 한계가 아니라, 변증법적 한계, 즉 관조의 의도를 "색욕"으로 뒤바꾸는 위배적인 성격의 성적욕망과 관계하는 변증적 담론의 한계다. 다시 말해, 비물질적인 것을 이해하지 못하는 것과 그것을 포옹의 대상으로 삼으려는 욕망은, 동일한 과정이 가지고 있는 두 개의 얼굴이다. 이 과정이 진행되는 동안 우울증 환자가 가지고 있는 전형적인 관조의 사명은 그

---

6 피치노M. Ficino, 『사랑에 관하여』, ed. R. Marcel, Paris, 1956, VI 9.
7 플랑드르의 철학자이자 신학자. ― 옮긴이

것을 내부에서부터 위협하는 욕망의 뒤틀림 앞에 노출된다.[8]

궁금한 점은 우울증이 가지고 있는 이러한 관능적인 면이 어떻게 뒤러의 판화 〈멜랑콜리아〉의 계보와 의미를 추적하기 위해 심혈을 기울였던 학자들의 눈에서 그토록 집요하게 벗어날 수 있었는가 하는 것이다. 성적 욕망의 세계와 검은 기질 사이의 기본적인 연관성을 무시하는 모든 해석은, 아무리 각인된 특징들을 하나하나씩 열거해가며 설명할 수 있다 해도 뒤러의 판화 속에 상징적으로 고정된 수수께끼 옆을 그냥 지나칠 수밖에 없다. 뒤러의 〈멜랑콜리아〉가 에로스의 영향하에 놓여 있다는 것을 이해할 때에만 그 수수께끼의 비밀을 지키면서 동시에 발견할 수 있다. 이 비밀의 우의적 의미가 고스란히 함축되어 있는 곳은 에로스와 그의 유령들 사이의 공간이다.

---

8 이러한 관점에서, 바르부르크가 빠트리지 않고 주목했던 작품 『영혼에 관하여』에서 멜란히톤이 기원을 뒤러에게 두고 있는 '영웅적인 우울증melancolia illa heroica'은 실제로 '영웅적 사랑'에 대한 언급을, 즉 피치노가 지지하던 의학 전통에 따르면 일종의 우울증이나 마찬가지였던 사랑의 의미를 내포하고 있다고 보아야 할 것이다. 중세 의학을 통해 드러나는 이러한 사랑과 우울증의 근접성은 1200년대와 1300년대의 연애시에 나타나는 '우울한 부인들'이라는 주제의 등장에 타당성을 부여해준다.

4
잃어버린 물건

1917년, 『국제 정신분석 연구』[1]에 실린 프로이트의 「애도와 우울
증」이라는 제목의 논문은 그가 고대인들의 사투르노적인 기질이
가지고 있던 콤플렉스를 정신분석적 차원에서 다룬 보기 드문 글
들 중에 하나다. 현대 정신분석과 17세기 체질의학의 마지막 보급
사이에 놓인 시간적 공백은 우울증을 심각한 정신병 중에 한 형태
로 간주하는 근대 정신의학의 탄생 및 발전의 시기와 일치한다. 따
라서 우울증의 메커니즘에 대한 프로이트의 분석 속에서, 비록 욕
망의 언어로 환원된 상태에서지만, 나태에 관한 교부들의 해석과
우울증적 기질의 현상학에서 빠지지 않고 등장하던 두 가지 요소,
즉 '대상으로부터의 후퇴'와 '관조적 경향의 자아감금적 철회'라는

---

1 『Internazionale Zeitschrift für Psychoanalise』, vol. IV.

요소가 다시 발견되는 것이 그다지 놀랄 만한 일은 아니다. 이 요소들이 프로이트의 글에서 자주 등장한다는 사실을 통해 드러나는 것은 우울증의 세계가 오랜 세월을 견디어내면서 보여준 놀라운 고정성이다.

프로이트에 따르면, 우울증의 역동적인 메커니즘은 스스로의 본질적인 특징들을 부분적으로는 애도에서, 부분적으로는 나르시스적인 철회에서 차용해온다. 사랑하는 사람이 세상을 떠났을 때 욕망이 죽음이라는 부인할 수 없는 현실에 굴복하는 대신 사랑하는 사람과 관련된 모든 사물과 기억에 매달리며 저항하는 경향을 보이듯이, 우울증 역시 아끼는 물건의 상실에 대해 거부반응을 일으킨다. 하지만 이 경우에 이어지는 것은 새로운 물건을 향한 욕망의 전이가 아니라, 예상 밖의 현상, 잃어버린 물건과 나르시스적으로 동일시되는 욕망의 자아감금적 철회다. 프로이트의 논문보다 5년 앞서 출판되었고 프로이트의 연구에 이론적인 토대를 마련해준 책이 바로 아브라함의 우울증에 관한 연구다. 아브라함의 상당히 함축적인 공식에 따르면 "대상으로부터 철회한 뒤에 욕망이 자아 속으로 되돌아와 의지를 표명하는 순간 대상은 자아의 일부가 되어버린다".

어쨌든 애도의 유전적인 과정에 비해 우울증은 처음부터 설명하기가 결코 쉽지 않은 환경에서 출발한다. 사실 애도가 실제로 일어난 사건을 토대로 하는 상실감인 반면, 우울증은 잃어버린 것이 무엇인지도 불분명할 뿐만 아니라 정말 상실감에 대해 이야기하는 것이 타당한지도 불확실하다고 할 수밖에 없다. 프로이트는 이러한 부인할 수 없는 불확실성에 대해 당혹감을 표현한 바 있다. "우리가 인정해야 할 것은, 상실감에 대해서는 분명히 의식하면서도 잃어버린 것이 무엇인지는 전혀 알지 못한다는 사실이다." 프로이트는 많은 말을 삼갔다. 상실감은 남고 잃어버린 물건은 없다는 이 모순적인 상황의 긴장감을 완화하기 위해, 그저 "미문의 상실"이나 "의식을 벗어나 있는 대상의 상실"에 대해 간단히 이야기했을 뿐이다. 아브라함과 프로이트의 연구를 통해 드러난 우울증의 메커니즘은 사실상 욕망의 후퇴가 근원적인 요인이라는 것을 보여준다. 그것을 거슬러 올라간다는 것은 불가능하다. 그래서 애도와의 유사성을 전제하고 살펴보면, 우리는 우울증이 하나의 패러독스, 즉 애도가 대상의 사라짐보다 앞서 일어나며 그것을 예고하는 경우를 제공하고 있다는 것을 인정해야 한다. 여기서 현대의 정신분석이 내리고 있는 결론들은 한때 교부들의 심리학적 직관이 도달했던 결론과 상당히 유사해 보인다. 교부들은 잃어버리지 않은 자산으로부터의 후퇴를 '나태'로 보았고 나태의 가장 무시무시한 딸로 '절망'을 들면서 이를 실현 불가능성과 저주에 대한 앞선 두려움으로 해석했다. 나태한 인간의 후퇴는 어떤 결함에서 비롯되지 않고, 상실로부터 보호를 약속받으려는 시도, 욕망하는 대상의 부재 속에서만이라도 그것과 함께하려는 절망적인 시도 속에서 대상을 스스로 근접할 수 없는 것으로 만들어버리는 욕망의 들뜬 격양 상태에서 비롯된다. 따라서 우리는 우울증에 빠진 욕망의 철회가 사실은 어떤 소유도 가능하지 않은 상황 속에서 점유를 가능하게 하려는 목적 외에 다른 목적을 가지고 있지 않다고 말할 수 있다. 이러한 관점에서 보면 우울증은 사랑하는 대상의 사라짐에 대한 거부반응으로서의 철회라기보다는 차라리 가질 수 없는 대상을 마치 잃어버린 대상으로 보이게 하는 상상력에 가깝다. 리비도가 만약 실제로는 **아무것도** 사라지지 않았는데 **마치** 무언가를 정말로 잃어버린 것처럼 행동한다면 그 이유는, 한 번도 소유해본 적이 없기 때문에 사라진다는 것이 불가능한 무언가를 마치 잃어버린 것처럼 보이게 하고 또 한 번도 사실이었던 적이 없기 때문에 소유할 수도 없는 무언가를 하나의 잃어버린 물건으로 여길 수 있도록 하는 가상의 장면을 무대에 올리기 때문이다. 이 시점에서 분명해지는 것은, 애도와의 메커니즘적인 유사성에 의해 알아볼 수 없을 정도로 일그러져 있었을 뿐 우울증 환자들의 모호한 설계 속에는 또렷한 야망이 숨어 있었다는 점과 이 야망이 곧 관조의 대상으로 남아 있어야만 하는 것을 포옹의 대상으로 만들려는 의지와 다르지 않다고 해석했던 고대의 기질 이론이 상당히 옳은 판단을 하고 있었다는 사실이다. 대상을 애도의 비애적인 표현으로 감싸면서 우울증은 잃어버린 물건이라는 가상현실을 대상에게 부여한다. 그러나 가질 수 없는 대상에 대한 애도가 우울증인 만큼, 우울증의 전략은 허구적인 것의 존재를 위해 공간을 만들고 자아가 가상현실과 관계할 수 있는 무대의 범위를 설정하고 어떤 '소유'도 경쟁할 수 없고 어떤 '상실'도 위협할 수 없는 '점유'를 시도한다.

이것이 사실이라면, 즉 우울증이 대상의 상실을 인정함으로써만 그것을 차지할 수 있다면, 우리는 이제 왜 프로이트가 우울증의 모호함을 두고 그토록 당황해했고 모호함이 우울증의 가장 중요한 특징 중에 하나라고 천명할 정도로 깊은 인상을 받았는지 이해할 수 있을 것이다. 대상을 중심으로 지속되는 미움과 사랑 간의 끈질긴 전쟁 속에서 "하나는 대상으로부터 리비도를 떼어내기 위해, 또 하나는 공격으로부터 이 리비도의 위치를 사수하기 위해" 싸운다. 우울증 속에 공존하는 미움과 사랑은 무의식이 지배하는 세계 안에서만 가능한 타협지점을 찾아 조합된다. 아마도 이 타협지점의 발견은 정신분석이 모든 종류의 정신과학 분야에 유산으로 남긴 가장 풍부한 성과들 가운데 하나일 것이다.

페티시즘적인 부정Verleugnung과 관련하여, 대상의 유령을 포기하도록 하는 현실감각과 현실감각을 포기하도록 하는 욕망의 분쟁 가운데 한 아이가 이러지도 저러지도 못하면서, 혹은 두 가지 선택 사항을 모두 동시에 행동으로 옮기면서, 한편으로는 그런 식으로 자신이 또렷하게 인지해낸 현실의 명확성을 부인하고 다른 한편으로는 왜곡된 징후의 수용을 통해 현실을 인식하는 것과 마찬가지로, 우울증 속에서도 대상은 점유된 것도 아니고 상실된 것도 아닌, 동시에 점유되고 상실된 것으로 남는다.[2] 페티시즘의 주물呪物이 무언가의 기호이면서 동시에 그것의 부재를 나타내고, 아울러 이러한 모순 때문에 유령의 상태를 유지하는 것과 마찬가지로, 우울증에 빠진 사람이 욕망하는 대상은 사실적이면서 허구적이고, 가지고 있는 물건인 동시에 잃어버린 물건이고, 그가 존재를 인정하면서 동시에 부정하는 물건이다. 따라서 프로이트가 우울증과 관련하여 "자아를 상대로 하는 대상의 승리"에 대해 언급하며 "대상은

---

2 프로이트가 말하는 페티시즘의 성격에 관해서는 2부 1장 이하를 참조하기 바란다.

분명히 제거되었지만 자아보다 훨씬 강한 것으로 드러났다"고 말할 수 있었던 것은 지극히 당연한 결과라고 생각된다. 대상의 입장에서는 스스로의 제거를 통해 도달하는 조금 이상한 승리지만, 어쨌든 우울증에 빠진 사람이 대상에 대한 극단적인 충성심을 드러내는 것은 대상을 폐기하는 행위를 통해 이루어진다.

이러한 관점에서 볼 때, 프로이트가 (아브라함의 발자취를 따라) 주장하는 우울증과 리비도의 상관관계, 다시 말해 리비도의 발전 단계인 구강기 혹은 식인적인 단계, 즉 자아가 욕망의 대상을 탐욕스럽게 집어삼키면서 차지하려는 단계와 우울증 사이의 상관관계, 아울러 19세기의 정신의학이 당시에 모두를 공포에 떨게 만들었던 식인 사건들을 법적 차원에서 우울증의 형태로 분류하며 보여준 그 특별한 집요함이 이제 어떤 의미로 해석되어야 하는지 또렷해졌다고 본다. 우울증이 대상과 가지고 있는 관계의 모호함은 그런 식으로 식인 행위에, 즉 리비도의 대상을 동시에 파괴하면서 소유하는 행위에 비교되곤 했다. 19세기의 법정 기록 속에 등장했던 "우울한 오크들" 뒤로 드리워지던 그림자는 자식들을 집어삼키는 신, 크로노스-사투르노의 그림자다. 여기서, 크로노스와 우울증 간의 전형적인 조합은, 우울증에 빠진 리비도의 유령적인 소유와 쫓겨난 군주의 몸으로 벌어지던 황금시대의 식육제와의 일치 속에서 또 하나의 기반을 발견하게 된다.[3]

---

3 식인 행위와 멜랑콜리아의 관계에 대해서는 『식인주의의 운명』을 참조 바란다. (『Nouvelle Revue de Psychanalyse』, VI, 1972)

5
에로스의 유령들

「애도와 우울증」에서 프로이트는 우울증의 발전과정이 가지고 있
는 유령적인 성격에 대해 아주 간단하게만 언급한다. 그는 사랑하
는 대상의 사라짐에 대한 거부반응이 "어느 시점에서 주체가 현실
을 거부하고 욕망의 환각성 고정관념을 통해 잃어버린 물건에만
매달리는 단계에까지 나아갈 수 있다"고 관찰하고 있다. 따라서 우
리는 프로이트의 「꿈의 이론에 관한 메타심리학적 보완」(동시에 출
판되었던 우울증에 관한 연구와 함께, 『메타심리학 서설』에 포함될 예정이
었던 논문)을 참조해야만, 꿈의 메커니즘 분석과 함께, 욕망의 유령
들이 현실 증명의 기초단위가 되는 '자아'를 피하면서 의식 속으로
파고드는 과정의 윤곽을 발견할 수 있을 것이다. 프로이트에 의하
면 심리발달 과정의 초기 단계에서 자아는 사실적 관찰에 기초하
는 인식과 상상을 토대로 하는 인식을 구별하지 못한다.

심리발달 과정의 초기 단계에서는, 우리의 욕구를 충족시켜줄 수 있는 대상을 우리가 필요로 할 때마다 매번 어떤 환각작용이 우리로 하여금 그것이 실제로 존재하는 것처럼 믿게 만들었다. 하지만 이 경우에 기대했던 욕구 충족은 이루어지지 않았고 그 실패의 경험이 일찍부터 우리를 몰아세워 만들어낸 것이 바로 유사한 욕망의 인식을 실질적인 현실 인식으로부터 구별해내고 같은 실수를 피하도록 하는 조직적인 능력이다. 다시 말하면 우리는 불완전한 단계에서 욕망의 환각적 충족을 포기하고 **현실 증명**을 선택했던 셈이다.

어쨌든, 몇몇 경우에 현실 증명은 교묘하게 실패로 돌아가거나 혹은 일시적으로 중지될 수 있다. 이러한 상황은, 현실적으로는 또렷하지만 자아가 견딜 수 없다는 이유로 부정할 수밖에 없는 상실에 대해 일종의 거부반응으로 나타나는 욕망의 환각성 고정관념 속에서 전개된다.

자아는 그런 식으로 현실과의 관계를 떨쳐버리고 스스로의 인식능력을 지각의 의식 구조 속으로 후퇴시켜버린다. 현실 증명이 등한시되는 것은 바로 이러한 현실로부터의 회항을 통해 이루어지며 결과적으로 욕망의 유령들은 제거되는 대신 오히려 완벽히 깨어난 상태에서 의식 속으로 침투해 좀 더 훌륭한 현실로 받아들여지게 된다.

유령에 관한 본격적이고 유기적인 이론 체계를 한 번도 구축해본 적이 없는 프로이트는 우울증적 내사內射의 역학 속에서 유령이 어떤 역할을 수행하는지 구체적으로는 밝히지 않는다. 그러나 우울증 신드롬은 아주 오랫동안 지속적으로 상상력의 병적비만증과 결코 분리할 수 없는 것으로 여겨져 왔고 따라서 중세 유령 이론의 복잡한 배경을 토대로 하지 않고서는 이 신드롬이 가지고 있는 영향력의 범위를 완전히 파악하는 것이 불가능하다고 볼 수 있다. 아울러 심리적 과정 속에서의 유령의 역할을 재평가한 현대 정신분석이 유령 이론을 계속해서 좀 더 명확하게 하나의 범론으로 고려하려는 경향을 보이는 만큼 앞으로도, 수 세기 전에 에로스를 본질적으로 유령에 가까운 경로로 보고 영적 삶 속에서의 유령의 역할에 항상 주목해왔던 이론적 체계 속에서 유용한 자료들을 발견할 수 있으리라는 것은 충분히 예견할 수 있는 일이다. 중세 유령 이론은, 아리스토텔레스 철학에 기원을 둔 상상 이론과 영혼의 운반 수단으로서의 프네우마[1]에 대한 신플라톤주의 이론, 매료에 관한 마술 이론, 육체와 정신의 상호영향력에 관한 의학 이론 등이 한곳으로 집중되면서 탄생했다. 이미 필명-아리스토텔레스의 『신학』에서, 알쉐Alcher[2]의 『정신과 영혼의 책Liber de spiritu et anima』, 시네시우스Synesius, 370?~413[3]의 『꿈에 관하여』에서 조금씩 다른 형태로 나타났

---

1 프네우마Pneuma는 원래 숨, 공기, 입김 등을 뜻하는 그리스어로, 철학 용어로 사용되기 시작하면서 철학사 및 역사의 변화와 함께 상당히 다양한 의미들을 내포하는 용어로 변모했다. 소크라테스 이전 시대의 철학가들은 프네우마를 영혼과 존재의 기원으로 보았고 스토아철학자들은 영靈으로, 르네상스 철학가들은 신들이 인간사에 개입하기 위해 사용하는 일종의 도구로 보았다. 그리스도교에서 프네우마는 바람과 숨과 영을 동시에 뜻하는 유대교 용어 Rual의 번역어로 쓰이면서 성령을 뜻하게 된다.
2 12세기 클레르보 지방의 시토 수도회 수도사. ―옮긴이

던 이 복잡하고 다양한 형태의 이론들에 따르면, '환상적 영fantasticos pneuma, spiritus phantasticus'은 감각적 영혼이 가지고 있는 일종의 예민한 촉수로서, 최전방에서 사물들의 이미지를 받아들이거나 꿈에서 유령들을 불러일으키기도 하고 어떤 특별한 상황이 되면 육체에서 떨어져 나와 초자연적인 환영이나 접촉을 만들어내기도 했다. 아울러 환상적 영은 별들의 영향력이 힘을 발휘하는 부서이자 마술적인 힘을 실어 나르는 도구였고 형체가 있는 것도 없는 것도 아닌, 그래서 다르게는 설명하기 힘든 현상들, 예를 들어 태아의 "말랑말랑한 살"이 일으키는 모성본능이라든지 생식기에 대한 성적 환상이 가져다주는 효과나 악령의 출현 같은 일련의 기이한 현상들에 정당성을 부여해주는 것이었다. 이와 같은 이론 덕분에 사랑의 기원에 대한 설명이 가능했다. 특히 음유시인들과 돌체 스틸노보[4] 시인들이 근대 서양 시에 유산으로 물려준 사랑의 예식이라는 개념은, 그것이 태동기에서부터 유령의 성격을 지닌 경로를 통해 등장했었다는 사실을 간과한 채 이해하기란 불가능하다. 외형적 육체가 아닌 내면적 이미지, 즉 시선을 통해 환상 속에 각인된 유령이 사랑의 기원이자 대상이다. 사람들은 이 유령의 정신적인 복제 이미지를 주의 깊게 조작하고 끝없이 관조하는 것만이 진정한 사

3　신플라톤주의 철학가이며 히파티아의 제자로 톨레마이스의 주교를 역임했다. —옮긴이

4　돌체 스틸노보Dolce stil novo 혹은 스틸노보는 1200년대 중반에 시작되어 페트라르카가 등장할 때까지 이탈리아의 시 문화를 주도한 중요한 문학 사조로 중세 이후로도 우아하고 고귀한 표현을 이상으로 하는 모든 시적 탐구의 지표로서의 역할을 담당했다. —옮긴이

랑의 열정을 생성해내는 길이라고 생각했다. 궁정연애에 관한 대표적인 이론서로 알려진 『사랑에 관하여De Amore』의 저자 안드레아 카펠라노Andrea Cappellano, 1150~1220[5]는 사랑을 내면에 존재하는 유령에 대한 "과도한 생각immoderata cogitatio"이라고 정의내리면서 "열정은 생각을 통해서만 움직이기 시작한다ex sola cogitatione, passio illa procedit"라고 덧붙였다.

따라서, 검은 기질이 관능적 경로와 깊이 연관되어 있던 만큼, 우울증의 신드롬이 처음부터 유령의 실체와 줄곧 함께했다는 사실은 놀랄 만한 것이 못 된다. "나쁜 상상imaginationes malae"이라는 용어는 시간을 두고 천천히 의학 문헌에 등장하며 "우울증의 징후들signa melancoliae" 사이에서 가장 중요한 위치를 차지하게 된다. 그 기세가 얼마나 당당했는지, 파도바의 의사 지롤라모 메르쿠리알레의 표현에 따르면, 병으로서의 우울증은 본질적으로 "상상의 부패라는 악습vitium corruptae imaginaonis"[6]을 통해서만 모습을 드러낼 수 있었다. 이미 룰리오[7]도 우울증과 상상력의 친화력에 대해 언급하면서 사투르노적인 기질을 지닌 사람들은 "먼 곳에서도, 다른 증세들에 비해 우울증과 훨씬 더 잘 소통하는 상상력을 통해 감지

---

5   프랑스 종교인으로 무엇보다도 세 권의 『사랑에 관하여』의 저자로 알려져 있는 인물이다. ─옮긴이

6   탄파니G. Tanfani의 『1500년대의 우울증의 개념』 참조. (「Rivista di storia delle scienze mediche e naturali」, Firenze, 7~12월, 1948)

7   라이문도 룰리오Raimundo Lulio, 1233~1316. 스페인 카탈루냐의 철학자, 신학자, 논리학자, 선교사로 당시 유럽에서 가장 커다란 영향력을 발휘했던 지성인 가운데 한 사람이다. ─옮긴이

한다"[8]고 명확하게 지적하고 있다. 알베르투스 마그누스의 글에도 우울증에 빠진 사람들이 "유령들을 많이 발견하는multa phantasmata inveniunt"것은 습기 없는 증기가 이미지들을 훨씬 더 견고하게 떠받치기 때문이라고 쓰여 있다. 하지만 유령들을 붙들고 고정시킬 수 있는 흑담즙의 효능이 의학적·마술적·철학적 이론의 영역에서 인정되는 것은, 다시 한 번, 피치노와 피렌체의 신플라톤주의 학파에 의해서다. 이 다양한 영역의 이론들에 의해 유령을 관조하는 관능적 시선과 우울증은 또렷하게 동일시되었고 우울증과 관능적 경로의 연관성은 따라서 유령들만의 특별한 성향 속에서 고유의 개연성을 발견하게 된다. 피치노의 『플라톤 신학』에서는 우울증에 빠진 사람들이 "흙의 기질 때문에 욕망을 훨씬 더 안정적으로 그리고 효과적으로 환상에 고정시키는" 반면, 앞서 인용되었던 피치노의 『사랑에 관하여』에서는, 관능적 경로와 함께 우울증 신드롬의 빠른 진화를 특징짓는 것이 바로 환상에 각인된 유령을 중심으로 미친 듯이 달려드는 정령들의 집요함이다. 이런 관점에서 바라보면 본질적으로 우울증은 유령들과의 암묵적인 거래에 집중하는 성의 경로로 드러난다. 우울증에 빠진 사람들이 강령降靈에 빠져드는 치명적인 경향이나 황홀경 속에서의 계시를 선호하는 경향을 보이는 것은 유령의 본질이 극단적으로 벌어진 이중적 성격, 악마와 닮은 마술적인 성격과 천사와 닮은 관조적인 성격을 모두 가지

---

8 "a longo accipiunt per ymaginacionem, quae cum melancolia maiorem habet concordia quam cum alia compleccione."

고 있기 때문이다.

사투르노적인 기질과 유령과의 교제를 분리시킬 수 없는 것으로 보는 사상은 일찍부터 원래의 영역을 벗어나 다른 분야로 널리 확산되기 시작했다. 우리는 로마노 알베르티의 『회화의 고귀함에 대하여』[9]에서 여전히 그 흔적을 또렷하게 찾아볼 수 있다. 우울증이라는 개념의 역사와 관련하여 흔히 인용되어온 문헌이 바로 이 책이었음에도 불구하고, 정신분석이 등장하기 벌써 4세기 전부터 이 논문이 예술을 유령의 활동으로 보는 이론에 기초를 놓았다는 사실은 한 번도 검토된 적이 없다.

화가들은 우울증에 빠진다. 왜냐하면, 모방을 원하는 이상, 기억 속에 유령들을 고정시켜야 하고, 이어서 그것들을 먼저 눈앞에 두고 있었을 때의 모습으로 다시 그려내야 하기 때문이다. 게다가 이 작업을 한 번만 하는 것이 아니라, 그들의 일인 만큼, 계속해서 해야 한다는 문제가 있다. 따라서 기억을 재료와 떨어트려 추상적으로 유지하려는 정도가 도를 넘어서면서 결국 우울증에 빠지는 결과를 낳게 된다. 하지만 아리스토텔레스는 우울증이 곧 천재성과 참을성을 의미한다고 말한다. 그가 말하는 것처럼 대부분의 참을성 있는 천재들이 우울증을 앓았기 때문이다.[10]

---

9 Romano Alberti, 『Trattato della nobilta della pittura』.
10 마니에리즈모 이론 속에 등장하는 '내면적 소묘'라는 개념은 이 이론을 토대로 연구되어야 한다. 이 개념은 이러한 심리학의 영역 안에서만 완전히 인지될 수 있다.

우울증과 예술 활동의 전통적인 조합은 이들의 공통점을 구축하는 고달픈 유령실습 속에서 그 정당성을 찾게 된다. 우울증도 예술 활동도 둥지를 트는 곳은 '환상적 영'의 기호 아래에서다. 영혼의 촉수로서 '환상적 영'은 꿈과 사랑과 마술적 기운의 운반수단이 될 뿐 아니라 인류 문화의 가장 고귀한 창조 행위에 아주 깊게, 알쏭달쏭한 방식으로 연루된 듯이 보인다. 이것이 사실이라면, 프로이트가 욕망의 유령들을 분석하면서 가장 많은 지면을 할애하는 논문이 다름 아닌 「문학적 창조와 뜬 눈으로 꾸는 꿈」이라는 사실에 아무런 의미가 없다고 볼 수는 없을 것이다. 이 논문에서 프로이트는 예술 창작에 관한 심리학적 이론을 구축하면서, 어떻게 보면 예술작품이란 유아기에 시작된 유희의 연속인 동시에 성인이 한 번도 고백한 적이 없고 결코 포기한 적도 없는 유령실습이라는 가설을 내세웠다.

이 시점에서 서서히 모습을 드러내기 시작하는 것은, 정오의 유령과 그 지옥의 행렬이 남긴 자취를 추적하는 동안 우리를 뒤러의 작품 〈멜랑콜리아〉의 날개 달린 천사 앞으로까지 인도해준 기나긴 여정이 결국에는 도달하게 될 지대의 영적 지형도다. 뒤러의 표징 emblema 속에 결집되어 있는 오랜 전통이 어쩌면 새로운 기초를 발견할 수 있는 것도 바로 이 여정 속에서일 것이다. 우울증의 몰입을 집요하게 유도하는 환상적인 상실은 사실적인 대상을 아무것도 가지고 있지 않다. 왜냐하면 우울증의 치명적 전략이 직접적으로 꾀하는 것은 유령의 불가능한 포착이기 때문이다. 잃어버린 물건이란, 욕망이 유령을 향한 스스로의 구애 행위에 부여하는 외형적 모습에 지나지 않는다. 리비도의 내사는, 비사실적인 것이 사실로 드러날 수 있도록 사실적인 것이 스스로의 명백함을 잃어가는 과정의 다양한 얼굴들 중 하나일 뿐이다. 우울증에 빠진 인간이 외부세계를 사랑의 대상처럼 나르시스적인 방식으로 부정할 때, 유령은 이 부정을 통해 사실적 동기를 부여받고 새롭고 근원적인 차원에 들어서기 위해 소리 없이 내면의 납골당을 빠져나간다. 더 이상 유령도 아니고 아직 기호는 되지 못한 상태에서 우울증적 내사의 허상은 유령들의 몽상적인 무대라고도 할 수 없고 자연적인 사물들의 무관심한 공간이라고도 할 수 없는 세계를 펼쳐 보인다. 그러나 바로 이 중재적이고 계시적인 세계, 스스로를 향한 나르시스적인 사랑과 외적 대상의 선택 사이에 놓인 그 누구의 것도 아닌 '땅'에서만, 어느 날 인간 문화의 창조물과 상징적 형상과 문학적 실천의 앙트르베스카를 통해, 무엇보다도 인간과 더 가까운 세계, 물리적인 세계보다 더 직접적으로 인간의 행복 혹은 불행을 좌우하게 될 세계와의 접촉이 가능해질 것이다. 아리스토텔레스가 "지혜와 신중을 뜻한다"고 말한 우울증의 '진지한 공간locus severus'은 동시에, 프로이트가 말한 바와 같이, "인간이 두려워하거나 부끄러워하지 않고 스스로의 유령을 즐기기" 위해 사용하는 말과 상징적인 형상의 진지한 유희lusus severus이기도 하다. 우울증이 부동의 변증적 논리 속에서 그려내는 비현실적인 세계의 위상은 하나의 문화적인 위상이다.[11] 이러한 관점에서, 연금술사들이 우울증을 니그레도Nigredo,[12] 즉 무형적인 것에 형체를 부여하고 유형적인 것에서 형체를 말소시키는 연금술의 첫 단계와 동일한 것으로 보았다는 것은 그다지 놀라운 일이 아니다.[13] 부정적인 것과 죽음을 소유화하면서 최대한의 비현실을 움켜쥐고 최대한의 현실을 구축하고자 하는 인간 문화의 끊이지 않는 연금술적인 노고가 시작되는 곳이 다름아닌 이 집요하고 편집증적인 망상에 의해 펼쳐진 공간이다. 때문에 이제 뒤러의 판화로 돌아와 보면, 우리는 아기천사의 모습을 하고 나타난 '환상적 영'[14] 옆에 꼼짝하지 않고 스스로의 유령에 집중

---

11 우울증의 위상은 다음과 같은 도식으로 표현해볼 수 있다.

F$_{fantasma}$는 유령, O$_{oggetto\ esterno}$는 외적 대상, $\varnothing$는 비현실적인 대상을 가리킨다. 이들이 만들어내는 경계 속의 공간이 우울증의 상징적인 위상이다.

12 '검게 만드는 작업'이라는 뜻을 가진 연금술 용어로 분해 혹은 부패 과정을 가리킨다. —옮긴이

13 1588년 뤼베크에서 제작된 『리플리 스크롤Ripley Scrowle』의 첫 번째 화보는(Ms. Add. Sloane 5025, British Museum) 작업의 첫 단계에 들어선 연금술사를 우울증 환자로 그리고 있다.

14 파노프스키와 작슬의 전통적인 도상 해석방식을 치밀하게 재평가하려는 것이 이 연구서의 목적은 아니다. 그러나 여기서 언급을 피할 수 없는 부분은 다름 아닌 뒤러의 수수께끼 같은 판화를 끊임없이 바라보며 탐구의 영역을 넓히고 기준을 마련해온 연구들이 지금까지 진행되어오는 동안 과연 파노프스키와 작슬의 해석이 가지고 있는 어떤 부분들이 위협을 받았는가 하는 질문이다. 지속적인 연구를 통해 얻은 새로운 성과들 중에 가장 중요하다고 할 수 있는 것은 우울증 신드롬을 재평가하기 위한 배경을 '환상적 영'을 다루는 중세와 르네상스 시대의 이론으로 변경시켰다는 점(우울증이 원래 의미하는 것은 '유령의 활동에서 비롯되는 무질서' '상상의 부패라는 악습vitium corruptae imaginaonis'에 지나지 않는다), 결과적으로 우울증 신드롬을 '사랑의 이론'의 영역 속으로 도입시켰다고 하는 점이다(유령은 사랑의 운반체인 동시에 사랑의 대상이며 사랑 그 자체는 우울증적인 열정이다). 상상력과 우울한 기질 사이의 친화성에 대해서는 파노프스키와 작슬 역시 주목한 바 있지만 이는 그들의 해석을 뒷받침하던 아그리파의 텍스트에 그것이 분명하게 명시되어 있었기 때문일 뿐 전혀 심도 있게 다루어지지 못했다.

뒤러의 이미지와 유령 이론의 합류가 가져온 첫 번째 결과는 도상학적인 차원에서 날개 달린 아기천사가 이제는 더 이상 Brauch, 즉 '관습'을 상징하는 것으로 고려

하고 있는 날개 달린 인물과 무척이나 잘 어울리는 것이 바닥에 버
려진 채 여기저기에 흩어져 있는 삶의 도구들이라는 것을 발견하
게 된다. 이 도구들은 이제 오로지 수수께끼적인 지혜를 암시할 뿐
이다. 친숙한 사물들의 혼란스러운 이질화란 다름 아닌 우울증 환
자가 치러야 할 대가, 근접 불가능한 것을 지키고 있는 신령에게 치

───────

될 수 없다는 사실이다. 아기천사를 '구도'의 의인화로 (「Saturne: croyances et symboles」,
in 『Mercure de France』, 1964, 588~594쪽, 혹은 『La forme et l'intelligible』, Paris, 1970,
224~230쪽) 바라보던 클라인Klein도 이 날개 달린 아기천사와 '관습'이 어울리지 않는다
는 점을 이미 주목하고 있었다. '관습'을 상징하려면 당연히 장님으로 날개 없이 그려져
야 했기 때문이다. 우리는 이제 아기천사가 '환상적 영'을 상징한다고 편안하게 이야기
할 수 있다. '환상적 영'은 환상 속에 유령을 그려 넣으려는 아기천사의 자세 속에 새겨
져 있다. 이것은 왜 뒤러의 아기천사가 도상학적으로 분명하게 에로테스(에로스의 연인
으로 등장하는 아기천사들)의 유형에 속하는지 설명해준다. 실제로 '환상적 영'은 우리가
살펴본 것처럼 사랑의 마술적인 매개체인 동시에 스틸노보가 노래하는 '사랑의 영'과
동일한 계열에 속한다.
　유령학적 관점이 뒤러의 이미지를 해석하면서 만들어내는 의미론적인 회전, 즉 영역
의 한계에서(형이상학에 다다르지 못하는 기하학의 한계) 변증법적인 한계에(환상의, 소유
할 수 없는 것을 소유하려는 시도) 이르는 의미의 회전이, 반대로 무언가를 올바르게 해석
할 수 있도록 해주는 것이 있다면 그것은 표지판 '멜랑콜리아 I'를 들고 있는 박쥐의 의미
다. 여기서 박쥐는 사실 커다란 표징 안에 있으면서 그것의 열쇠를 쥐고 있는, 작지만 진
정한 의미에서의 표징이라고 볼 수 있다. 호라폴론Horapollon의 『신성문자학Hieroglyphica』
에서 하늘을 나는 박쥐는 불가능에 도전하며 스스로의 불행을 극복해보려는 인간의 과
감한 시도로 해석되고 있다. "허약하고 음탕한, 하지만 여전히 과감하게 시도할 줄 아
는 인간을 보여주고 싶을 때 그들은 박쥐를 그린다. 이것은 날개 없이도 날아가기를 계
속해서 시도한다(Imbecillum hominem lascivientem, tamen et audacius aliquid molientem,
cum monstrare voluerint, vespertilionem pingunt. Haec enim etsi alas non habeat volare tamen
conatur)."
　연구가 진행되는 동안 부상한 또 하나의 성과는, 교부들에 의해 진행되었던 '슬픔-나
태함'의 (파노프스키는 이것을 간단히 "게으른 자의 졸음"으로 해석하고 있다) 이론화가 르
네상스 우울증 이론의 태동을 위해 수행했던 역할이 재평가되었다고 하는 점이다. 살펴
본 바와 같이, '슬픔-나태함'은 교부들이 생각했던 것처럼 게으름과 일치하지 않을 뿐만
아니라 우울증의 르네상스적인 개념을 특징짓는 모호한 양극성(건강한 슬픔과 유해한 슬
픔tristitia salutifera-tristitia mortifera)까지 지니고 있다.

닐로폴리스의 호라폴론, 〈아기박쥐〉, 『이집트 신성문자 도감』, 파리, 1574.

러야 할 대가다. 명상에 빠진 천사는, 이미 일반적인 것이 되어버린 해석에서처럼, '기하학'을 상징하고 그것을 기초로 하는 다른 모든 학문들이 결국에는 형체 없는 형이상학적 세계에 도달할 수 없다고 하는 불가능성을 상징하는 것이 아니라 반대로, 인간이 끝내는 본질적인 심리적 위험을 감수하면서 스스로의 유령에 형상을 부여하려는 시도, 그렇지 않고서는 붙잡을 수도 없고 알 수도 없는 그것을 기술적으로 정복하려는 노력을 상징한다. 우울증으로 인해 일상적인 용도의 의미를 고스란히 빼앗기고 그러한 상실에 대한 슬픔의 표징으로 전락해버린 이 컴퍼스, 공, 맷돌, 망치, 저울, 자와 같은 물건들은 붙잡을 수 없는 것의 도래를 위해 이들이 차지하고 있는 공간 외에는 아무런 의미도 가지고 있지 않다. 그러나 우울증 환자가 편안한 마음으로 버려진 수수께끼들 사이에 혼자 외롭게 남아 있을 수 있는 것은 여기에, 정말 붙잡을 수 있는 것은 붙잡을 수 없는 것뿐이라는 교훈이 있기 때문이다. 에덴동산의 비밀이 적혀 있는 과거의 유물들처럼 이 버려진 물건들 속에 각인된 것은 영원히 잃어버린 상태로만 가질 수 있는 것의 섬광이다.

2부

오드라덱의 세계

:: 상품 앞에 선 예술작품

1
프로이트 혹은 부재하는 대상

1927년, 『국제 정신분석 연구』(vol. XIII)지에 실린 프로이트의 「주물呪物, Fetichismus」이라는 짧은 기사는 "대상의 선택이 하나의 주물에 의해 지배받는"* 인간들의 문제를 주제별로 다룬 보기 드문 글 중에 하나다. 분석의 결과는 상당량의 명확하고 일관적인 패턴들을 또렷한 방식으로 보여주었고 때문에 프로이트는 페티시즘의 모든 증상들이 단 하나의 설명으로 축약될 수 있다고 결론을 내린다. 프로이트에 의하면 페티시스트의 고정관념은 남자아이가 여자에게 (어머니에게) 남근이 없다는 것을 발견하고 그 사실에 대한 의식 자체를 거부하면서 발생한다. 남근의 부재함을 감지함과 동시에 아이는 현실을 부인한다. 자신의 남근이 제거될 위협을 느끼기 때문이다. 어쨌든, 주물은 "여성이(어머니가) 가지고 있는 남근의 대체물에 지나지 않는다. 이 대체물의 존재를 아이는 믿었고 이제, 정확한 이유는 모르지만, 그것을 포기하려 들지 않는다".

하지만 프로이트에 의하면 이 부정Verleugnung의 의미는, 보기와는 달리, 그다지 단순하지 않을 뿐만 아니라 오히려 본질적으로 모호한 면을 가지고 있다. 유령을 포기하도록 하는 현실감각과 현실감각을 포기하도록 하는 반항적 욕망 사이의 분쟁 속에서, 아이는 이러지도 저러지도 못하거나 혹은 두 가지 모두를 동시에 행동으로 옮기면서 무의식 속에서만 가능한 타협지점에 도달하게 된다. 아이는 특별한 메커니즘에 힘입어 자신이 감지해낸 또렷한 현실을 부인하는 한편, 퇴폐적인 것의 수용을 통해 현실을 인식하고 현실이 주는 고통을 그대로 받아들인다.

따라서 주물은, 육체의 일부와 연관되든 무기적인 사물과 연관되든, 어머니의 남근이라고 하는 무無의 실체인 동시에 그 부재의 기호다. 무언가의 상징이면서 동시에 그것의 부정을 상징하는 주물은 본질적으로 하나의 분열 속에서만 명맥을 유지할 수 있으며 그 분열 속에서 일어나는 역반응이 본격적인 자아분열Ichspaltung의 핵심을 구축하게 된다.

흥미로운 것은, 페티시즘적인 유형의 사고방식이 가장 일반적인 수사법 중에 하나인 제유提喩 속에 내재되어 있다고 하는 사실이다(제유와 비슷한 형태인 환유의 경우도 마찬가지다). 부분이 전체를 감당하도록 하는 제유의 대체방식은(혹은 한 사물을 인접한 사물이 감당하도록 하는), 페티시즘 속에서, 섹스 파트너의 몸의 일부가 몸 전체를 대체하는 방식과 일치한다. 이것이 표면적인 유사함과 거리가 멀다는 점은, 환유 속에서의 대체가 한 용어를 다른 용어로 바꾸어

쓴다는 단순한 교체사실만으로는 전부 설명되지 않는다는 것을 통해 알 수 있다. 한 용어는 다른 용어를 대체하면서 그것을 부정하는 동시에 '불러일으킨다'. 바로 이러한 "부정적 언급"을 통해 발생하는 것이, 대체된 '말'이 가지게 될 특별하고 시적인 위력이다. 이 과정의 모호함은 프로이트의 부정이 가지고 있는 모호함과 상당히 유사하다. 이러한 현상이 가지고 있는 페티시즘적인 성격은 하나의 독특한 환유과정, 즉 바사리와 콘디비가 미켈란젤로의 "만들다가 만" 조각에 대해 최초의 비평적 고찰을 시도한 이후 근대 예술의 중요한 양식적 개념이 되어버린 '미완성'* 속에서 아주 분명하게 나타난다. 미완성 작품에 대한 전기 낭만주의적 취향을 극단적으로 발전시켜, 팔라디오의 빌라들을 절반 정도만 부순 뒤에 인공 유적을 만들어보자고 제안했던 길핀William Sawrey Gilpin, 1762?~1843[1]은 "천재의 간결, 명료함"이 바로 "'전체'를 가리킬 수 있는 '부분'을 제시하는" 데 있다는 것을 깨닫고 있었다. 슐레겔은 "고대인들의 많은 작품들이 파편으로 화化한 반면 현대인들의 많은 작품들은 처음부터 파편으로 탄생한다"는 명언을 남겼다. 그는 노발리스와 마찬가지로 완성된 작품은 모두 필연적인 한계를 가지고 있으며 그 한계를 넘어설 수 있는 것은 오로지 파편적인 작품뿐이라고 믿었다. 익히 알려진 해석이지만, 이와 같은 관점에서 볼 때, 말라르메 이후에 쓰인 거의 모든 현대시들은 무언가(절대시)의 참조이며 따라서 파편적이다. 이 '무언가'의 모습은 완전히 드러날 수 없고 그것의 부

1 영국의 풍경화가. ─옮긴이

정을 통해서만 현시될 뿐이다.* 평범한 언어적 환유와 차이가 있다면 그것은, 대치를 통해 밀려난 대상(파편이 관여하는 "전체")이, 어머니의 남근처럼, 존재하지 않거나 더 이상 존재하지 않는다는 점과 '미완성'이 따라서 페티시즘적인 부정과 정확하고 완벽한 짝을 이룬다는 점이다.

오르테가[2]가, 상당히 많이 인용되는 반면 그만큼 적게 읽힌 자신의 책에서 현대 예술의 "가장 급진적인 비인간화 도구"[3]라고 비판했던 '메타포'에 대해서도 우리는 유사한 측면을 발견할 수 있다. 그에 따르면, 메타포는 한 가지를 또 다른 것과 교체하지만 그것은 후자에 도달하기 위해서라기보다는 전자로부터 도망치기 위해서다. 메타포가 원래 명명될 수 없는 대상을 부르기 위해 고안된 대체적 표현이라는 것이 사실이라면, 메타포와 페티시즘의 연관성은 환유의 경우에서보다도 훨씬 더 분명해진다.* 이제 페티시즘적인 현상의 기원이 무의식에 있다는 사실을 증명하는 것이 프로이트의 목적이었던 만큼, 그가 유아기적 부정의 모호함이 대상-주물의 정황에 가져올 수 있는 결과에 대해 그다지 많은 신경을 쓰지도 않았고, 이 대상과 주물의 관계에 대해, 대상을 끊임없이 생산해내는 창조적인 활동으로서의 인간 문화와 관련지어 관찰해볼 생각을 하지 못했다는 것도 그다지 놀라운 일은 아니다.*

주물을 이러한 관점에서 바라보면, 우리는 하나의 붙잡을 수 없

---

2   호세 오르테가 이 가세트1883-1955. 스페인의 실존주의 철학자. —옮긴이
3   "el mas radical instrumento de deshumanacion"

는 대상이 바로 그런 존재방식을 통해 인간의 필요를 만족시킨다는 역설에 직면하게 된다. 대상으로서의 주물은 실재하는 만큼 사실적이고 구체적이며 만질 수도 있는 무엇임에 틀림없다. 그러나 부재하는 것의 실재로서, 그것은 만진다는 것이 불가능한 허상에 불과하다. 실제로는 결코 소유할 수 없는 무언가를 끊임없이 찾게 만들기 때문이다.

주물이 가지고 있는 이러한 본질적인 모호함이 오히려 완벽하게 설명해주는 것은 이미 오래전에 관찰된 바 있는 한 가지 사실, 즉, 페티시스트는 결국 주물들을 수집하고 그 수를 배가시킨다는 사실이다.* 퇴폐적인 주체는 퇴폐적인 욕망의 대상이 동일한 특징을 보이는 한, 그것이 어떤 모양새를 하고 있든 속옷이든 가죽 장화든 여성의 헤어스타일이든 모든 대상으로부터 똑같은 만족감을 얻는다(아니면 똑같이 불만족스러워한다고 할 수도 있다). 주물은 부재의 부정인 동시에 기호다. 바로 그런 이유에서 주물은 복제가 불가능한 유일무이한 사물이 될 수 없고, 반대로 무한한 대체가 가능한 사물이다. 복제되는 대용품들 중에 어느 것도 주물이 상징하는 무無를 완전히 해소시키지는 못한다. 페티시스트가 아무리 주물의 존재에 대한 증거를 배가시키고 그의 하렘harem을 대용물로 채워 넣는다 해도, 주물은 숙명적으로 그의 손아귀에서 빠져나간다. 그리고 자신의 모습을 드러낼 때마다 항상 오로지 스스로의 신비로운 유령을 칭송할 뿐이다.

주물은 그렇게 해서 사물의, 인간이 창조해낸 Facticia*의 새롭고 무시무시한 존재방식으로 떠오른다. 이런 현상들을 조금만 세

심히 관찰해보면, 우리는 주물이 처음에 상상했던 것과는 달리 우리와 훨씬 더 친숙하다는 사실을 깨닫게 된다.

노트

페티시즘의 탄생   페티시즘이라는 용어를 가장 먼저 '퇴폐적인 성행위'라는 뜻으로 사용한 인물은 알프레드 비네Alfred Binet다. 프로이트는 『성에 관한 세 편의 해석』(1905)을 집필하던 시절에 비네의 『사랑 속의 페티시즘Le fétichisme dans l'amour』(Paris, 1888)을 주의 깊게 읽고 이렇게 기록했다. "틀렸다고 볼 수 없는 것은, 그가 이 대용물을 원시인이 신의 현현이라고 믿었던 주물과 비교하고 있다는 점이다." 우리는 심리학적 용어로서의 '주물'에 훨씬 익숙하지만 '주물'은 원래 종교적 의미를 가진 용어였다. 이 용어의 종교적 의미에 대한 언급이 처음으로 등장하는 것은 샤를 드 브로스Charles de Brosses의 『주물신 숭배에 관하여Du culte des dieux fétiches』(1760)에서이다. 레스티프(신발의 페티시즘을 중점적으로 다루는 그의 『팡쉐트의 발 또는 장밋빛 구두Le Pied de Fanchette ou le Soulier couleur de rose』는 드 브로스의 연구가 발표된 지 불과 9년 만에 출판된다)나 사드 역시 그들의 작품에서 성적 페티시즘의 경우들을 많이 언급하고 있지만 '페티시즘'이라는 용어를 직접 언급할 생각은 아무도 하지 않았다. 푸리에 역시 사랑의 집착에 관한 마지막 장에서(『사랑의 새로운 세계Le nouveau monde amoureux』) 발뒤꿈치에 매료당한 어느 페티시스트의 경우를 몇 번씩 언급하면서도(그에 따르면, 황금시대를 떠올리게 할 정도로 대단한 "집착"이었다) '주물'이라는 단어는 한 번도 사용하지 않았다. 주목할 것은, '주물'이 심리학적 용어로 확산됨에 따라, 먼저 드 브로스의 용어를 받아들였던 인류학자들이 모스의 신랄한 비판이 있은 뒤에(그에 따르면, "주물이라는 개념은 과학에서 완전히 사라져야" 했다) 그 용어를 천천히 무시하기 시작했다는 사실이다.

미완성   바사리는 메디치가의 소성당에 있는 성모상에 대해 이야기하면서 "부분 부분이 아직 덜 완성되었음에도 불구하고…… 불완전한 단계에서 작품의 완성된 모습을 발견할 수 있다"고 썼고, 콘디비는 성구실의 조각품들에 대해 "기초단계의 작업만 이루어졌을 뿐이지만 작품의 아름다움과 완성도를 가상하는 데 전혀 방해되지 않는다"고 기록했다. (보넬리R. Bonelli의 「미켈란젤로의 미완성 작품」과 산파올레지P. Sanpaolesi의 「미켈란젤로와 미완성」, in 『Atti del convegno di studi michelangioleschi』, 1964 참조) 예술과 문학 속에서의 '미완성'에 대해서는 논문모음집인 『Das Unvollendete als kunstlerische Form』(1959)과 빈트E. Wind의 날카로운 분석이 돋보이는 『Art and Anarchy』(1963)를 참조하기 바란다.

절대 시   "내가 이 방향에서 이 방향으로 이런 말로 한 편의 시에 대해 말할 때, 아니 시라는 것에 대해 말할 때, 정말 무엇에 대해 말하고 있는 거지? 내가 말하려는 것은, 그래, 존재하지 않는 시에 대해서야."

    "절대시라. 아니, 그런 건 존재하지 않아, 존재할 수 없어!"

    "아니야, 존재할 수 있어. 그래, 그건 존재하는 모든 시 속에 들어 있어. 무리하게 요구하지 않는 시마다 그 안에는 이 피할 수 없는 질문이, 이 들어본 적이 없는 억측이 들어 있는 거야." (파울 첼란, 『정오Aus-gewählte Gedichte』, 1970)

메타포와 퇴폐   "정말 이상한 것은, 하나의 대상을 또 다른 이름으로 부르는, 그 이름을 간절히 원해서라기보다는 원래의 대상을 피해야겠다는 생각 때문에 다른 이름을 선택하는 인간의 정신활동이다." 오르테가의 이러한 설명을 우리는 페티시즘의 부정과 얼마든지 연관 지어 생각해볼 수 있다. 터부시되는 것을 명명하기 위해 차용되는 이름으로서의 메타포에 대해서는 베르너Werner의 『메타포의 기원』(1919)을 참조 바란다. 성적 퇴폐와 메타포의 유사성은 크라우스에 의해 날카롭게 지적된 바 있다. "관능적 언어 속에도 메타포가 존재한다. 문명인은 그것을 퇴폐라고 부른다."

페티시즘의 대상   '페티시즘의 대상'이라는 제목으로 출간된 『신정신분석학 잡지Nouvelle Revue de Psychanalyse』(II, 1970)를 살펴보면, 집필에 참여한 분석학자들 중에 두 명만이 대상-주물의 잠재적인 환상적 성격에 대해 감지하고 있는 듯이 보인다. 대상-주물은 여기서, 시사적으로, 관점의 대상 혹은 결핍의 대상으로 고려되거나(로솔라토G. Rosolato, 「대상을 회피하는 페티시즘Le fétichisme dont se dérobe l'objet」), 문화적 창조의 공간과 밀접한 관계에 놓여 있는 것으로 해석된다(스미르노프V. M. Smirnoff, 「페티시즘의 타협La transaction fétichique」).

수집가   크래프트-에빙이 이야기하는 많은 머리와 신발에 반한 페티시스트의 집에서 실제로 그런 물건들을 수집해서 보관하는 창고가 발견된 적이 있다. 이런 관점에서 보면 페티시스트는, 보통은 퇴폐적인 인간으로 분류되지 않는 '수집가'와 많이 닮았다고 할 수 있다. 수집가 대상 속에서 찾는 것이, 같은 물건을 가지고 있고 사용하면서도 수집과 거리가 먼 사람은 절대로 근접할 수 없는 성격의 것이듯이, 주물 역시 객관적인 대상의 실체와는 어떤 식으로든 일치하지 않는다.

<table>
<tr><td>어원</td><td></td></tr>
</table>

어원 포르투갈 단어 Feitiço(주물을 뜻하는 이 단어를 토대로 페티시즘이라는 용어가 만들어졌다)의 어원은, 드 브로스가 믿었던 것처럼 라틴어 어근 fatum, fari, fanum('마법에 걸린' '마술적인'이라는 뜻을 가진 단어들)에 있지 않고, 라틴어 facere('만들다')와 같은 어근을 가지고 있는, '인위적인'이라는 뜻의 facticius에 있다(성 아우구스티누스가 세인들의 우상이 '일종의 인위적 신genus facticiorum deorum'이라고 말할 때 facticius는 의심할 여지 없이, 수 세기를 앞선 현대적인 의미로 사용되고 있다). 어쨌든 facere의 어근인 dhe-는 실제로 fas, fanum, feria의 어근과 직접적으로 연관되며 원래 종교적인 의미를 가지고 있었다. 이는 '번제를 드리다'라는 뜻으로도 사용되던 facere의 고어적인 의미 속에서 발견된다(에르누A. Ernout와 메이예A. Meillet의 『라틴어 어원사전Dictionnaire étymologique de la langue latine』, "facio"와 "feriae" 참조). 이런 의미에서, '인위적인' 모든 것은 종교적 영역에 포함될 권리를 가지고 있다. 주물 앞에 선 드 브로스의 망설임은 불필요한 것이었을 뿐만 아니라 사물들이 가지고 있던 원래의 위상에 대해 그가 철저하게 망각하고 있음을 보여준다.

2
마르크스 혹은 만국박람회

페티시즘에 관한 프로이트의 기사가 발표되기 2년 전, 릴케는 비톨드 폰 홀레비츠에게 보낸 편지에서 (이 편지가 특별히 중요한 것은 그가 『두이노의 비가』에서 시적으로 표현했던 바에 대해 구체적인 설명을 시도하고 있기 때문이다) 사물들의 근본적인 변화가 그에게 가져다주는 두려움을 표현한 바 있다.

여전히 우리의 아버지의 아버지들에게는 집 한 채, 연못 하나도, 미지의 탑과 입고 있던 옷과 망토도 무한히 더 많은 것을 의미했고 무한한 친근감을 가지고 있었네. 우리의 선조들에게는 거의 모든 사물들이 일종의 항아리나 마찬가지였고, 그분들은 그 안에서 인간적인 것을 발견하고 좀 더 인간적인 것을 보전할 줄 알았네. 하지만 이제 미국에서 건너오는 분간할 수 없는 텅 빈 물건들, 껍데기에 지나지 않는, **삶의 모조품**에 지나지 않는 물건들이 우리를 부추기고 있네. 미국 취향의 집, 미국 사과, 그곳에서 자란 한 그루의 포도나무 같은 것들은 우리 선조들의 희망과 명상이 깃들어 있는 집과 과일과 포도 열매와는 아무런 공통점도 가지고 있지 않아. 우리와 함께했고 우리를 알고 있고 우리와 함께 산 사물들은 쇠퇴하지만 더 이상 대체될 수 없는 것들이네. 우리는 아마도 이러한 것들을 경험한 마지막 세대가 될 걸세.*

『자본론』1부 4장「상품의 주물적인 성격과 그 비밀」에서 마르크스가 노골적으로 다루는 것이 바로 이러한 변신, 즉 인간의 노동에 의한 생산품이 "껍데기에 지나지 않는 사물들"로 변신하고 "감각의 지배하에 있으면서 동시에 그것을 벗어나는 환영"으로 탈바꿈하는 모습이다.

언뜻 보면, 하나의 상품은 저속하면서도 완전한 이해가 가능한 것으로 느껴진다⋯⋯. 사용가치가 있는 이상, 인간의 요구를 충족시키는 것이 상품의 자연적 특징이든 혹은 그런 특징들이 인간의 노동에 의해 생산되든, 상품 속에 신비로운 것은 아무것도 없어 보이는 것이다. 인간의 활동이 자연자원을 활용하기 위해 그것을 변형시킨다는 것은 자명한 사실이다. 예를 들어 나무로 테이블을 만들 경우에 나무의 형태는 변화를 겪는다. 테이블은 어쨌든 나무로, 즉 감각에 지배받는 평범한 사물로 남는다. 그러나 그것이 하나의 상품으로 등장할 때에는 문제가 다르다. 구체적이면서 초월적인 존재로 변신한 뒤에 그것은 땅에 발을 딛고 있는 것으로는 만족하지 않는다. 그것은 이를테면 다른 상품들 앞에서 나무 머리를 꼿꼿이 세우고, 춤이라도 추겠다는 생각은 도저히 쫓아가지 못할 기괴한 생각들을 머릿속에서 하염없이 펼쳐나간다.

마르크스에 따르면, 노동에 의한 생산품이 상품으로서의 형태를 취하자마자 띠게 되는 이 "신비로운 성격"은, 더 이상 사용가치(인간의 어떤 특정한 요구를 만족시키기 위해 만들어졌다는 점)만을 가지고 있지 않는 물품과의 관계 속에서 일어나는 본질적인 이중화에 의해 결정된다. 하지만 이 사용가치는 동시에 무언가 다른 것의 물질적 지주이며 그 무언가란 곧 스스로의 교환가치다. 사용되는 물건인 동시에 가치운반체라는 이중적인 형태를 가지고 있는 만큼, 상품은 본질적으로 비물질적이고 추상적인 자산이다. 때문에 그것을 구체적으로 향유한다는 것은 축적과 교환을 통해서만 가능하다.

상품의 형체가 가지고 있는 물질적 특성과는 아주 대조적으로, 그 속에 상품의 가치에 상응하는 물질이라고는 조금도 들어 있지 않다……. 한계 없이 추진된 동일한 작업의 숭고하고 획일화된 표본으로 변신한 뒤, 모든 상품들은 한 가지 사실 외에는, 즉 생산과정 속에서 일련의 노동력이 동원되었다는 사실 외에는 아무것도 나타내지 않는다. 이들이 공유하고 있는 이러한 사회적 본질의 결정체로서 상품은 하나의 가치로 인정된다.

마르크스가 상품의 "주물적인 성격"이라고 부르는 것은 생산품의 이러한 양면성에 기초한다. 다시 말해, 상품은 인간을 향해 때로는 이 얼굴을 때로는 저 얼굴을 내밀면서 절대로 두 얼굴을 동시에 보여주지 않는다. 따라서 상품의 주물적인 성격은 페티시즘의 퇴폐적 주물과 단순히 닮았다고 할 수 있는 것 이상의 유사성을 보유하고 있다. 상품의 사용가치에 교환가치가 더해지는 것은, 페티시즘 속에서 물건의 일반적인 사용에 특별한 상징적 가치가 더해지는 것과 일치한다. 주물이 두 개의 모순된 현실을 보여주는 기호이기 때문에, 페티시스트가 자신의 주물을 완전히 소유할 수 없는 것처럼 상품의 소유자 역시 써야 할 물건으로서의 상품과 가치로서의 상품을 결코 동시에 향유할 수 없을 것이다. 그는 상품이 모습을 드러내는 물리적 조건을 무슨 방법을 동원해서든 조작할 수 있을 것이다. 어쩌면 그것을 파괴할 때까지 물리적으로 변형시킬 수 있을지도 모른다. 하지만 상품은 그렇게 사라지면서 다시 한 번 스스로의 초월성을 증명해 보일 것이다.

상품에 의해 주도되는 사물의 주물화가 또렷하게 일어나는 것은, 벤야민이 "주물-상품을 향한 순례의 공간"으로 정의내린 만국박람회를 통해서다. 1851년 하이드 파크에서 엄청난 반향을 일으키며 첫 번째 만국박람회가 열렸을 때, 마르크스는 런던에 와 있었다. 그때 받은 인상이 아마도 상품의 주물적인 성격에 관한 그의 고찰에 영향을 끼쳤을 가능성이 크다. 그가 상품과 관련하여 언급하던 "환영"은, 수많은 박람회 기획안들 중에서 팩스턴^{Joseph Paxton} 경의 크리스털로 뒤덮인 거대한 궁전 프로젝트를 선택한 기획자들의 의도 속에 분명히 들어 있었다. 1876년 파리에서 열린 만국박람회의 안내서는 상품이 가지고 있는 이러한 환상적 성격의 절대성을 다시 한 번 강조하고 있다. "대중은 상상을 깰 수 있는 거대한 크기의 무언가를 필요로 한다. 사람들의 생각이 산업이 이룩한 기적 앞에서 놀라 멈추어서야 할 필요가 있다. 사람들이 원하는 것은 **마법에 빠진 시선**coup d'œil féerique이지 획일적인 방식으로 분류되어 있는 유사한 물건들이 아니다." 당시의 우편엽서들은 후광으로 둘러싸인 박람회장 건물들을 효과적으로 재생하고 있다.

상품이 **마법에 걸린 물건**objet féerique으로 변한다는 것은 교환가치가 상품의 사용가치를 이미 잠식하기 시작했다는 것을 알리는 신호가 된다. 처음부터 예술작품의 전시공간까지 갖추고 있었던 신비한 크리스털 궁전의 갤러리 속에서, 상품은 **마법에 빠진 시선**을 통해서만 즐길 수 있도록 전시되었다.

그렇게 해서 처음으로 만국박람회를 통해 소개되었던 환영은, 우리 시대의 슈퍼마켓에 들어가 본 사람이면, 혹은 광고 세례에 노출되어본 경험이 있는 사람이면 누구든지 편안하게 받아들일 수 있는 신비, 즉 '붙잡을 수 없는 것의 등장'이었다.*

노트

릴케와 사물　　홀레비츠에게 보내는 1912년의 편지에서 사물들의 변화에 대해 이야
　　　　　　기하는 릴케의 말들은 상품의 주물적인 성격에 관한 마르크스의 분석

을 곧장 떠올리게 한다. "세상이 좁아지고 있는 이유는, 사물들 역시
스스로의 존재를 화폐의 진동 속으로 몰아넣으면서 똑같은 일을 하고
있기 때문이야. 사물들은 하나의 정신으로 발전하면서 시작부터 그들
이 가지고 있는 즉각적인 차원의 현실을 뛰어넘네. 내가 지금 다루고
있는 세기(14세기)에, 돈은 여전히 금과 금속이었고 보기에 멋진 것이
었네. 세상에서 가장 다루기 쉽고, 가장 알아보기 쉬운 것이 돈이었지."
릴케의 글에서, 즉 혁명과는 거리가 먼 한 시인의 글에서 우리는 마르
크스의 상품 비평을 특징짓는 사용가치에 대해 그가 똑같은 그리움을
품고 있다는 것을 발견할 수 있다. 어쨌든, 과거로 돌아간다는 것이 불
가능하다는 사실 앞에서 릴케의 그리움은 하나의 계획으로 뒤바뀐다.
그것은 눈에 보이는 사물들의 세계를 보이지 않는 세계로 변화시키
려는 계획이다. 이어지는 릴케의 편지는 다음과 같이 말한다. "땅에게
는 투명하게 변해버리는 것 말고는 다른 길이 없어. 존재의 일부와 함
께 보이지 않는 것에 참여하는 우리 안에서만, (적어도) 그럴 수 있는
기회를 가지고 있고, 이 땅에 머무는 동안 보이지 않는 것의 양을 배가
시킬 수 있는 우리 안에서만, 보이는 것이 보이지 않는 것으로 뒤바뀌
는 이 은밀하고 지속적인 변신이 이루어질 수 있을 걸세……. 『두이노
의 비가』에 등장하는 천사는 우리가 이룩하려고 하는 이 변신이 그 안
에 이미 완성되어 있는 존재네." 이러한 관점에서 볼 때 릴케의 천사가
상징하는 것은 보이지 않는 것 속에서 이루어지는 상품화된 대상의 극
복이다. 즉, 사용가치뿐만 아니라 교환가치까지 초월하는 '사물들과의
관계'의 척도가 된다. 따라서 릴케의 후기 작품들 중에서 한 시가 노래
하듯이 천사는 상인의 뒤를 잇는 형이상학적 존재다. "저울이 상인의
손에서 하늘의 천사에게로 옮겨가면 그는 그것을 달래고 공간과 균형
을 맞춘다."

만국박람회   1851년 런던에서 열린 만국박람회의 기획자들은 팩스턴의 궁전이 가
지고 있던 환상적인 성격을 완벽하게 파악하고 있었다. 박람회 카탈로
그에 실린 「The Harmony of Colours as Exemplified in the Exhibition」
이라는 제목의 글에서 메리필드Merrifield는 크리스털 궁전에 대해 다음
과 같이 적고 있다. "아마도 세상에서 대기를 지각할 수 있는 유일무이
한 건물일 것이다. 오웬 존스가 선택한 장식의 스타일도 건물이 발휘
하는 원래의 효과와 기막히게 잘 어울린다. 갤러리의 동쪽이나 서쪽
끝에 서서 앞을 똑바로 바라보고 있는 관람객에게는 건물의 끝부분이
마치 하늘색 날개에 둘러싸여 있는 듯이 보일 것이다."
    카탈로그의 화보들을 잠시 훑어보면 알 수 없는 불편함을 느끼게 된
다. 우리는 서서히 이런 느낌이 단순한 사물들을 악몽 속의 도깨비로
뒤바꾸는 무시무시한 장식품의 과도함에서 비롯되었다는 것을 깨닫
게 된다. 과도한 장식적 효과가 전시품의 상당량을 집어삼키는 듯한

〈요리도구와 책꽂이〉, 1851년 영국 만국박람회 카탈로그.

느낌을 주는 것에 자극을 받은 워넘Warnum이 (카탈로그의 마지막을 장식하고 있는 「The Exhibition as a Lesson in Taste」라는 제목의 글은 장식의 필요성에 관한 그의 장황한 설명에 불과하다) 의무감을 발휘해 관람객들에게 경각심을 불러일으키며 한 말은 장식과 전시품을 혼동하지 말라는 것이었다. 벌거벗은 사물을 딛고 세워진 상품의 신전 속에서, 시간을 초월하며 모여든 모든 양식과 모든 시대가 믿을 수 없을 정도로 혼잡한 향연을 펼치고 있었다. 크리스털 궁전을 감싸고도는 "하늘색 날개"가 주물-상품을 에워싸는 후광의 이미지에 불과하듯이 장식의 과도한 축적 또한 사물들의 상품화된 특징을 어김없이 폭로하고 있다. 상품의 주물적인 성격에 관한 마르크스의 이론이 몇몇 신중하지 못한 독자들에게는 "극도로 위험한, 의심할 여지없는 헤겔의 영향"(이 불행한 표현의 저자는 알튀세르다)으로 비쳤지만 사실 이 이론은, 만국박람회의 관점에서 바라보게 되면, 굳이 설명도 필요 없고 철학적 성찰도 필요로 하지 않는 이론이다.

만국박람회를 처음 경험했던 지성인들과 예술가들이 대체적으로 적대감과 불편함을 감추지 못했다는 사실은 상당히 흥미롭다. 1851년에 열린 박람회에 대해 또렷하게 부정적이었던 러스킨Ruskin의 반응이 어떻게 보면 도화선이었다고 할 수 있다. 1855년, 박람회장 바로 앞에 있는 전시장에서 자신의 작품을 선보이기로 했던 쿠르베의 의도는 박람회와 일종의 경쟁을 해보겠다는 것이었다. 이어서 마네가 그의 선례를 뒤따랐고 1889년에는 고갱이 박람회장과 그다지 멀지 않은 카페에서 개인 전시회를 열었다. 반면에 박람회 기획자들은 앞장서서 지치지 않고, "때마다 풍요로움을 선사했고 여전히 새로운 영감과 노동의 기회를 가져다줄 수 있는 대량생산품들이 가까이에 있다는 사실"을 무시하지 말라고 예술가들을 적극적으로 설득했다.

1889년에 열린 제5회 만국박람회를 기념하기 위해 세워진 에펠탑의 우아한 모습은 오늘날 파리의 이미지와 분리할 수 없는 것이 되어버렸지만, 탑이 건설될 당시에는 건축 여부를 두고 많은 예술가들, 예를 들어 졸라, 메소니에, 모파상, 보나와 같은 인물들의 거센 항의에 부딪혀야만 했다. 이들이 직감했던 것은 아마도 이미 끝난 일이기 때문에 지금은 보이지 않는 사실, 다시 말해, 에펠탑이 (미로나 다를 바 없던 도시에 어디에서든 바라볼 수 있는 구심점을 제공하면서 미로라는 옛 이미지를 완전히 지워버린 것 외에) 도시 전체를 하나의 상품으로, 한번 바라보는 것만으로도 소모가 가능한 상품으로 뒤바꾸고 있었다는 사실이었을 것이다. 1889년의 만국박람회에 전시되었던 가장 값비싼 상품은 파리라는 도시 자체였다.

3

보들레르 혹은 절대상품

1855년에 열린 파리 만국박람회에 대해 우리는 이례적인 자료를 보유하고 있다. 보들레르는 그가 박람회에서 받은 인상들을, 파리의 두 일간지에 짧은 간격을 두고 잇달아 실린 세 편의 기사에 기록하고 있다. 이 기사들의 내용이 예술에 국한되어 있고 1845년과 1846년의 살롱Salons을 위해 썼던 에세이들과 크게 다르지 않아 보이는 것은 사실이지만 자세히 들여다보면 상품이 예술작품을 향해 던진 도전장의 새로움과 중요성을 보들레르가 그만의 천재적인 감각으로 간파하고 있음을 알 수 있다.

「예술에 적용된 진보라는 현대적 개념에 관하여De l'idée moderne du progrès appliquée aux beaux arts」라는 의미심장한 제목의 첫 번째 기사에서 그는 이국적인 상품 전시가 지적인 방문객에게 줄 수 있는 자극적인 느낌이 무엇인지 묘사하면서 상품이 관람자에게 요구하는 새로

운 종류의 관심이 무엇인지 그가 분명히 의식하고 있음을 보여준
다. 그는 이렇게 자문한다. "꼭 빙켈만 같은 사람이, 중국에서 온 이
이상하고 기이한 상품들, 맵시 있고 색상도 강렬하고 가끔씩 사라
져가는 느낌을 줄 정도로 섬세한 이 상품들을 보았다면 과연 무슨
말을 할 것인가?" 그리고 이렇게 대답한다. "어쨌든, 이것은 보편적
인 아름다움의 한 본보기다. 하지만 이를 이해하기 위해서는 비평
가든 관람자든 신비로운 변화를 스스로 이루어낼 줄 알아야 할 것
이다……." 보들레르의 소네트 「교감Correspondances」(흔히 보들레르적
인 비의秘義주의의 정수로 해석되는 작품)의 기초가 되는 사상이 다름
아닌 1855년 만국박람회에 관한 기사의 첫머리에 표현되었다고
하는 것은 우연의 일치라고 볼 수 없다. 히에로니무스 보쉬가 자본
주의의 태동기에 플랑드르의 대형 국제시장에서 착상을 얻어 그의
천년왕국에 대한 신비주의적이고 아담주의적인 이념을 표현했던
것처럼, 보들레르 역시 제2차 산업혁명의 초기에 만국박람회에서
나타난 상품의 변화현상으로부터 자신의 시학에 필요한 감성적 배
경과 상징적인 요소들을 발견한다.* 박람회가 보들레르처럼 날카
로운 시선을 가진 인물에게 또렷이 보여준 커다란 변화란 다름 아
닌 상품이, 실질적인 사용단계에서 그 의미와 가치가 모두 소진되
는 하나의 무고한 대상으로 머물러 있지 않고, 마르크스가 12년 뒤
에 상품의 "주물적인 성격", 상품이 가지고 있는 "형이상학적 섬세
함"과 "신학적 재치"에 대해 말하면서 암시하게 될, 두려울 정도로
'모호한' 성격을 취하기 시작했다는 점이었다. 상품이 소모품을 유
용성이라는 노예상태로부터 해방시켜버린 이상, 이러한 소모품을

예술작품과 구별시켜주던 경계, 즉 르네상스 시대에서부터 예술가들이 장인과 수공업자의 작업에 대한 예술적 창조의 상대적인 우월성을 강조하며 열성적으로 구축해왔던 경계는 금방이라도 무너질 것 같은 단계에 도달해 있었다.

전통적으로 예술작품에만 할당되던 가치를 상품에 부여하기 시작한 만국박람회의 **마술**féerie 앞에서 보들레르는 도전을 받아들이고 전투공간을 다름 아닌 상품의 영역으로 가져간다. 이국적인 생산품이 "보편적인 아름다움의 한 본보기"라고 말하면서 은연중에 인정한 것처럼 그는 상품화가 사물에 각인시키는 새로운 특징들을 인정한다. 그러한 특징들이 예술 세계에 숙명적으로 발휘하게 될 매력에 대해서도 그는 분명하게 의식하고 있다. 하지만 그는 이러한 요소들을 경제의 독재와 진보의 이데올로기로부터 도려내고 싶어 한다. 상품들의 침략에 대항했던 보들레르의 위대함은 다름 아닌 예술작품 자체를 상품과 주물로 탈바꿈시킴으로서 침략에 대응했다는 데 있다. 그는 예술작품 속에서의 사용가치와 교환가치를 구별하고 예술에 부여되던 전통적 권위로부터 작품의 고유함을 분리시켰다. 여기서 비롯된 것이 바로 예술작품의 모든 실용적 해석에 대한 신랄한 비판과 시가 시 외에는 다른 어떤 목적도 가지고 있지 않다는 주장을 통해 보여주던 그의 병적인 집요함과 미적 경험의 붙잡을 수 없는 성격에 대한 강렬한 주장과 아름다움을 일시적이고 침투 불가능한 계시로 보던 그의 미학 이론이다. 이 순간부터 예술작품을 에워싸기 시작한 근접 불가능성이란 차가운 아우라에 상응하는 것이 다름 아닌 교환가치가 상품에 새겨넣는 주물적인 성격이다.*

　그러나 보들레르의 발견에 본질적으로 혁명적인 성격을 부여하는 것은 그가 사용가치와 교환가치의 분리를 예술작품을 통해 재생하는 데 머물지 않고 가치의 형태가 사용가치와 전적으로 일치하는 하나의 상품, 이를테면 상품의 주물화 과정이 상품 자체의 실체를 부정하는 단계까지 극단적으로 발전되는 하나의 **절대적인** 상품을 창조하려고 시도했다는 사실이다. 사용가치와 교환가치가 상호폐지 관계에 놓여 있는 상품, 즉 가치가 무용성에 기초하고 사용이 근접 불가능성에 기초하는 상품은 더 이상 상품이라고 할 수 없다. 아울러, 상품의 보다 본격적인 폐지는 예술작품의 절대적인 상품화와 일치한다. 보들레르가 아무렇지도 않게 예술작업의 중심에 **쇼크**의 경험을 위치시키는 것도 바로 그런 이유에서이다. 여기서 쇼크란, 사물이 그것에 사용가치를 부여하던 권위를 상실했을 때, 사물에 전통적인 인지도를 보장하던 권위를 상실했을 때 상품이라는 알쏭달쏭한 가면을 뒤집어쓰며 스스로 실행하는 격리화의 가능성을 의미한다. 보들레르는, 예술이 산업화된 문명 속에서 살아남기를 원한다면 예술가가 쇼크의 기원이 되는 '파괴', 즉 사용가치와 인지도의 파괴를 자신의 작품을 통해 재생해야 한다는 것을 알고 있었다. 그런 식으로 그는 자신의 작품 자체를 붙잡을 수 없는 것의 운반수단으로 만들고 바로 그 붙잡을 수 없는 것 속에서 새로운 가치와 새로운 권위를 창출해내는 데 성공했을 것이다. 하지만 그것은 전통이 보장해주던 모든 것을 예술이 포기해야 한다는 것을 의미했다. 예술가들은 과거와 현재, 오래된 것과 새것의 관계를 견고히 하고 전통을 유지하기 위해 끝없이 사물과 그것들의 영역을 구축해왔지만 이제 예술은 '자기부정'을 생존을 위한 유일한 가능성으로 만들기 위해 모든 것을 포기해야만 했다. 낭만주의 시인들의 첨예한 예술적 경험들을 무無의 자멸이라고 정의했던 헤겔이 이미 이해하고 있었던 것처럼 자멸은 예술이 모더니티에 지불해야 하는 대가였다. 보들레르가 시인에게 하나의 모순적인 과제를 안기는 것도 바로 그런 이유에서일 것이다. 포우Poe에 관해 논하면서 그는 "근접 불가능한 것이 무엇인지 깨닫지 못한 사람은 시인이 아니"라고 말한 바 있다. 그리고 창작의 경험을 최후의 혈투에 비유하면서 이렇게 말한다. "그곳에서 예술가는 패배의 순간이 오기 전에 두려워서 고함을 지른다."

현대시의 아버지로 불리는 인물이 페티시스트였다는 사실은 하나의 행운이었다고 할 수 있다.* 옷과 여성의 머리 스타일과 보석과 화장에 (「현대의 삶을 그리는 화가」라는 글에서 그는 이에 대해 주저하지 않고 기록하고 있다. 인간의 의복에 관한 상세한 목록을 만들어 글을 쓸 생각이었지만 그 계획은 끝내 빛을 보지 못했다) 대한 보들레르의 열정이 아니었다면 그는 상품과의 정면대결에서 승리를 거두기 힘들었을 것이다. 스스로의 부정을 통해 부재하는 것을 실재하도록 만드는 대상-주물의 기적적인 힘을 개인적으로 경험하지 않았다면 보들레르는 아마도 인간이 자신의 창작품에 맡길 수 있는 가장 원대한 임무를 예술에게 부여할 엄두를 내지 못했을 것이다. 그 임무는 비현실의 도용盜用이다.

노트

「교감」과 상품   보들레르의 소네트 「교감」 전체는 그가 만국박람회를 관람하고 느낀 이질적인 인상들의 감상문으로도 읽힐 수 있을 것이다. 앞서 인용된 기사에서, 보들레르는 이국적인 상품 앞에서 방문객들이 받는 인상을 떠올리며 다음과 같이 묘사한다. "더 이상 침실의 것이라고 할 수 없는 이 향기, 강렬한 색상이 독재적으로 눈을 파고들고 현혹적인 자태로 시선을 자극하는 이 신비로운 꽃들, 맛으로 감각을 기만하고 어지럽히는 이 과일들, 이 맛이 후각이나 다를 바 없는 느낌들의 궁전을 일으켜 세우니, 이 새롭고 조화로운 모든 것들의 세계가 천천히 그리고 침착하게 그의 내부로 침투해 들어간다. 이 모든 미지의 생명력이 그의 고유의 생명력에 더해질 것이다. 수많은 생각과 느낌들로 풍부하게 채워질 것은 그의 죽을 수밖에 없는 존재의 사전이다." 보들레르는 깔보는 듯 이야기하지만 이러한 광경 앞에서 "교감의 거대한 건반 위를 능수능란하게 달리지 못하는" 꼼꼼한 사람에 불과하다.

어떤 의미에서는 보쉬의 〈쾌락의 동산〉 역시 상품에서 변신한 우주의 이미지로 바라볼 수 있다. 4세기 후에 나타나는 그랑비유처럼 (그리고 그와 동시에 무수히 많은 표징 작가들이 대량상품의 출현 앞에서 사물들을 사회적 맥락으로부터 분리시키고 이질적인 것으로 변신시켰던 것처럼) 보쉬 역시 자연을 하나의 특별한 자랑거리로 변신시킨다. 보쉬의 유기적인 것과 무기적인 것, 창조물들과 건축물들과의 혼합은 흥미롭게도 만국박람회에 전시된 상품들의 마술적인 세계를 예고하는 듯이 보인다.

빌헬름 프랭어는 보쉬가 그의 그림들을 통해 상징적으로 표현하고자 했던 것이 아담파의 신비주의 이론이라고 해석한 바 있다. (W. Fraenger, 『천년왕국Das tausendjahrige Reich』, 1947) 동일한 관점에서 보면 아담파의 신비주의는 하나의 무릉도원, 푸리에Fourier의 관능적이고 산업적인 유토피아와의 유사성을 드러낸다. 그랑비유는 푸리에의 예언을 아이러니하게 (보쉬의 입장에서 아담파의 신비주의적 세계에는 아이러니한 방식이 어울리지 않는 것이었다고 단정 지을 만한 근거는 없다) 형상화시킨 기막힌 화보들을 『또 다른 세상』을 통해 우리에게 물려주었다(오로라와 여자아이들처럼 하늘로 뛰어오른 일곱 개의 인공 달과 무릉도원처럼 그려진 대자연과 알에서 벗어나려고 안달이 난 날개 달린 인간들).

벤야민과 아우라   예술작품의 권위와 전통적 가치가 흔들리기 시작했다고 보게 만들었던 현상들을 감지했음에도 불구하고 벤야민은 이 몰락의 과정을 요약하고 있던 "아우라의 타락"이 어떤 식으로든 "사물의 문화적 규격화로부터의 해방"과 그 순간부터 이루어져야 할 그것의 정치적 실행이라는 결과로 이어지지 않으리라는 것을 눈치채지 못하고 있었다. "아우

그랑비유, 『또 다른 세상』에서.

그랑비유, 〈푸리에의 시스템〉, 『또 다른 세상』.

라의 타락"이 당연한 결과로 가지고 있던 것은 반대로 사물이 또 다른 공간에서 자신의 정통성을 재창조하고 그것을 드높이 칭송할 수 있는 새로운 아우라의 구축이었다. 이것이 획득하게 될 새로운 가치란 곧 상품이 사물을 복사하기 위해 이용하는 교환가치와 조금도 다를 바 없는 성질의 것이었다.

　기회가 많지 않은 만큼 여기서 관찰해볼 필요가 있는 것은 벤야민이 그의 가장 전형적인 철학 개념인 "아우라"를 비교秘敎와 신비주의 문헌 속에서만 발견했던 것이 아니라 한 프랑스 작가에게서, 물론 오늘날에는 부당하게도 많은 이의 기억 속에서 사라졌고 벤야민이 그의 우스꽝스러운 정치적 아이디어들에도 불구하고 비범한 지성에 대해서만큼 칭찬을 아끼지 않았던 레옹 도데Léon Daudet에게서 발견했다는 사실이다. 그의 책『멜랑콜리아』가 다루고 있는 아우라를(책에서는 환경이라는 이름으로 거론되기도 한다) 잠시나마 땅에서 깨워볼 필요가 있어 보인다. 특히 도데가 보들레르를 "아우라의 시인"으로 정의내린 것이 벤야민에게 보들레르에 관한 방대한 연구를 시작할 수 있는 핵심적인 동기를 마련해주었다는 것은 틀림없어 보인다. 냄새에 관한 벤야민의 고찰에 앞서 길을 마련했던 것도 도데였다. 도데에 의하면 "후각은 아우라에 가장 근접한 감각이며 아우라를 설명하거나 상징하기에 가장 적합한 감각이다. 냄새로부터 비롯되는 환영이 모든 환영들 중에서 가장 드물고 가장 심오한 환영일 것이다……." 게다가『기술복제 시대의 예술작품』에서 오래된 사진을 "아우라"의 포착을 위한 도구로 설명하고 있는 문장은 사진과 영화를 아우라의 전송자로 보는 도데의 고찰에서 그 선례를 찾아볼 수 있다. 기억해두어야 할 것은 의사이면서 작가였던 레옹 도데의 아우라에 관한 아이디어가 민코브스키E. Minkowski 같은 심리학자에 의해 관심 깊게 조명되었다는 사실이다. 민코브스키는『하나의 우주론을 위하여』에서 후각에 관한 장을 통해 도데를 폭넓게 인용하고 있다.

<table>
<tr><td>페티시스트
보들레르</td><td>페티시즘적인 테마를 가지고 있는 보들레르의 작품 목록을 작성한다면 그 안에는 널리 알려진 시 「보석Les bijoux」("내 지극히 사랑하는 여인은 알몸이었고, 내 마음을 알기에 오직 소리 나는 보석만을 달고 있었으니") 외에도 최소한 산문시 「머리 위의 반구Un hémisphère dans une chevelure」가 포함되어야 할 것이다. 이 시의 결론 부분은 어떤 심리학 연구서보다도 페티시즘에 대해 더 많은 것들을 가르쳐준다("내가 당신의 탄력 있고 반항적인 머리칼을 살짝 깨물 때면, 마치 추억을 삼키는 것 같다오"). 콩스탕탱 기Constantin Guys를 다루고 있는 글은 보들레르 시학의 정수라고 할 수 있다. 이 글에서 그는 화장에 대해 이렇게 설명한다. "여자란 자신의 권리 속에서 무리 없이 지내는 존재다. 여자 역시 일종의 의무를, 마술적이고 초자연적으로 보이기 위해 애쓰면서 이행</td></tr>
</table>

한다. 여자는 남자를 자극하고 유혹해야 한다. 하나의 우상처럼 추앙받기 위해, 여자는 스스로를 추앙한다. 따라서 자연을 딛고 올라서기 위해 필요한 도구들을 모든 예술로부터 도용해야만 한다. 이 도구들의 목록에는 끝이 없다. 하지만 우리 시대가 통속적으로 화장이라 부르는 것만 예로 들어보면, 여자들은 순수한 철학자들이 그토록 바보스럽다고 평가하는 분가루를 오로지 사용하는 것 외에는 아무런 관심이 없다. 자연이 과하게 심어놓은 점들을 도색을 통해 사라지도록 하고 피부의 색과 조직에 마치 스타킹이 주는 것과 비슷한 추상적인 통일성을 부여하는 것이 화장의 목적이자 결과다. 화장은 순식간에 사람을 조각으로 만들어버린다. 즉, 여성을 신성하고 초월적인 존재에 근접하도록 한다."

그랑비유, 『인간사의 조그만 불행들』에서.

4

보 브럼멜 혹은 비현실의 도용

1843년에 그랑비유는 친구 포게스의 글을 토대로 『인생의 소소한 재앙들 Petites misères de la vie humaine』이라는 제목의 화보집을 출판한다. 일련의 천재적이고 엽기적인 삽화들을 통해 그랑비유는 시간이 흐르면서 현대인들이 점점 더 친숙하게 받아들이게 될 현상의 초기의 이미지들을 제공하고 있다. 문제의 현상은 '사물들에 대한 사람들의 비양심적인 태도'다. 물이 새는 데도 잠글 수 없는 수도꼭지, 뒤집어지는 우산, 완전히 신을 수도 없고 벗을 수도 없는, 발에서 도무지 떨어질 생각을 하지 않는 부츠, 바람에 날아가는 서류, 닫힐 생각을 하지 않는 뚜껑, 찢어지는 바지 속에서 그랑비유의 시선은 우연히 일어나는 단순한 사고라는 차원을 넘어 인간과 사물 간에 형성된 새로운 관계를 발견한다. 익숙한 사물들의 무서운 변신 앞에서 인간이 느끼는 불편함을 그랑비유보다 더 잘 표현한 사람은 없다. 그의 펜 밑에서 사물들은 무고함을 잃고 제멋대로 굴기 시작한다. 비열한 행동으로 인간에게 대항하며 스스로의 소용성에서 탈출을 시도하는 사물들은 인간적인 감정과 의식을 수용하고 사람처럼 게으름을 피우거나 불만을 토로하기 시작한다. 이제 사물들의 음탕한 태도를 발견해도 사람의 눈은 놀라지 않는다.

『말테의 수기』에서, 떨어지는 뚜껑의 일화를 중심으로 이와 유사한 현상에 대해 언급한 바 있는 릴케는 노골적으로 "인간과 사물들과의 관계는 사물들 속에서의 혼돈을 가져왔다"고 관찰하고 있다. 이 유령적인 음모가 무대에 오르면서 표현되는 것이 바로 상품화된 사물들에 대한 비양심적인 태도. 장인들의 물건이 대량생산 항목으로 변신하는 동안 은연중에 일어난 '전락'은 현대인이 사물을 대할 때 자연스러움을 잃어가는 모습에서 매일같이 발견된다. 사물들의 타락에 참여하는 것은 인간의 어설픔, 즉 그랑비유가 펜으로 그려내고 있는, 사물들의 복수에 대한 두려움이다.*

사물들에 대해 비양심적인 태도를 보이기 시작한 사회가 꿈꾸던 인물이 바로 **댄디**, 즉 불편함을 느낄 줄 모르는 남자였다는 것은 또렷하게 이해가 되는 일이다. 영국에서 가장 멋진 이름을 가진 인물들과 기득권층이 보 브럼멜의 한마디에 쩔쩔맸던 것은 이들이 절대적으로 필요하다고 느끼던 이론을 바로 브럼멜이 손아귀에 쥐고 있는 것처럼 보였기 때문이다. 우아함과 과분함을 삶의 유일한 목적으로 여기는 **댄디**가 자연스러움을 상실한 인간들에게 제시하는 것은 사용가치의 향유나 교환가치의 축적을 뛰어넘는, 사물들과의 새로운 관계에 대한 가능성이다. 댄디는 사물들을 구원하는

보 브럼멜.

대속자다. 그는 그의 우아함으로 사물들의 '상품'*이라는 원죄를
말소시킨다.

　그랑비유의 살아 있는 사물들을 두려워하기까지 했고 댄디즘을
하나의 종교 정도로 생각하던 보들레르도 이런 부분에서 시인이 **댄
디**로부터 (즉, 보들레르의 말 그대로, "근접 불가능한 것을 다룰 줄 알아야
하는" 인물) 무언가를 배울 수 있다고 생각했다.

　상품이 가지고 있는 주물적인 성격에 대한 마르크스의 분석은
"유용하지 않은 사물은 아무런 가치가 없으며 한 물건이 쓸모가 없
을 경우에 그 물건을 만들기 위해 동원된 노동력은 헛되이 쓰였을
뿐이고 따라서 아무런 가치를 창출하지 않는다"는 생각을 바탕으
로 이루어졌다. 마르크스에 의하면, "생산 자체는 모든 발전과정
속에서 교환가치가 아닌 사용가치만을 목표로 한다. 따라서 소모
를 위해 필요한 만큼의 사용가치라는 기준을 넘어설 때에만 사용

가치가 사용가치로서의 역할을 멈추고 교환의 도구, 즉 상품이 된다고 할 수 있다". 이상의 견해와 일관성을 유지하면서 마르크스는 마치 비정상적인 것에 자연스러운 것을 대비시키듯이 교환가치의 축적에 사용가치의 향유를 대치시켰다. 마르크스의 자본주의 비판 전체는 교환가치의 추상적인 면에 대항하여 사용가치의 구체적이고 실질적인 면을 내세우며 이루어졌다고 할 수 있다.* 마르크스가 향수에 젖어 로빈슨 크루소와 함께 떠올리는 것은 교환가치가 전혀 알려지지 않은 폐쇄경제 체제다. 이 체제 속에서 생산자와 물품과의 관계는 지극히 단순하고 투명하다. 『자본론』에서 그는 이렇게 기록하고 있다. "자본주의는, 자본의 축적이 아닌 향유가 그 동력을 제공한다고 가정하는 순간 뿌리에서부터 흔들린다." 마르크스의 비판이 가지고 있는 한계는 그가 실용주의 이데올로기, 즉 사용가치의 향유가 인간이 사물과 유지하는 관계의 자연적이고 본래적인 의미라고 보는 이데올로기에서 벗어나지 못한다는 점이다. 따라서 그가 놓치는 것은, 사용가치의 향유뿐만 아니라 교환가치의 축적을 뛰어넘는 새로운 관계의 가능성이다.*

현대 인류학은, 유용하지 않은 사물은 아무런 가치가 없다는 마르크스의 선입견과 그런 의견에 토대를 마련했던 사상, 즉 경제적 삶을 움직이는 심리적 동기는 실용성 원칙이라는 사상을 부정적으로 평가하기에 이르렀다. 고대 경제활동의 연구를 통해 드러난 것은 인간의 모든 행위가 생산과 보전과 소모로 귀결될 수 없다고 하는 사실이다. 게다가 고대인들의 삶을 살펴보면, 이들이 무언가에 지배받고 있었다는 느낌, 물론 과장된 면이 없지 않아 보이지만, 비생산적 소비와 상실의 원칙이라고 정의내릴 수 있는 무언가에 의해 지배받고 있었다는 느낌을 지울 수가 없다.*

포틀래치potlach와 탕진의 예식에 관한 모스의 연구는 물물교환이 아닌 증여가 교환의 원래 형태였다는 것뿐만 아니라(마르크스가 모르고 있던 사실이다), 증여 예식에서부터 가장 값진 물건의 파괴에 이르는 일련의 행위들이 경제적 실용주의의 관점으로는 설명이 도저히 불가능하다는 것을 증명해 보였다. 오히려 우리는, 그런 행위들을 바탕으로, 고대인이 그가 원하는 지위에 오르기 위해서는 부富를 포기하거나 파괴해야만 했다고 이야기할 수 있다. 고대인이 선물을 하는 이유는 동시에 잃고 싶기 때문이며 그의 사물과의 관계는 실용적 원리가 아닌 희생번제의 원리에 의해 성립된다. 모스의 연구는, 원시사회에서 "사물"이 단순히 쓰이기만 하는 물건이 아니라 어떤 힘, 즉 살아 있는 생명체처럼 **마나**mana[1]를 가지고 있었고 종교적 영역에 깊이 뿌리박혀 있었다는 것을 보여준다. 사물이 원래의 신성한 종교적 차원으로부터 빠져나가는 곳에서, 그것을 되돌려놓기 위해 항상 등장하는 것이 바로 증여와 희생번제다. 이러한 필요성은 고대에는 지극히 보편적이고 지배적인 것이었고 때문에 한 민속학자는 원시문화 속에서 신들이 존재하는 이유가 희생번제와 방기放棄에 대한 인간적인 요구에 틀을 마련해주기 위해서일 뿐이라고 주장한 바 있다.

---

1 멜라네시아의 토어로 원시 종교에서의 비인격적이고 초자연적인 기운을 뜻한다. —옮긴이

보들레르가 "여행가들이 북아메리카의 숲 속에서 만난 어떤 **댄디**"에 대해 말하면서 염두에 두고 있던 것도 아마 이런 종류의 행위들이었을 것이다. 확실한 것은 보들레르가, 사용가치로의 회귀를 통해 상품의 세계가 간단히 폐지될 수 있으리라고 생각하기에는 그 "혐오스러운 유용성"을 너무나 미워하던 인물이었다는 사실이다. **댄디**와 마찬가지로 보들레르에게도 활용적인 차원에서의 향유는, 상품화에서와 마찬가지로 이미 껄끄럽게 변해버린 사물과의 관계에 불과하다. 그가 현대시에 남긴 교훈은, 상품을 극복하기 위한 유일한 방법이란 상품이 상품 자체로 폐지되고 사물을 본연의 진실에 되돌려줄 때까지 그것의 모순점들을 극단적으로 몰고나가는 것뿐이라는 것이다. 노예적인 사용에 의해 타락하고 세속적으로 만들어진 것들을 희생번제가 신성한 세계로 되돌려놓듯이, 사물은 시적 정화를 통해 향유뿐만 아니라 축적의 차원을 벗어나 원래의 상태로 복원된다. 때문에 보들레르는 시의 창작과 희생번제 사이에, 노래하는 자l'homme qui chante와 희생하는 자l'homme qui sacrifie 사이에 상당한 유사성이 있다고 보았다. 그가 계획했던 「희생의 이론」이라는 제목의 글은 비록 단상들밖에는 남아 있지 않지만 그 흔적을 『불꽃Fusées』의 노트에서 찾아볼 수 있다. 희생이 파괴를 통해서만 성화에 성공할 수 있듯이, 상품을 붙잡을 수 없는 것으로 만드는 일탈을 통해서만, 즉 그것의 인지 가능성과 전통적 권위의 파괴를 통해서만 상품의 기만을 진실로 변화시킬 수 있다. 이것이 바로 '예술을 위한 예술' 이론이 의미하는 바다. 이 이론은 결코 예술 자체를 위한 예술의 향유를 뜻하지 않는다. 그것은 예술에 의한 예술의 파괴를 의미한다.

댄디와 시인이 사물에 가져오는 구원은 곧 미적 계시가 완성되는 찰나에 사물들을 불러일으키며 실현된다. 그래서 문화의 전달 가능성이 용해되는 순간을 쇼크의 경험 속에서 재생한다는 것은 동일한 사물들을 위한 '의미와 가치'의 가능한 마지막 원천을 구축한다는 것을 의미한다. 교환가치의 자본주의적 축적과 사용가치의 마르크스주의적이고 해방이론적인 향유에 대항하여, 댄디와 현대시는 비현실의 도용이라는 사물들과의 새로운 관계를 제시한다.

이 희생이라는 과제를 성공적으로 수행하기 위해 예술가는 상실과 무소유의 원리를 극단적인 결과로까지 몰고 가야 한다. 랭보의 계획을 내포하고 있는 감탄, "나는 타자다je est un autre"는 문자 그대로 해석되어야 한다. 사물들의 구원은 사물이 '된다는' 조건 없이는 불가능하다. 예술작품이 하나의 절대적인 상품이 되기 위해 스스로를 파괴하고 일탈시켜야 하듯이 예술가-댄디는 **또 다른** 누군가를 향해 끊임없이 팔을 뻗는 살아 있는 시체가 되어야 하고 동시에 본질적으로 반인간적이고 비인간적인 창조물이 되어야 한다.*

발자크는 『우아한 삶에 관하여』에서 "인간은 댄디가 되는 순간 침실의 가구로, 기막히게 똑똑한 마네킹으로 변신한다"고 쓰고 있다. 바르베 도르빌리 역시 조지 브럼멜을 언급하며 똑같은 현상을 관찰했다. "그는 하나의 사물의 자리에 오른다." 보들레르는 댄디즘을(그가 보기에 댄디즘은 시의 습작과 완전히 일치한다) "가장 엄격한 수도원 규칙, 지체할 수 없는 명령, 산중의 노인이 제자들에게 내린 자살명령"에 비교했다.

창조활동과 창조자도 이 일탈의 과정에서 제외될 수 없다. 현대시에서 가장 두드러진 요소로 드러나는 창조과정과, 이어서 그것이 창조된 작품과는 별개의 독립된 가치로 자리 잡게 되는 현상은 (발레리: 왜 예술작품의 창조과정 그 자체를 하나의 작품으로 여기지 못하는가?) 무엇보다도 '사물화될 수 없는 것'을 사물화하려는 시도로 보아야 한다.* 예술작품을 상품으로 만든 다음 예술가는 상품의 비인간적인 가면으로 스스로의 얼굴을 가리면서 인간적인 것의 전통적인 이미지를 내던진다. 비꼬기를 일삼는 비평가들이 비인간화에 대한 책임을 물으면서 현대 예술을 비난할 때 기억하지 못하는 것은 위대한 예술가들의 시대에도, 예술을 지탱하는 중력의 중심이 결코 인간적인 것에 있지 않았다는 사실이다.* 현대시가 새로운 면을 가지고 있다면 그것은, 인간을 영광스러운 존재로 치켜세우면서 동시에 사물로 전락시키는 세상 앞에서 발자크가 브럼멜의 입을 빌려 내뱉는 독설을 현대시가 완벽하게 자기의 것으로 소화하면서 인본주의 이데올로기의 가면을 벗겨낸다고 하는 점이다. "인간만큼 인간을 닮지 않은 것은 없다(rien ne ressemble à l'homme moins que l'homme)." 아폴리네르는 이러한 관점을 『큐비즘 화가들』에서 하나의 완벽한 공식으로 요약해냈다. "무엇보다도 예술가들은 비인간적으로 변하기를 원하는 인간들이다." 보들레르의 반휴머니즘과 랭보의 "영혼을 괴물처럼 만들려면", 클라이스트의 허수아비와 로트레아몽의 "그것은 사람이거나 돌이거나 나무", 말라르메의 "나는 정말로 분해되고 말았다", 인간의 모습과 카펫을 뒤섞어놓는 마티스의 아라베스크, "나의 갈망은 차라리 죽은 자들과 아직 태어나지 않은 자들의 것!"(클레), 벤의 "인간적인 것은 아무런 상관이 없다", 몬탈레의 "달팽이에 남아 있는 진주모의 흔적", 첼란의 "메두사의 머리와 로봇", 이 모든 말들은 하나같이 동일한 요구를 표현하고 있다. "인간적인 것을 넘어서, 여전히 표현해야 할 것들이 남아 있다."

현대시가 스스로의 탐구 대상을 무슨 이름으로 부르든 간에 모든 탐구의 방향은 더 이상 인간도 없고 신들도 없는 무서운 공간을 향해 있다. 그곳에서 외롭고 이해할 수 없는 방식으로 원시인들의 우상처럼 고개를 치켜드는 것이 있다. 그것은 신성하면서도 참혹하고, 매혹적이면서도 잔혹한 실체, 시체처럼 꼼짝도 하지 않는 몸과 보이지 않고 붙잡을 수도 없는 생명체의 유동성을 동시에 가지고 있는 실체다. 주물이든 그랄Graal이든, 시는 하나의 계시와 상실의 공간으로 때마다 모습을 드러내고 말들의 모사 속으로 돌아와 용해되기를 계속할 것이다. 백 년 훨씬 전에 맑은 정신의 신봉자들이 시에게 맡겼던 일탈과 앎과 구원과 탈소유의 과제가 완전히 이루어질 때까지.

노트

그랑비유 혹은 오드라덱의 세계	포우는 인간과 사물 간의 새로운 관계를 언급하는 부분에 있어서도, 다른 많은 경우에서처럼, 선구자들 중에 한 명이었다. 보들레르에 의해 「기이함의 천사L'ange du bizarre」로 번역된 단편에서 포는 악몽 속에서나 볼 수 있을 법한, 카프카의 실타래, 오드라덱의 조상뻘 되는 괴물

을 등장시킨다. 여러 도구를 모아 만든 이 괴물은 알게 모르게 인간의 몸을 닮았고(조그만 와인 드럼통 하나와 두 개의 병, 여과기 하나, 일종의 담배 케이스, 두 개의 드럼통) "인간사의 기이한 사고들, 시간이 엇갈리며 발생하는 골칫거리들을 주관하는 천재"로 나타난다. 소설 속의 주인공은 이 괴물의 존재를 믿지 않았다는 이유로 거의 무덤에 이르기 일보 직전까지 "무의미한 사고들"에 의해 괴롭힘을 당한다.

인간이 직접 "껍데기에 지나지 않는 사물들"로 전락시켜버린 물건들을 바라보며 느끼는 불편함은, 보슈의 시대에서처럼, 무기적인 것에 생명을 불어넣을 수 있을지도 모른다는 생각으로, 모든 사물을 원래의 형태에 결합시키고 모든 창조물을 기족적인 환경에 되돌려주던 결속력의 의혹으로 번역되어 나타난다. 그랑비유가 예언적인 천재성을 발휘하는 것도 바로 이 두 종류의 양식적인 전개과정 속에서다. 후에 이 두 양식은 뒤섞여서 하나가 되고 '불안감'이라는 유일한 효과를 "살아 움직이는 꽃" 속에서, 해초로 변해버린 군복 장식과, 차별화된 악기들을 통해, "문장紋章 속의 동물들", 톡 튀어나온 눈과 그의 "또 다른 세계"를 꽉 채우며 꼬리에 꼬리를 물고 이어지는 고통스러운 변신들을 통해 발휘하게 된다.

그랑비유의 "부당한 조합"에 매료된 동시에 두려움을 느끼면서 그의 스케치 속에서 "자연이 묵시록으로 변하는 모습"을 발견했던 보들레르는 그에 대해 깊은 경외심을 품고 있었다. 「몇몇 프랑스 캐리커처 화가들」이라는 제목의 글에서 그는 이렇게 기록하고 있다. "그랑비유가 즐겁게 하는 표면적인 사람들이 있다. 하지만 그는 나를 공포에 빠트린다."

이 순간에 하나의 대량소비 상품으로 태어나는 것이, 독자들의 '불편함'과 고백할 수 없는 '두려움'에 전적으로 의존하는 "공포문학"이라는 장르다. 그랑비유가 『꼭두각시 인형들의 루브르』라는 작품을 통해 먼저 선보였던 '살아 움직이는 초상화'라는 테마는 고티에에 의해 소설화되면서 이를 모방하는 수많은 작품들을 탄생시켰다. 따라서 오펜바흐가 가장 성공했던 오페라들 중 하나의 각본으로, '모래 사나이'의 차갑게 살아 있는 인형 '올림피아'가 등장하는 『호프만의 이야기』를 선택했다는 것은 그다지 놀랄 만한 일이 못 된다. 그렇게 해서, 자본의 영구적인 지배라는 아이러니한 유토피아(벤야민은 이를 오페라라고 불렀다) 속에 등장하는 것이 이 생명을 얻은 사물들의 위협적인 실체다. 고도로 발달된 기계화 시대에 다시 제2의 삶을 살아가야 하는 것이 이 실체의 운명이다.

프로이트는 '공포'를 연구하기 위해 많은 지면을 할애했다(그는 섬뜩함Unheimliche에 대한 두 개의 보기 좋은 예를 호프만의 소설을 통해 발견한다. 튀어나온 눈과 살아 있는 인형은 그랑비유가 상당히 아끼던 테마였다). 간행물 『이마고』의 5권에 실린 이 논문은 의미심장한 결론을 내리고 있다. 프로이트는 '섬뜩함Unheimliche' 속에서 거세된 '친숙함Heimli-che'을 발견한다. "이 섬뜩함은 사실 전혀 새로운 것도, 이상한 것도 아니다. 이것은, 거세가 진행되면서 이질적인 것으로 변했을 뿐 원래는 인간의 심리가 항상 친숙하게 받아들이던 무엇임에 틀림없다." 친숙하지만 더 이상 안정감을 느낀다는 것이 불가능한 사물들의 위협적인 분위기 속에서 코드화된 방식으로 표현되는 것이 바로 상품화된 주물의 타락에 대해 의식하기를 거부하는 태도다.

죽은 재료를 유기적인 창조물로 변신시키는 아르누보는 이러한 불편함을 양식상의 원칙으로 내세운다(아르누보 양식에 상당히 호의적이었던 한 비평가가 1905년에 남긴 글은 "부풀어 오른 사지가 연골을 연상시키는 판코크Otto Pankok의 세면대는 마치 살아 있는 것 같다. 헤르만 오브리스트Hermann Obrist가 디자인한 소파의 팔걸이는 마치 울퉁불퉁한 근육질의 팔이 붙들고 놓아주지 않을 것처럼 느껴진다"고 적고 있다). 이와 마찬가지로 십여 년 뒤에 초현실주의가 이질화를 예술작품의 가장 중요한 특징으로 내세우게 된다. 초현실주의자들은 그랑비유를 그들의 선구자로 추앙했다. 막스 에른스트의 한 판화 작품에서 우리는 다음과 같은 글귀를 읽을 수 있다. "새로운 세계가 탄생했다, 그것이 그랑비유가 찬양되어야 할 점이다."

브럼멜

보 브럼멜이 남긴 가장 유명한 말들 중에 "Do you call this thing a coat?"라는 문장이 가지고 있는 의미는, 이와 비슷한 문장 "What are these things on your feet?"와 마찬가지로, 옷과 "사물" 간의 근본적인 차이를 토대로 성립된다. 이를테면 하나의 외투처럼 언뜻 보기에는 평범하기 짝이 없는 물건이 이러한 종류의 차이가 강조됨에 따라 형언하기 힘든 본질적인 단계로까지 격상되는 것이다.

같은 시대를 살아가던 가장 날카로운 지성인들조차 이해하지 못했던 것은 브럼멜 현상이 의지하고 있던 마지막 토대가 현실의 상품화였다는 사실이다(브럼멜의 위트가 가지고 있던 메커니즘을 관찰한 초기의 인물들 중에 하나였던 해즐릿William Hazlitt은 그의 위트를 하나의 "미니멀리즘"으로 보았다. "그는 행복에 젖어서든 고통에 젖어서든 위트를 거의 보이지 않는 지점까지 가져가 최소한의 단위로 축소시키기에 이른다. 그의 모든 멋진 말들bons mots은 단 하나의 상황, 즉 중요하기 짝이 없는 순간에 무의미하기 짝이 없는 것들을 지나치게 강조하는 상황을 토대로 성립된다……. 그의 말들이 가지고 있는 의미는 지나치게 축약되어 있어서 그 사이에는 '아무것도 살아 있지 않다'. 그 의미는 곧 무의미다. 그의 말들은 공허함의 절벽에 매달려 있다. 어두운 곳에서 조합되는 그의 말들은 차라리 무無에 가깝다. 그의 예술은 무에서 무언가를 발굴해내는 예술이다"). 브럼멜의 외투가 "사물"에 대항하는 것은 상품이 물품에 대항하는 것과 같다. 브럼멜의 외투는 더 나아가서, 사용가치의 모든 애매한 생존 가능성을 제거하고 상품 자체를 뛰어넘고, 이를테면 스스로가 가지고 있는 주물적인 성격을 일종의 변증법적 '지양止揚'의 단계로 추방시키면서 투명하게 만들어버린다. 동시에 댄디는 무의미한 것의 과도한 강조를 통해, 실용적인 차원에서는 이해도 할 수 없고 정의내릴 수도 없는, 아주 독특한 형태의 사용가치를 재창조해낸다.

사물들에 대한 비양심적인 태도의 완벽한 부재가 설명해주는 것이 있다. 그것은 장식적인 비대함에 위선적으로 굴복하던 시대에 브럼멜의 의상이 보여주던 거의 금욕주의적 냉철함과, 브럼멜이 왜 우아함의 원칙을, 예를 들어 넥타이에 우연히 생긴 주름처럼, 말로는 표현하기 힘든 뉘앙스들을 기반으로 세우고자 했는지 설명해준다. 브럼멜이 발명한 '넥타이 매는 법'은 정말 도를 닦는 수도승이 아니면 터득하기 힘들 정도로 엄격하게 모든 인위적인 의도를 제거하는 것이었다. 때문에 볼 수 있었던 것이 바로 밤마다 그의 의상실에서 몸종 로빈슨이 살짝 구겨진 스카프들을 잔뜩 들고 나오는 모습이었다. 스카프를 가리키며 로빈슨이 해명하던 말이 있다. "우리가 실패한 것들입니다." 현대시의 거장들 중에 몇몇은 주저하지 않고 브럼멜을 그들의 스승으로 고려했다. 브럼멜은 현대 예술 속에 그토록 흔히 등장하는 우연이라는 요소를 예술에 처음 도입한 인물로 평가될 수 있을 것이다.

스스로의 인격으로부터 주체성의 모든 흔적을 폐기시키는 브럼멜의 기술은 그 누구도 따라잡지 못할 것이다. 그는 혹독하기 짝이 없는 신비주의적 자학과 견줄 만한 고통을 통해 끊임없이 개성의 흔적을 지우는 데 전념한다. 이것이 바로 그의 농담이 가지고 있는 '극단적으로' 진지한 의미다. "Robinson, which of the lakes do I prefer?"

뛰어난 지성인들은 당시의 세계정신을 위해 브럼멜에게서 무언가 상당히 의미 있는 것이 발견된다는 사실을 놓치지 않고 주목했다. 바이런은 나폴레옹이 되느니 차라리 브럼멜이 되겠다고 말한 적이 있다 (말 위의 세계정신보다는 침실 속의 세계정신을 선호한다는 말은 결코 평범한 찬사라고 볼 수 없다). 불워 리턴Bulwer-Lytton은 그의 소설 『펠햄, 혹은 어느 신사의 모험』(브럼멜의 화신이 주인공으로 등장한다)에서 댄디의 "사소한 것들"에 대해 기록하고 있다. "꽃들을 엮어 꾸미는 일은 한가롭게 화관을 만들 때뿐만 아니라, 디오니소스의 지팡이와 같은 신성한 도구 위에서도 얼마든지 가능하다…… 셔츠 옷깃의 접힌 부위에도 바보들이 생각하는 것보다는 훨씬 더 많은 열정을 기울일 수 있다."

마르크스와 사실 이에 관한 마르크스의 입장은 분명하지 않을 뿐 아니라 시간이 흐
사용가치 르면서 변화하는 양상을 나타낸다. 1844년의 자필 원고를 살펴보면 그는 사용가치를 교환가치처럼 무언가 부자연스러운 것으로 간주하는 듯이 보인다. "사유재산은 우리를 너무 둔하고 편파적으로 만들었다. 때문에 우리는 하나의 사물을 소유할 때에만 그것을 우리의 것으

로, 즉 자본으로 존재할 때에만 우리의 것으로 여긴다. 아니면 우리가 무언가를 사용할 때 그것을 곧장 소유하거나 먹고 마시고 우리의 몸의 일부나 삶의 공간으로 만들 뿐이다."

자연적 요구와
비자연적 요구

흥미로운 것은, 마르크스가 "사용가치의 과도함"을 어떻게 이해해야 하는지 한 번도 설명한 적이 없다는 것과 그가 돈의 신성한 기원을 잘 못 이해하고 있었다는 사실을 알아보는 브라운이나 또 다른 "해방"의 이론가들이 상식에 호소하며 자연적인 요구와 비자연적인 요구, 필요 한 것과 쓸모없는 것을 구별해야 한다고 다시 주장했다는 사실이다. 이들은 그런 식으로 "자연적인" 것의 부르주아적인 억압을 표면적인 것의 도덕적 억압으로 대치시켰다. 현대 예술이 행방의 이론가들에 비 해 훨씬 더 혁신적이었던 부분은 예술이, "비자연적인 요구"와 "퇴폐 적인 것"을 극단적으로 몰아갈 때에만 인간이 스스로를 되찾고 억압 에서 벗어날 수 있다는 사실을 처음부터 깨닫고 있었다는 사실이다.

바타유와
비생산적 소비

이 원리를 정의내리기 위한 가장 진지한 시도와 그것을 기반으로 하나 의 경제 이론을 세우려 했던 시도는 바타유의 논문 「소모의 개념La no- tion de dépense」을 통해 이루어졌다(『La critique sociale』, m. 7, 1933). 이 논문의 주제는 후에 『저주의 몫La part maudite』(1949)에서 다시 본격적 으로 다루어진다. 바타유의 소모론에 초석을 마련해준 것은 모스의 역 작 『증여론Essai sur le don』이다. 하지만 모스는 제의적인 소비와 포틀래 치를 단순히 유용성의 원리와 반대되는 것으로 보는 대신, 더 지혜롭 게, 이러한 대립 자체가 사회현상의 이유를 설명하기에 적합하지 않다 는 것을 보여준다.

반영웅의 계보학

현대 예술가들이 스스로의 모습을 투영시키는 캐릭터들의 (혹은 안티 캐릭터들) 가계도家系圖를 그려보면 이들의 비인간적인 특징을 분명하 게 확인할 수 있다. (이지투르[스테판 말라르메, 『이지투르』], 포스트롤 박사[알프레드 자리, 『초형이상학자 포스트롤 박사의 행동과 의견』], 무슈 크로슈[클로드 드뷔시, 『반애호가 무슈 크로슈』], 스티븐 디덜러스[제임 스 조이스, 『젊은 예술가의 초상』], 무슈 르 비비섹퇴르 [로베르트 무질, 『일기』], 플륌[앙리 미쇼, 『플륌이라는 사람』], 새들의 왕, 로프로프[막스 에른스트], 베르트 론[고트프리트 벤, 『섬』] 아드리안 레버퀸[토마스 만, 『파우스트 박사』])

예술작품의
사라짐

고트프리트 벤은 「서정시의 문제」라는 논문에서 애드가 앨런 포를 비 롯해 말라르메와 발레리, 파운드에 이르는 모든 현대 시인들이 '작품' 에 기울이는 만큼의 관심을 똑같이 '창조의 과정'에 기울인다고 관찰 한 바 있다. 비슷한 우려를 우리는 미국 현대시의 거장 윌리엄 카를로스 윌리엄스의 작품에서 발견할 수 있다(그의 「패터슨」은 아마도, 오든의 「불안의 시대」와 함께, 현대 장편시의 가장 성공적인 예라고 할 수 있을 것이다). "글을 쓴다는 건 아무것도 아니다. 글을 쓰는 위치에 있다는 것이…… 어려움의 10분의 9를 차지한다." 흥미로운 것은, 창조의 과정을 고정시키고 객관화하려는 노력이, 모든 예술작품 속에 내재하는 고정화 경향의 거부로부터 비롯된다는 사실이다. 그런 식으로, 예술작품을 끊임없이 부인하고 "작품"이라는 아이디어 자체를 폐지하려고 노력했던 '다다'는, 아이러니하게도 스스로의 정신활동 자체를 상품화하게 된다. (트리스탄 차라, 『Essai sur la situation de poésie』, 1931 참조) 마찬가지로 상황주의자Situazionist들은 예술의 실현을 통한 예술의 폐지를 시도하면서 대신에 예술을 온 인류를 향해 늘어트려 놓는 결과를 낳았다. 이러한 현상의 기원을 우리는 "낭만주의 아이러니"에 관한 슐레겔과 졸거의 이론에서 발견할 수 있다. 예술작품에 대한 예술가의 우월성(즉 창조과정의 우월성)을 기초로 하는 이 이론은 표현된 것과 표현되지 않은 것(심중유보에 견줄 만한) 사이의 끊임없는 부정적 참조라는 결과를 가져왔다.

반인간적이지 않고 반휴머니즘적인

「예술의 비인간화」라는 제목의 글에서 오르테가는 이러한 사실을 분명하게 의식하고 있었다. 그가 자신의 권위를 내세워서 예술의 반휴머니즘에 대해 논할 수 있었다는 것은 상당히 흥미로운 일이다. 현대 예술이 비판하는 것은 인간이 아니라 인간의 이데올로기적 위조다: 현대 예술이 주도하는 논쟁은 반인간적이지 않고 반휴머니즘적이다. 그러나 에드가 빈트Edgar Wind가 날카롭게 지적한 바와 같이, 예술사학자들 역시 비인간화 과정의 영향을 전혀 받지 않는다고 볼 수 없다. 좋은 예로 19세기 후반부에 창출된 형식적인 방법론을 들 수 있을 것이다. (이 방법론의 개념은 아래와 같은 뵐플린의 한 유명한 재담 속에 축약되어 있다. '고딕 양식의 본질은 한 성당에서 뿐만 아니라 뾰족한 신발에서도 분명하게 나타난다.')

5

팽쿠크 부인 혹은 장난감 요정

주물이라는 용어가 가지고 있는 의미의 변천사는 의미심장한 사실들을 감추고 있다. 애초에 어떤 "미개한" 문화의 이질적인 영역으로부터 벗어날 수 없을 듯이 보이던 것, "너무 부조리해서 그것과 싸워보려는 이성에 어떤 빌미도 제공하지 않는 듯이 보이던 것"이, 먼저는 경제 분야에서 대량생산 품목으로, 뒤이어 성생활의 은밀함 속에서 퇴폐한 욕망의 선택으로 되살아난다. 19세기 말과 20세기 초 사이에 일어난 페티시즘의 확산은 (땋은 머리 수집벽, 분변 기호벽, 냄새 기호벽 외에 주물의 대상으로 신발, 취침 모자, 상복용 레이스, 속옷, 속옷의 얼룩, 모피, 가발, 가죽 제품, 반지 심지어는 말과 심벌까지 등장한다) 사물들의 총체적인 상품화와 발맞추어 진행되었다. 예전에 종교적 힘을 가지고 있던 사물들이 물품으로, 물품이 상품으로 변신한 것과 마찬가지로, 페티시즘의 확산은 인간이 노동을 통해 만들어낸 '주물'의 새로운 변신을 예고하는 것이었다.

하나의 사물이 주물의 영역에 영입된다는 것은 모든 사물을 적절한 용도에 배치시키는 규칙이 매번 위반된다는 것을 의미한다. 이 위반의 정체를 밝히는 것은 그다지 어려운 일이 아니다. 드 브로스에게 이 위반은 물리적인 사물을 손이 닿지 않는 신성한 것들의 영역으로 옮겨가는 것을 의미했고 마르크스에게는 사용가치의 위반을, 비네와 프로이트에게는 욕망이 스스로의 대상으로부터 이탈하는 것을 의미했다. 페티시즘이라는 개념의 변천사가 암암리에 보여주는 것은, 해방의 이론가들이 아직까지 다루어본 적이 없는 한 억압의 장르, 즉 사물에게 사용 규칙을 강요하면서 행해지는 억압을 암호화하는 규칙들의 체제다. 누구도 인정하지 않은 듯이 보이지만 이 체제는 사실 우리의 문화 속에서 지나칠 정도로 엄격하게 적용되고 있으며 때문에, ready-made 같은 경우가 잘 보여주듯, 하나의 사물이 단순히 한 영역에서 다른 영역으로 이동하는 것조차도 그것을 더 이상 알아볼 수 없거나 보기 흉한 것으로 만들어버리는 결과를 가져온다. 하지만 세상에는 또 다른 차원의 사물들이 존재한다. 원래부터 너무 특별한 목적으로 사용될 운명을 가지고 태어나기 때문에 사실 모든 규칙으로부터 벗어나 있다고 해도 무관한 사물, 바로 장난감들이다. 똑똑한 예술가라면 장난감에서도 성찰의 대상을 찾아낼 수 있다는 사실을 주목한 사람 역시 보들레르였다. 1853년 4월 17일자의 『몽드 리테레르』지에 실린 「장난감이 주는 교훈」이라는 제목의 글에서 보들레르는 어렸을 때 팽쿠크라는 부인의 집에서 경험했던 이야기를 전하고 있다.

부인이 내 손을 붙잡았다. 여러 개의 방을 같이 통과한 뒤, 부인이 어느 문 하나를 열었을 때 내 눈앞에는 정말 동화에서나 볼 수 있을 것 같은 굉장한 장면이 펼쳐졌다. 장난감들로 꽉 들어차 있던 방은 벽도 천장도 보이지 않고 대신에 꽃처럼 피어오른 장난감들이 멋진 종유석처럼 늘어져 있었다. 바닥도 발을 겨우 디딜 수 있을 정도였다……. 이런 일이 있은 뒤로 나는 비로드 옷과 모피를 걸친 부인을 상상하지 않고서는, 내게 장난감 요정처럼 나타났던 그 부인을 떠올리지 않고서는 가게에 전시된 장난감들도 쳐다보지 못하는 지경이 되고 말았다.

보들레르에게 장난감의 이용과 남용을 분류하고 평가할 수 있는 계기를 마련해주는 것이 바로 이 어렸을 때의 기억이다. 의자를 역마차로 탈바꿈시키는 아이들이 있고, 장난감들을 마치 박물관에서처럼 꼼꼼하게 정돈해놓고 건드리지 않는 아이들, 그리고 무엇보다도, "최초의 형이상학적 탐색의 성향"을 쫓아 "영혼을 보고 싶어 하는", 그래서 그 목적을 이루기 위해 장난감을 손에 쥐고 이리저리 굴리고, 흔들고, 벽을 향해 집어 던지고, 결국은 산산조각내버리는 (하지만 '영혼은 어디에 있지?' 바로 여기서부터 아이들의 어리둥절함과 슬픔이 시작된다) 아이들이 있다. 보들레르가 이런 아이들을 바라보며 주목하는 것은, 형언할 수 없는 기쁨과 어쩔 줄 모르며 받아들이는 낙담이 뒤섞여 있는 하나의 관계, 인간과 사물과의 모든 종류의 유대뿐만 아니라 예술적 창조의 기반을 이루는 관계의 기준이다.

아이들이 장난감과 페티시즘적인 관계를 유지한다는 사실을 보다 분명하게 보여주는 것은 인형에 관한 릴케의 고찰이다. 장난감에 관한 보들레르의 관찰을 발전시키면서 릴케는 우리와 지극히 가깝고 감사의 마음이 가득 담긴 사물에, "영혼이 없는 보조물" "텅 빈 주머니"로서 인형을 대립시킨다.

'카ka'[1]처럼 가짜 음식으로 영양을 보충하고, 누가 음식을 먹이려 할 때마다, 그 자명한 현실 앞에서, 버릇없이 온몸을 더럽히는, 속도 들여다볼 수 없고, 그다지 비대한 것도 아니면서 잔뜩 부풀어 오른 몸에, 어느 한 곳으로도 물 한 방울 빨아들이지 못하는…… 인형은 그 형편없는 기억력 때문에 거의 우리의 자존심을 상하게 만들어버린다. 항상 인형과 우리의 유대관계를 부분적으로나마 구축해왔던 이 무의식 속에서의 증오가 밖으로 분출되는 순간 인형은 우리 앞에서 가면을 벗어 던지고, 우리가 한때 우리의 가장 순순하고 따뜻한 마음을 쏟아부었던 존재가 그 이상하고 무시무시한 몸 덩어리였다는 것을 보여준다. 가시덤불속에 내버려져 바싹 말라버리기 전까지, 인형은 익사한 사람처럼 물 위로 떠올라 우리가 간직하고 있는 사랑이라는 감정의 파도 위를 떠다닌다……. 우리의 첫 취향을 아무런 희망이 없는 곳에서 키우도록 내버려두는 우리는 참으로 독특한 존재가 아닌가?

---

1 고대 이집트 종교에서 영혼을 이루는 다섯 요소들 중에 하나. 이집트인들은 '카'가 몸을 떠나면 죽는다고 믿었고, 육체는 죽지만 '카'는 계속해서 음식을 섭취해야 한다는 믿음에 따라 죽은 자의 무덤 앞에 음식을 제물로 바치는 풍습을 가지고 있었다. ― 옮긴이

인형은 붙잡을 수 없는 먼 곳에 있기 때문에 끝없이 무의미하지만("인형의 영혼아! 네가 정말로 어디에 있었는지, 너에 대해서만큼은 아무도 말해주지 않는구나"), 바로 그런 이유에서, 즉 우리의 욕망과 환상이 기대하는 결코 소진되지 않을 대상이기에 단순한 인형으로서의 존재를 무한히 뛰어넘는다("무슨 실험처럼, 우리는 무의식 속에서 일어나는 일들을 그 안에 뒤섞어 넣고 그것이 인형 안에서 색깔을 띠고 들끓는 모습을 보아왔다"). 릴케가 정통한 사물들의 사라짐에 대해 그리고 그것들을 보이지 않는 것 속에서 표현해야 하는 시인의 과제에 대해 기록한 내용을 생각해보면, 부재하는 동시에 존재하는 릴케의 인형은, "상인의 손" 사이에서 그 무게를 잃었고 아직은 천사의 손 사이에서 새로운 모습으로 등장하지 않은 사물의 기호, 이 세상과 저 세상 사이에 걸쳐 있는 하나의 표징처럼 느껴진다. 여기서 우리는 릴케가 어렸을 때 경험한 뒤로 결코 잊지 못한 무시무시한 좌절감의 기억이 인형의 위협적인 성격에 투영되는 것을 보게 된다. 반면에 인형이 마다하지 않고 제공하는 정보들이 가리키는 것은 릴케가 사물과의 관계에 대한 그의 병적인 예민함으로, 거의 무의식적인 상태에서 기록하고 있는 것, 즉 욕망의 대상으로 변하는 사물들의 본질이다.

이제껏 보았듯이 장난감이 결코 간단하지도 안전하지도 않은 물건이라면, 사물들의 세계 속에서 장난감이 처한 상황 역시 보기와는 다르게 설명된다. 아리에스Philippe Ariès는 『앙시엥 레짐 속에서의 유아와 가족의 삶』이라는 저서에서 장난감과 어른들을 위한 물품들을 구분하는 경계가 사람들이 생각하는 것과 달리 그렇게 분명하지 않다고 설명한다. 18세기까지 유럽의 성인들은 축소 모형과 인형의 집과 독일 장난감, 이탈리아에서 온 조그만 생활용품들을 탐욕스럽게 구입했다. 19세기에 가옥들의 실내를 꽉 채우고 있었고 오늘도 중산계층의 실내장식품으로 애용되고 있는 소품들 bibelots은 뱅블로bimbelot[2]라는 이름이 말해주듯 어른들을 위한 장난감들의 일부에 지나지 않았다. 하지만 우리가 장난감의 기원을 추적하기를 원한다면 장난감과 다른 사물들과의 구별이 더 이상 불가능한 지점으로까지 시간을 더 거슬러 올라가야 할 것이다.

장난감의 역사를 다루는 학자들은—아리에스에 의하면—인형이나 축소 모형을 수집하면서 항상 커다란 난관에 부딪힌다. 발굴지역에서 대량으로 쏟아져 나오는 소형 조각품들이나 이미지들이 거의 대부분 가정의례나 장례, 봉헌 같은 종교적 의미를 가지고 있기 때문에 이들을 순수한 장난감용 인형과 구별하기가 쉽지 않은 것이다.

우리의 눈에 장난감처럼 보이는 것들은 원래 아주 심각한 성격의 물건들이어서 사람이 죽으면 저세상을 여행하는 동안 지켜볼 수 있도록 무덤에 같이 묻어줄 정도였다. 실물을 가지고 있는 고분들에 비해 축소 모형을 가지고 있는 고분들 대부분이 보여주는 것은 축소 모형들이 "경제적인" 이유로 대치된 물건들이 결코 아니었

---

2 Bibelots가 소가구나 실내 장식품을 뜻하는 반면 16세기에 동의어로 사용되던 bimbelot는 나무로 만든 작은 가구 외에 목마, 인형, 아이들의 장난감을 뜻했다. —옮긴이

고대 중국의 무덤에서 발견된 조그만 인형들.

다는 점이다.

이것이 사실이라면, 팽쿠크 부인의 방에 보전되어 있던 보물들은 사물의 보다 근원적인 상황, 즉 이에 대해 죽은 자들, 아이들, 또 다른 페티시스트들이 귀중한 정보를 제공해줄 수 있을 근원적인 상황의 지표를 남긴 셈이다. 위니콧은 유아가 외부세계와 접촉하는 초기 단계의 연구를 통해 그가 "과도기적 대상"이라고 부르는 사물들, 즉 아이가 외부현실 속에서 가장 먼저 식별해내고 점유하는 사물들이(침대나 천 조각 등) 어떤 것들인지 밝혀냈다. 이 사물들이 차지하는 공간은 "곰 인형과 엄지 사이, 사물과의 실질적인 관계와 구강성애 사이에서 일어나는 경험의 영역"이다. 따라서 이들은 내면적이고 주관적인 영역에 속하는 것도 아니고 외부적이고 객관적인 영역에 속하는 것도 아니다. 이들은 위니콧이 "환영의 영역"이라고 부르는 것에 속한다. 이어서, 이 환영의 "잠재력" 속에 자리 잡을 수 있는 것이 바로 유희를 비롯한 문화적 경험이다. 문화와 유희의 공간은, 따라서 인간의 내부도 외부도 아닌 "내면적이고 심리적인 사실로부터 구별될 뿐 아니라 개인이 살아가는 실질적인 현실 세계로부터도" 구별되는 "제3의 영역"에 존재한다.

페티시스트들을 비롯한 아이들, "미개인들", 시인들은 이 심리학적 언어 속에서 떠듬떠듬 표현되는 위상학位相學이 무엇인지 항상 알고 있다. 19세기의 모든 종류의 선입견으로부터 정말 자유로운 인문학이 있다면 그것이 탐구의 대상으로 삼아야 할 것은 바로 이 "제3의 영역"일 것이다.* 사물들은 우리 밖에 있지 않다. 즉 사용과 교환을 위한 중립적인 대상ob-jecta³처럼 측량 가능한 외부 공간에 위치하지 않는다. 반대로 사물들은 우리에게 근원적인 공간을 열어 보인다. 이 공간에서 출발할 때에만 외부 공간에서의 측량과 경험이 가능해진다. 다시 말해 사물 자체는 처음부터, 우리의 세상에-존재하는-경험의 공간, topos outopos⁴ 속에서 유지되고 이해된다. "사물은 어디에 있는가?"라는 질문은 "인간은 어디에 있는가?"라는 질문과 분리될 수 없다. 주물처럼, 장난감처럼, 사물들은 본질적으로 어디에도 위치하지 않는다. 왜냐하면 이들의 공간은, 대상과는 가깝고 인간과는 멀리 떨어진 영역, 더 이상 객관적이지도 주관적이지도, 개성적이지도 비개성적이지도 않고 물질적이지도 비물질적이지도 않은, 다만 외관상으로는 그토록 단순해 보이는 '인간'과 '사물'이라는 미지의 세계로 우리 앞에 느닷없이 등장하는 공간이기 때문이다.

노트

사물은 어디에 있는가?	조각품을 뜻하는 그리스 단어 agalma는 인간의 주물이 원래 어떤 성격을 가지고 있었는지 잘 설명해준다. 케레니Kerényi가 설명한 바와 같이(「Agalma, eikon, eidolon」, in 『Archivio di filosofia』, 1962) "이 용어는 그리스인들에게 확고부동하고 또렷한 무언가를 가리키는 말이 아니라…… 신의 인간 못지않은 활약이 기대되는 어떤 사건의 마르지 않는

---

3 Ob-iectum은 문자 그대로 '앞에 던져진' '앞에 놓인'이라는 뜻을 가지고 있다. ─옮긴이

4 Ou-topos, 즉 '유토피아'의 어원적인 의미는, 부정어 ou와 장소를 뜻하는 topos의 합성어, '존재하지 않는 곳'이다. ─옮긴이

원천을 가리키는 말이었다". 이 agalma(agallomai)는 어원적으로 '기쁨과 환희'를 의미한다. 빌라모비츠Wilamowitz는 한 고대 조각품의 경우를 예로 들면서 그 위에 새겨진 비문 'Chares eimi, agalma tou Apollonos'를 인용한 바 있다. 번역하면 다음과 같다. '나는 아폴로의 조각이자 기쁨인 카레스다.' 여기서 소유형용사는 정확하게 똑같은 비율로, 동시에 주격과 목적격으로 사용된다. 이 조각 앞에서 우리가 "객체" 앞에 있는지 "주체" 앞에 있는지 결정한다는 것은 절대적으로 불가능하다. 왜냐하면 이 조각은 주체와 객체를 구별하는 우리의 능력을 선행하고 초월하는 위치에서 우리를 바라보고 있기 때문이다. 이러한 특징은 우리가 그리스 조각 대신 원시문화에 속하는 사물, 즉 주체와 객체의 구별뿐만 아니라 인간적인 것과 비인간적인 것의 구별이 가능한 사물들을 관찰해보면 좀 더 사실적으로 드러난다. 어쨌든 이러한 특징은, 조각이든 시이든 인간의 모든 창작품에 사실로 적용될 수 있다. 바로 이러한 관점을 통해서만, 미래의 인류학은 문화적 대상의 상황을 정의내리고 인간의 "만들기"가 생산해내는 사물들을 고유의 "자리"에 위치시킬 수 있을 것이다.

3부

말과 유령

· · 1200년대 사랑의 시에서 나타나는 유령 이론

아비 바르부르크와 로버트 클라인의 손을 위하여
"선한 신은 디테일 속에 있다."
앙리 코르뱅과 자크 라캉의 영혼을 위하여
"그것은 위험한 거울이다."

욕망으로 새로운 사람을 만들며. ─귀도 카발칸티

영靈이 이미지화 하지 않으면 결국에는 세상과 함께 파괴되리라. ─시몬 마구스

호색한은 사랑을 하지만 시인은 우상을 숭배한다. ─보들레르

(위) 〈비너스와 이마쥬〉, 발렌시아, 발렌시아대학교 역사박물관.
(아래) 〈비너스와 이마쥬〉, 파리 국립도서관.

1
나르시스와 피그말리온

『장미의 이야기Roman de la Rose』의 결말 부분에서, 주인공이 몸담고 있는 '사랑의 군단'은 '꽃'이 보관되어 있는 성을 빼앗기 위해 무모한 공격을 시도한 뒤 황급히 전령들을 보내 키타이론 산에서 아도니스와 함께 휴식을 취하고 있는 비너스 여신에게 도움을 요청한다. 비둘기들이 이끄는 금과 진주 마차를 타고 곧장 전쟁터에 나타난 비너스는 성곽을 지키고 있는 '부끄러움'과 '두려움'을 위협하며 항복을 명령한다. 이들이 명령을 거부하자, 아주 우아하고 사실적인 묘사를 통해, 화가 잔뜩 난 얼굴을 하고 발목 부위의 옷을 접어올리는 여인으로 그려지는 비너스가 성을 향해 불화살을 쏠 생각으로 활을 손에 집어 든다(『장미의 이야기』의 이탈리아 버전인 『꽃Fiore』의 작가는 "옷을 동여맸다"고 장 드 묑Jean de Meung의 "비너스가 옷을 위로 동여맸다"를 거의 문자 그대로 옮겨 적고 있다). 하지만 이런 결정적인 시점에서 장 드 묑은 하나의 여담을 시작한다. 500행 이상을 차지하는 이 여담은 클레망 마로Clément Marot의 판본에서는, 아주 작고 촘촘하게 적혀 있지만 상당히 설득력 있는 소제목을 가지고 있다. "여기에서 피그말리온의 조각 이야기가 시작된다(Ci commence la fiction de l'ymaige Pigmalion)." 자신이 만든 조각과 사랑에 빠지는 예술가의 이야기는 보통 오비디우스의 『변신』에서 유래하는 것으로 알려져 있다. 하지만 장 드 묑은 매우 독특한 관점에서 이야기를 다루고 있고 풍부하기 이를 데 없는 묘사들을 제공하고 있어서, 오히려 이 여담이 단순히 시간을 끌며 독자들의 기대감을 부추기기 위해 만들어진 수사적 장치가 아닐 거라고 생각하게 만든다.

무엇보다도 피그말리온의 사랑을 묘사하는 부분들은 순간순간 궁정연애 시인들의 광적인 사랑fol amour을 떠올리게 한다. 장 드 묑은 이 시인들을 문자 그대로 인용하기까지 한다. 예를 들어 그는 이 불행한 조각가가 "듣지도 못하고 말도 못하고 움직이지도 않고 변하지도 않는 이미지"[1]를 사랑한다고 불평을 늘어놓고 그 이미지가 "결코 나를 불쌍히 여기지 못하리라"[2]고 고백하도록 만든다. 이 구절은 음유시인들의 거의 틀에 박힌 표현들 중에 하나다(고셀름 페디Gaucelm Faidit의 "나를 어느 날 불쌍히 여기지 않으리라"[3] 혹은 베르나르 드 방타도른Bernart de Ventadorn의 "내가 아무런 소득도 얻지 못할 그녀"를 예로 들

---

1 'Une ymage sourde et mue/ qui ne se crole ne se mue' (기욤 드 로리스Guillaume de Lorris, 장 드 묑, 『Le Roman de la Rose』, F. Lecoy, Paris, 1970~1973, vv. 20821~20822)
2 'ne ja de moi merci n'avra'
3 'Ja n'aura un jor merci de moi'

수 있다[4]). 오비디우스의 섬세한 시 구절에서 어두운 구석이라고는 전혀 찾아볼 수 없는 반면 여기서 피그말리온의 열정은 벌써, 너무나 또렷한 방식으로 불신에 찬 절망과 결코 무고하지 않은 희망이 온통 뒤섞여 있는 복잡한 감정을 드러내고 있다. 이 복잡하고 모호한 감정 상태를 스틸노보의 시인들은 도탄차dottanza[5]라는 이름으로 불렀다.

그렇게 피그말리온은 투쟁한다.
그의 투쟁에는 휴전이 없다.
그는 가만히 있지 못한다.
때로는 사랑하고 때로는 미워하고 때로는 웃고 때로는 울고
때로는 행복하고 때로는 슬퍼하고
때로는 괴로워하고 때로는 편안해 한다.[6]

이 장면은 색욕과 종교적인 신성함을 동시에 상징하는 듯이 보이는 이미지ymage를 집요하게 붙들고 있는 사랑의 병적이고 퇴폐적

---

4 'Celeis don ja pro non aurai' (베르나르 드 방타도른, 『Seine Lieder』, Carl Appel, Halle, 1915, 43, v. 12) 스틸노보 시인들의 틀에 박힌 묘사에 대해서는 이하 참조(카발칸티, "아무것도 가지지 못하고 그저 당신을 불쌍히 여기는 소리만 듣고 싶어 하는 듯한", 『돌체 스틸노보의 시인들Rimatori del dolce stil novo』, L. Di Benedetto, Bari, 1939, 6쪽).
5 『새로운 인생』과 『꽃』에 나오는 단어로 두려움과 의혹 중간 정도의 뜻을 가지고 있다. ─옮긴이
6 'Ainsinc Pygmalion estrive/ n'an son estrif n'a pes ne trive./ En un estat point ne demeure:/ or aime, or het, or rit, or pleure,/ or est liez, or est a mesese,/ se tourmente, or se rapes.' (『장미의 이야기』, vv. 20901~20906)

인 성격에 집중되어 있다. 피그말리온은 독백을 통해, 자신의 이미지와 사랑에 빠진, 때문에 훨씬 더 광적이었던[7] 나르시스와 스스로를 비교하면서 이 **너무나 소름끼치는** 열정의 고통과 유혹을 적나라하게 묘사하고 있다.

> 왜냐하면 내가 즐기고 싶어서
> 그녀를 껴안고 입을 맞추려 할 때
> 내 연인이 마치 기둥처럼 차갑고 딱딱하게
> 굳어져 있는 것을 보고
> 그녀에게 내가 입을 맞출 때
> 내 입술을 그토록 차갑게 만들고[8]

벌거벗은 조각상의 '옷'을 묘사하기 위해 오비디우스가 고작 3행을 할애하고 있는 반면 장 드 묑은 70행 이상을 투자하면서 피그말리온이 그의 '처녀'에게 여러 종류의 옷들을 입혀보고 신발을 신기는 장면들을 꼼꼼하게 묘사하고 있다. 만약에 이것이 음유시인[9]들의 시라는 사실을 모르고 있는 상태라면, 적어도 이 신발에 관한 묘사에 대해서만큼은 꼭 레스티프의 소설에나 어울릴 것 같은 페티시즘의 에피소드가 등장하는 것을 보고 놀라지 않을 수 없

---

7 같은 책, vv. 20843~20855.
8 'car quant je me veull aesier/ et d'acoler et de besier,/ je truis m'amie autresinc roide/ conme est uns pex, et si tres froide/ que, quant por lui besier i touche,/ toute me refredist la bouche' (같은 책, vv. 20871~20876)

을 것이다.

또 어떤 때에는 욕심이 생겨서
그녀의 옷을 전부 벗겨내고 노랑, 빨강,
녹색, 파란색의 꽃 리본을 선사한다.
비단과 금실과 조그만 진주로 장식된
얇고 멋진 매듭을 달아주고
머리의 레이스 밑으로
값비싼 끈을
레이스 위로
보석들이 주렁주렁 달린
얇은 금관을 얹고
진기하게 장식된
신발과 양말을 한쪽씩
바로 바닥 위에서
온갖 정성을 다해 신긴다.
장화는 선사하지 않는다.
왜냐하면 파리에서 태어나지 않았으니
그토록 우아한 소녀에게는 어울리지 않는

---

9 "그녀의 명령에 따르고 싶네. 침대 끝머리에 앉아 있는 그녀를 향해 무릎을 꿇고 고개를 조아리며 꼭 끼어 있는 그녀의 신발을 벗겨내고 싶네. 내게 발을 뻗는 것이 그녀의 마음엔 든다면(qu'eu sia per sa comanda/ pres de leih, josta l'esponda,/ e. lh traya. Is sotlars be chaussans,/ a genolhs et umilians,/ si. lh platz que sos pes me tenda)." (베르나르 드 방타도른, 『Seine Lieder』, 26, vv. 31~35)

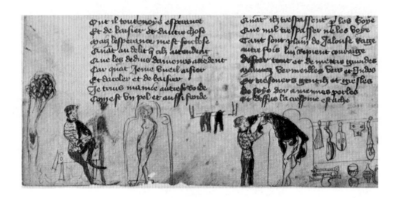

<피그말리온 이야기>, 파리 국립도서관.

너무 거친 신발이니까.[10]

그로테스크한 종교적 열정을 물씬 풍기고 있는 장면이 바로 피그말리온이 자신이 만든 이미지에 금반지를 선사하며 결혼식을 올리는 장면이다. 이 결혼식은, 중세 세속음악의 악기들이 총동원된다는 점과 "미사를 드리는 곳에서 노래를 부르며"라는 표현을 사용하고 있다는 점에서 그리스도교 미사의 패러디라고 할 수 있다. 식

---

10 'Autre foiz li reprent corage/ d'oster tout et de metre guindes/ jaunes, vermeilles, verz et indes,/ et treçoers gentez et grelles/ de saie et d'or, a menuz pelles;/ et desus la crespine estache,/ une mout precieuse estache,/ et par desus la crespinete/ une courone d'or grellete/ ou mout ot precieuses pierres······./ Et par grant antante li chauce/ en chascun pié soler et chauce,/ antailliez jolivetement,/ a deus doie du pavemant;/ n'est pas de houseaus estrenee/ car el n'iert pas de Paris nee;/ trop par fust rude chaucemante/ a pucele de tel jouvante' (『장미의 이야기』, vv. 20932~20968)

을 올린 뒤에, 그는 신랑에게 주어진 첫날밤의 권리를 행사하기 위해 신부를 침대로 데려간다.

> 그리고 다시 그녀에게 포옹을 선사한 뒤 그녀를
> 팔에 안고 그의 침대 위에 눕힌다.
> 그리고 다시 입을 맞춘 뒤에 그녀를 껴안는다.
> 그러나 그것은 기분 좋은 일이 아니다.
> 두 사람이 포옹하고 입을 맞출 때
> 그 입맞춤이 모두의 마음에 들지 않는다면[11]

피그말리온의 사랑이 가지고 있는 이러한 퇴폐적이고 거의 이벤트적인 성격이 현대 독자들만의 인상이 아니라는 점은 설화의 고대 수사본들이 간직하고 있는 화보를 통해 증명해 보일 수 있다. 피그말리온은 여기서 자신이 만든 벌거벗은 이미지를 탐욕적으로 쓰다듬는 광적인 연인으로 그리고 그녀와 함께 눕는 모습으로 그려지고, 동시에 황홀경에 빠져 이미지 앞에 무릎을 꿇은 신도의 모습으로, 그것도 때로는 성당과 상당히 닮은 내부 공간을 배경으로, 그려지고 있다.[12]

---

11 'Puis la rambrace, si la couche/ antre ses braz dedanz sa couche,/ et la rebese et la racole,/ mes ce n'est pas de bone escole/ quant II persones s'antrebesent/ et li besier aus II ne plesent' (같은 책, vv. 21029~21032)
12 아비 바르부르크의 열정에 의해 탄생한 도상학은 오래전부터 이미지 해석을 위해 문학작품들을 인용해왔다. 바르부르크가 그토록 중시 여기던, 문화사에 대한 총체적인 접근 방식을 고려한다면, 문헌학 역시 문학작품들의 해석을 위해 보조적인 도구로서 이미

〈우상화된 피그말리온〉(위)과 〈피그말리온과 이마쥬〉(아래),
옥스포드, 보들리언도서관.

우리가 지금까지 살펴본 대로라면, 장 드 묑에게 피그말리온의 이야기가 아주 특별한 의미를 지니고 있었다는 것은 분명해 보인다. 하지만 이에 대한 또 다른 증거자료가 필요하다면, 우리는 이 이야기가 사실은 여담이 아니라 바로 뒤에 나오는 서사시의 마지막 에피소드를 도입하기 위해, 그것을 독자들이 좀 더 사실적으로 받아들일 수 있도록 만들기 위해 도입되었다는 사실을 제시할 수 있다. 사실 우리는 도입부분에서 불화살을 당기려고 하는 비너스를 그냥 내버려둔 채 이야기를 시작했다. 우리가 빼놓았던 부분은 비너스가 화살을 조준하고 있는 과녁이 일종의 총안銃眼이라는 것과 이 총안이 하나의 이미지를 떠받치고 있는 두 기둥 사이에 위치하고 있다는 사실이다.

목표로 낙인찍힌 곳에 하나의 조각이 있다.
그리 높지도 않고 낮지도 않고
크지도 않고 작지도 않고
오히려 팔과 어깨 손 모두
지극히 조화롭게 조각되어 있어서
더 이상 더하거나 빼야 할 필요가 없을 정도다.[13]

지를(특히 화보들) 사용하기 시작하는 것이 바람직하리라고 본다. 『장미의 이야기』의 해석을 위한 화보의 중요성에 대해서는 플레밍이 주목한 바 있다. (J. Fleming, 「The 《Roman de la Rose》」, in 『A Study in Allegory and Iconography』, Princeton, 1969)

13 'une ymage en leu de chaasse,/ qui n'iert trop haute ne trop basse,/ trop grosse ou trop grelle, non pas,/ mes toute tailliee a conpas/ de braz, d'espaules et de mains,/qu'il n'i failloit ne plus ne mains' (『장미의 이야기』, vv. 20769~20774).

그리고 불화살이 총안을 적중하면서 성에 불을 지르는 순간 바로 이 이미지가, 모든 예상을 뒤엎고, 사랑을 찾아 나섰던 주인공의 새로운 여인으로 등장한다. 성을 지키던 병정들이 줄행랑을 치는 동안 주인공은 지팡이와 가죽 가방을 든 순례자의 모습으로 그녀에게 다가간다. 이어지는 이야기는 무슨 일이 벌어지고 있는지 의심할 여지를 남기지 않는다. 비록 우리의 감수성에는 혐오스러울 수도 있겠지만, 주인공은 무릎을 꿇고 지팡이를 남성 성기의 상징으로 내세우며 조각과 사랑을 나누기 시작한다.

이 장면을 설화의 화보 작가들은 다시 한 번 거리낌 없이 표현해낸다. 이 이미지는 벌거벗은 여인의 상반신상으로 두 개의 기둥이 다리를 대신하고 있으며 총안이 다름 아닌 여성 성기가 있어야 할 곳에 위치하고 있다. 연인은 허물어진 성의 폐허 한가운데 쓰러진 조각상 곁에 비스듬히 누워 그의 지팡이를 총안 안으로 밀어 넣는다.

이 이야기가 나르시스의 연못 앞에서 시작되었고 주인공의 사랑이 시작되는 것도 바로 이 위험한 거울miroërs perilleus[14]에 비친 이미지에서부터라는 것을 우리가 기억한다면 '이미지에 대한 사랑'이

---

14 "그것은 위험한 거울이다./ 나르시스가 그 속에서 자랑스럽게/ 자신의 얼굴과 맑은 눈동자를 바라보고/ 그로 인해 뒤집힌 채로 죽지 않았는가./ 이 거울을 통해 스스로의 모습을 보는 자는/ 보호도 받을 수 없고 그 속에서/ 그를 곧장 사랑의 길로 접어들게 만들 무언가를/ 보지 못하도록 해줄 의사의 도움도 받을 수 없다……./ 그 안에 뿌려진 씨앗 때문에/ 이 연못을 부를 때에는/ 다름 아닌 '사랑의 연못'이라는 이름으로 불렸으니(C'est li miroërs perilleus/ ou Narcisus, li orgueilleus,/ mira sa face et ses ieuz vers/ dont il jut puis morz toz envers./ Qui en ce miroër se mire/ ne puet avoir garant ne mire/ que il tel chose as ieuz ne voie/ qui d'amors l'a mis tost en voie……./ Por la graine qui fu semee/ fu ceste fontaine apelee/ la Fontaine d'Amors par droit)……" (같은 책, vv. 1569~1595)

〈연인과 이마쥬〉(위)와 〈연인, 이마쥬와 장미〉(아래),
발렌시아, 발렌시아대학교 역사박물관.

바로『장미의 이야기』가 가지고 있는 진정한 의미에서의 주제라는 것을 인정할 수 있을 것이다. 실제로 이 거울은, 여러 가지 측면에서 의도적으로 보이는 대칭적 조화[15]를 이루면서 피그말리온의 이야기와 짝을 이루는 또 하나의 에피소드, 즉 거울에 비친 자신의 이미지와 사랑에 빠지는 한 젊은이의 에피소드 속에서, 전형적인 중세적 사랑[16]의 개념적 구축에 첫발을 내딛으며, 사랑의 연못과 일치하는 것으로 묘사되고 있다. 이런 관점에서 바라보면『장미의 이야기』는 결론적으로, 나르시스의 거울에서 피그말리온의 **아틀리에**로 움직이는, 하나의 반사된 이미지에서 하나의 구축된 예술적 이미지로 움직이는 '사랑의 여정'이라고 할 수 있다. 반사된 이미지든 구축된 이미지든 모두 동일하고 광적인 사랑의 대상이다. 하지만 이런 종류의 사랑에 우리는 어떤 의미를 부여해야 하는가? 이 이미

---

15 장 드 묑이 피그말리온의 에피소드를 나르시스의 에피소드와 짝을 이루는 것으로 보았으리라는 것은 두 에피소드가『장미의 이야기』를 통해 비슷한 상황 속에서 전개되고 있고 (피그말리온의 에피소드는 사랑에 빠지기 바로 직전, 나르시스의 이야기는 사랑의 결속 직전에 펼쳐진다) 모두 동일한 방식으로 도입된다는('나르시스라는 소년은……' '피그말리온이라는 조각가는……') 사실뿐만 아니라 피그말리온의 에피소드가 의존하는 연못의 묘사가 나르시스의 에피소드가 의존하는 그것과 또렷하게 상반된다는 점에 의해서도 증명된다고 볼 수 있다. 나르시스의 연못은 "산 자들을 죽음에 열광토록 하는" 반면에 피그말리온의 연못은 "죽은 자들을 살려내는" 연못이다. 그런 식으로 이 두 에피소드는 첫 시작 부분과 마지막 부분에서, 이미지에 대한 광적인 사랑이라는 두 개의 수수께끼, 비슷하면서도 정반대되는 수수께끼로 등장한다.
16 나르시스의 "위험한 거울"과 사랑의 연못을 일치시키는 것은 기욤 드 로리스의 아이디어인 것으로 보인다. 어쨌든 분명한 것은 그의 아이디어가 12세기와 13세기의 시인들 사이에서 널리 퍼져 있었던 사랑의 개념, 사랑의 수수께끼를 상징하는 인물이 나르시스라고 보았던 개념을 반영하고 있다는 사실이다(잊지 말아야 할 것은, 앞으로 보게 되겠지만, 중세가 나르시스의 신화 속에서 발견했던 것이 단순히 자기 사랑이 아니라 무엇보다도 이미지에 대한 사랑이었다는 점이다).

지는 무엇을 말하는가? 무엇보다도 왜 도대체 모든 것이 의인화되고 생생하게 표현되는 이 서사시 속에서 사랑의 대상을 상징하는 것이 뼈가 있고 살이 있는 산 여인이 아니라 하나의 무기력한 이미지가 되어야 했단 말인가?

사실 이미지에 대한 사랑의 테마는 중세 로망스 문학에서 그렇게 드물다고 할 수 없는 테마다. 물론 오일어의 영역에 국한된 예이지만, 동일한 테마를 우리는 예를 들어 1200년대에 쓰인 가장 섬세한 연애시들 가운데 하나, 「그림자의 노래Lai de l'ombre」[17]라는 시에서 찾아볼 수 있다. 시인 장 르나르Jean Renart는, 사랑의 신이 화살로 가슴을 명중시켜 트리스탄보다도 더 광적으로 만들어버린 한 예의바르고 용감무쌍한 기사 이야기를 들려준다. 여러 사건들이 벌어진 후에 기사는 여인이 머무는 성으로 들어가 사랑을 고백하는 데 성공하지만 여인은 기사의 사랑을 곧장 거절하고 만다. 진정한 의미에서의 사랑싸움이라고 할 수 있는 기나긴 대화가 오가는 동안 기사는 여인이 방심한 틈을 타서 그녀의 손가락에 반지 하나를 끼워넣는 데 성공한다. 하지만 여인은 불안한 마음에 그를 향해 반지를 가져가라고 명령한다. 반지를 되돌려받은 기사는 그러나 기적과도 다름없는 사건을 일으키면서 여인의 마음을 돌이키고 그녀가 이제까지 거부했던 것들을 모두 허락하도록 그녀를 설득하는 데 성공한다. 이제 이야기를 계속하는 대신 장 르나르의 시어들을 직접 들어보도록 하자. 이 장면을 묘사하고 있는 구절은 시 전체를 통해 완

---

17 여기서 그림자ombre는 투영된 이미지를 가리킨다. ─옮긴이

성도가 가장 높을 뿐 아니라 어쩌면 오일어로 쓰인 모든 문학작품 중에서 가장 훌륭한 대목이라고 할 수 있다.

되돌려 받으면서 말하기를 "정말 감사합니다!
금이 검게 변하질 않았군요. 당연한 일이죠.
그토록 아름답고 가냘픈 손가락에서 나왔으니."
그녀의 입가엔 미소가 감돌았다. 왜냐하면 그가
자신의 손가락에 다시 반지를 끼워 넣으리라고 믿었기 때문이다.
대신에 그는 탁월하고 현명한 선택을 했고
그것이 그에게는 후에 커다란 기쁨이 되어 돌아왔다.
그다지 깊지 않은 우물 위에
비스듬히 몸을 기댄 그가
그 깨끗하고 맑은 물속에서
빠트리지 않고 알아보았던 것은
이 세상 그 무엇보다도 더 사랑스럽던
여인의 반사된 모습이었다.
그가 말했다. "알고 계십시오. 간단히 말해,
반지는 제가 다시 끼고 다니지 않을 겁니다.
대신에 어여쁜 제 여자 친구가 끼게 될 겁니다.
당신 다음으로 사랑하는 여자죠."
그녀가 말했다. "오 하느님! 여기엔 우리 둘밖에 없어요.
다른 여자를 어디서 그렇게 빨리 찾아낸단 말인가요?"
"맹세하죠. 조만간 한 용감하고 친절한

여인이 나타나 반지를 차지하게 될 겁니다."

"어디에 있나요?"

"아! 저기 있어요. 보세요.

당신의 아름다운 이미지가 날 기다리고 있었군요.

나의 어여쁜 친구! 이제 이 반지는 당신 거예요.

나의 부인께서 원하지를 않으시니

아무 말 하지 말고 받으세요."

반지가 떨어지면서 물이

살짝 출렁거렸다. 그리고 반사되었던

이미지가 사라지는 순간 그가 말했다.

"보세요. 반지를 가져갔잖아요!"[18]

왜 기사의 이런 용감하고 친절한 행동이 다른 모든 노력들이 무
산된 곳에서 승리를 거머쥘 수 있었는지, 그것이 또 왜 그토록 강렬

---

18 'Au reprendre dist: "Granz merciz!/ Por ce n'est pas li ors noirciz – / fet il – s'il vient
de cel biau doit."/ Cele s'en sozrist, qui couidoit/ qu'il le deüst remetre el suen;/ mes il fist
ainz un mout grant sen,/ qu'a grant joie li torna puis:/ Il s'est acoutez sor le puis,/ qui n'estoit
que toise et demie/ parfonz, si meschoisi mie/ en l'aigue, qui ert bele et clere,/ l'ombre de
la dame qui ere/ la riens el mont que miex amot./ "Sachiez – fet il – tout a un mot,/ que
je n'en reporterai mie,/ ainz l'avera ma douce amie,/ la riens que j'aim plus aprés vous."
/ "Diex! – fet ele – ci n'a que nous:/ ou l'avrez vous si tost trovee?"/ "Par mon chief, tost
vous ert moustree/ la preus, la gentiz qui l'avra."/ "Ou est?" "En non Dieu, vez le la,/
vostre bel ombre qui l'atent."/ L'anelet prent et vers li tent./ "Tenez – fet il – ma douce
amie;/ puis que ma dame n'en veut mie,/ vous le prendrez bien sans meslee."/ L'aigue s'est
un petit troublee/ au cheoir que li aniaus fist,/ et, quant li ombres se desfit: "Veez – fet il –
dame, or l'a pris." (장 르나르, 「Lai de l'ombre」, vv. 871~901).

하게 이 여인의 마음을 사로잡을 수 있었는지 우리에게는 분명하지가 않다. 하지만 우리는 그것이 어쨌든 르나르의 독자들에게는 분명하게 이해할 수 있는 성질의 것이었고 "그림자"를 향한 구애역시 (이미지에게 반지를 선사하는 피그말리온을 떠올리지 않을 수 없다) 부분적으로나마 우리가 이해하지 못하는 어떤 의미를 가지고 있었을 거라고 믿어야 한다.

이러한 의미가 좀 더 빈번하게, 때로는 기이한 형태로까지 등장하는 곳에 (예를 들어, 음유시인 베르트랑 드 보른Bertran de Born이 한 여인으로부터 사랑을 거부당했을 때 만들어낸 '상상 속의 여인', 즉 다른 여자들의 부분 부분을 한데 모아 만든 여인의 전설) 프로방스어 시詩를 남겨두고 움직이면, 우리는 이탈리아 세속시의 기원이 되는 시칠리아 학파의 창시자, 자코모 다 렌티니Giacomo da Lentini의 한 칸초네를 통해 다시 한 번 이미지의 테마를 만나게 된다. 여기서 쟁점이 되는 것은 조각이나 물에 비친 이미지가 아니라 사랑에 빠진 한 연인의 가슴속에 새겨지는 이미지다. 이것이 "공증인"에게 (단테가 『연옥』의 한 유명한 구절 속에서 환칭換稱을 통해 자코모를 부르는 이름. 24곡 56절) 상당히 중요한 테마였을 것으로 보이는 이유는 이 테마가 당시의 시칠리아 시인들에게는 익히 알려진 주제였고 이들에 통해 이탈리아 연애시의 차세대 시인들에게까지 전달되었기 때문이다. 먼저 자코모의 시어들을 살펴보자.

한 사람이 어떤 그림을
똑같이 그려내기 위해

신경을 곤두세울 때처럼
그렇게 나도 멋진
당신의 모습을
내 가슴속에 그렸다오.

내가 가슴속에 간직하고 있는 당신의 모습은
마치 벽에 그려진 것 같아서
바깥으로 나갈 수 없을 것만 같다오.

간절한 소망이 있어서
그림을 그렸다오.
당신을 닮은 멋진 그림을.
내가 당신을 볼 수 없을 때
그래서 그 그림을 바라보면 마치
당신이 내 곁에 와 있는 것만 같다오.[19]

앞서 살펴본 두 편의 시와 마찬가지로, 이 사랑의 테마 역시 하나의 수수께끼처럼 이미지의 테마와 밀접한 관련을 가지고 있는 듯이 보인다. 자코모는 이러한 관점이 가지고 있는 의미의 탐구가

---

19 'Com'om che pone mente/ in altro exemplo pinge/ la simile pintura,/ cosí, bella, facc' eo,/ che 'nfra lo core meo/ porto la tua figura./ In cor par ch'eo vi porti/ pinta como in parete,/ e non pare di fore······./ Avendo gran disio/ dipinsi una pintura,/ bella, voi simigliante,/ e quando voi non vio,/ guardo 'n quella figura,/ e par ch'eo v'aggia avante······.' (『1200년대의 시인들Poeti del '200』, G. Contini, Milano-Napoli, 1960, t. I, 55~56쪽)

어떤 방향으로 나아가야 하는지 직시할 수 있도록 몇 가지 힌트를 제공하고 있다.「이제 어떻게 그토록 큰 여인이 [눈에] 들어올 수 있었단 말인가Or come pote sí gran donna entrare」라는 제목의 소네트에서 자코모는 어떻게 해서 그렇게 큰 여인이 "그토록 조그만" 그의 "눈 속으로" 들어올 수 있었는지 심각하게 자문한 뒤, 빛이 유리를 통과하듯 눈을 통해 그의 가슴속으로 "사람이 아닌 그녀의 이미지no la persona, ma la sua figura"가 침투해 들어왔다고 답하고 있다. 자코모는 야코포 모스타치Jacopo Mostacci, 피에르 델라 빈냐Pier della Vigna와의 시적 논쟁 속에서 탄생한 또 다른 소네트에서 중세적인 사랑의 물리학에 근거해 "가장 먼저 사랑을 빚어내는 것은 시선이다"라고 주장한 뒤, 바라보는 모든 것들의 형상을 가슴에 전달하는 것은 눈이라고 했다.

그리고 그것을 품는 가슴의 상상 뒤에
그 소망이 마음에 들게 되니[20]

이러한 주장은, 중세 심리학과 생리학을 접해본 사람들에게는 잘 알려져 있는 하나의 감각 이론, 즉 단테가 『향연』(III 9)에서 앞의 것과 크게 다르지 않은 방식으로 설명하고 있는 이론을 돌아보게 한다. 단테에 의하면 "이 눈에 보이는 것들은 사적인 것이든 널리 알려진 것이든, 마치 유리를 통과하듯 투명한 도구를 통해, 실체

---

20 'e il cuore, che di cio e concepitore,/ immagina, e quel desiderio gli piace'

가 아닌 의도로서—사물이 아니라 그것의 형상이 들어온다는 뜻이다—눈 속에 들어온다".

이 이론의 대략적인 윤곽을 살펴보면, 감각적인 대상의 형상이 감각에 새겨진 뒤 그렇게 해서 얻어진 감각적인 인상, 혹은 이미지 혹은 유령(아리스토텔레스를 쫓던 중세철학자들이 선호했던 용어)은 환상 혹은 상상적 기량에 의해 수용되고 결과적으로 상상적 기량은 인상을 발생시킨 원래의 감각적 대상 없이도 그 인상을 유지할 수 있는 단계에 들어서게 된다. 자코모의 "마치 벽에 그려진 것 같은" 가슴속의 이미지는 아마도 중세 심리학 속에서 상당히 중요한 기능을 담당했던 이 "유령"일 것이다. 우리는 이제 자코모를 통해(물론 또 다른 문헌이 대두될 희박한 가능성은 남아 있겠지만) "유령"이 사랑의 과정 속에서도, 아직은 우리가 알 수 없는 이유 때문에, 상당히 중요한 역할을 했다는 것을 발견하게 된다("그리고 그것을 품는 가슴의 상상 뒤에/ 그 소망이 마음에 들게 되니"). 이것이 사실이라면, 우리는 르나르의 시에서 사랑하는 여인의 이미지에 선물을 바치는 행위가 그렇게 기이한 것이라기보다는 오히려 굉장히 현실적이고 구체적인 사랑의 증거가 된다는 사실을 좀 더 가까이서 느낄 수 있을 것이다. 같은 차원에서, 왜 『장미의 이야기』의 주인공이 나르시스의 연못에 비친 이미지를 바라보며 사랑에 빠졌는지 그리고 그 기나긴 사랑의 여정peripezie erotiche 끝에 피그말리온처럼 하나의 이미지 앞에 다시 서게 되는지, 그 이유를 좀 더 구체적으로 이해하고 느낄 수 있을 것이다. 하지만 환상적으로 보일지도 모르는 가정을 내세우기 전에, 무엇보다도 중세 유령 이론을 총체적인 관점에서 재조명하고 가능한 계보와 발전상을 추적해볼 필요가 있다. 이것이 다음 장에서 우리가 도전하게 될 과제들이다.

2

거울 앞의 에로스

소크라테스   내게는 감각과 결합되는 기억들, 감각과 연결된 열정path-
emata들이 마치 우리의 영혼 속에 글을 새겨 넣는 듯이 보이네. 이 열
정이 글을 솔직하게 쓸 때에는 우리 안에서 진실한 말과 의견이 생
겨나지만, 우리 안의 필경사가 거짓말을 할 때에는 진실과는 정반대
의 결과를 낳게 되네.

프로타르코스   제가 보기에도 그렇습니다. 하신 말씀에 동의합니다.

소크라테스   그러면 우리의 영혼 속에 또 다른 예술가가 동시에 존재
한다는 걸 인정하게.

프로타르코스   누구를 말씀하시는 건가요?

소크라테스   필경사 다음에, 말로 표현된 것들의 이미지를 영혼 속에
그려 넣는 화가가 있네.

프로타르코스   그건 언제, 어떻게 일어나는 일인가요?

소크라테스　한 사람이 시선을 통해서든 혹은 다른 감각기관을 통해서든 의견이나 이야기 속의 대상을 접한 뒤에, 이런 대상들의 이미지를 내면에서 떠올릴 때 일어나는 일이네. 그렇지 않나?

유령에 대한 우리의 탐구가 플라톤의 『필레보스』(39a)에 실린 위와 같은 대화로부터 시작되어야 한다는 것을, 중세문화와 중세의 '위장'에 어느 정도 친숙해진 독자들은 그다지 놀랍지 않게 받아들일 수 있을 것이다. 뛰어난 상상력을 소유한 세대는 흔히 스스로의 보다 독창적인 본능과 창조적인 집요함을 다른 시대에서 빌려온 양식과 형식 속에 감추고 가두고 싶어 한다. 반면에 상상력이 부족한 세대는 스스로가 고안해낸 것들을 상대적으로 받아들이기 꺼려하는 것이 보통이다. 부적절하지만 상당히 시사적인 "가변假變"[1]이라는 용어로 정의되는 현상 때문에 아랍-중세문명은 스스로를 하나의 부록처럼, 고전문학의 주석처럼 바라보아온 것이 사실이다. 그런 관점에서 보면, 중세의 가장 중요한 철학자는 틀림없이 아리스토텔레스다. 플라톤은 중세철학사 속에서 그만큼 중요한 위치를 차지하지 않는 듯이 보인다. 하지만 플라톤의 작품들이 중세에는 거의 알려져 있지 않았고 적어도 직접 번역된 작품들은 없었다

1　가변Pseudomorfosi이라는 개념은 슈펭글러가 자신이 "마법의 문명"이라고 부르던 것을 지칭하기 위해 도입한 개념이다. "나는, 어떤 오래된 외래 문명이 한 나라에 끼치는 영향이 너무 커서 그 나라만의 새로운 문명이 질식 상태로 남는 경우, 즉 고유의 형식이나 표현방식을 발견해내지 못할 뿐 아니라 스스로의 상황에 대해 의식조차 하지 못하는 경우들을 역사적 가변이라고 부른다. 젊은 영적 존재의 깊은 세계로부터 떠오르는 모든 것은 외래문화의 텅 빈 형식 속으로 흘러들어 간다." (슈펭글러, 『서구의 몰락』) ―옮긴이

는 주장은 집요하게 반복되어왔을 뿐 과장된 것임에 틀림없다. 그 이유로 먼저, 1차 자료를 통한 지식과 2차 자료를 통한 지식의 차이를 구별한다는 것 자체가 중세 같은 "가변"적인 문화, 해설문화 속에서는 아무런 의미가 없었다는 사실을 들어야 할 것이다. 그리고 직접적으로든 간접적으로든 플라톤 사상을 전달하는 데 일조했던 중세의 라틴어 저자들, 동방의 교부들, 특히 아랍 철학자들, 신-플라톤주의자들의 작품들에 대해 완벽한 목록을 제공한다는 것은 불가능하지만, 바르부르크 연구소를 위해 클리반스키Klibansky가 집대성한 중세 플라톤 문헌집『플라토 라티누스Plato Latinus』가 보여주듯이, 중세에도『파르메니데스』『메논』『파이돈』『티마이오스』와 같은 대화록들의 라틴어 판본이 존재했었다는 사실을 아울러 염두에 두어야 한다.[2] 사실 중세는 한 저자의 작품이 그 시대의 산물이라는 의식을 전혀 가지고 있지 않았다. 대신에 프루스트가 끝없이 펼쳐지는 시간 속에서 수명을 연장시키는『잃어버린 시간을 찾아서』의 등장인물들이 "시간 속에 뛰어든 거인들처럼 상이한 시대들을 동시에 오가듯이", 한 저자의 작품은 그것의 전통과 일치한다. 이러한 개념은 우리가 가지고 있는 문헌학적 감수성과는 상당히 이질적이지만, 중세의 '작품'이 가지고 있는 '불변하는 위상'을 찾아낸다는 것은 전적으로 불가능하다. 프루스트가 바라보는 '인간'처

---

2 『티마이오스』의 주석을 남긴 칼치디우스Calcidius는 플라톤의 사상이 가지고 있는 상당량의 또 다른 특징들을 중세에 전달한 인물이다. 비근한 예는『에피노미스』에 등장하는 악령에 관한 논쟁이다. 그렇지 않다면 이 주제가 중세에 널리 알려져 있었다는 사실을 달리 설명할 길이 없다. ─옮긴이

럼 중세의 작품들은 말 그대로 시간으로 만들어져 있다. 때문에, 어떤 원칙적인 권위가 중세를 지배하고 있었다면, 이 권위는 '저자의 권위'와 '인용문'의 악순환과는(저자의 권위는 인용문의 기원이지만 저자의 권위를 구축하는 것 역시 인용문이다) 아무런 상관이 없는, 상당히 특별한 관점에서 이해되어야 할 것이다. 이 악순환은 근대적인 '저자'의 진정한 탄생을 불가능하게 만들었을 뿐이다(좀 더 정확히 말하자면 "권위적" 위조만을 가능하게 했을 뿐이다). 사실 중세에는 우리가 이해하는 방식으로 문장을 인용한다는 것이 전혀 가능하지 않았다. **저자**의 작품이 그 작품의 인용까지 포함하고 있었기 때문에, 역설적으로 들릴지 모르지만, 중세의 글들이 다름 아닌 **고대 저자**들이 인용했던 글로 여겨질 정도였기 때문이다(이러한 특징은 아울러 중세가 왜 주석을 하나의 문학 장르로 선호했었는지 설명해준다).

플라톤의 대화록에서 영혼 속에 사물의 이미지eikonas를 그려 넣는 예술가는 다름 아닌 '상상'이며, 실제로 이러한 "아이콘"들은 좀 더 아래에서 "유령fantasmata"으로 정의되고 있다(40a). 하지만 『필레보스』의 중심 테마는 지식이 아니라 쾌락이다. 플라톤이 여기에서 기억과 상상의 문제를 거론하는 것은 이러한 '영혼 속의 이미지' 없이 욕망과 쾌락은 가능하지 않다는 것과 순수하게 육체적일 뿐인 욕망은 존재하지 않는다는 것을 증명해 보이기 위해서다. 놀랍게도 "유령은 쾌락을 욕망에 꼭 어울리는 것으로 만든다"[3]는 라캉의

---

3 라캉의 논술은 『에크리』에 수록된 「칸트와 사드」에서 읽을 수 있다. (『Écrits』, Paris, 1966, 773쪽)

논지를 앞서 감지한 듯한 플라톤의 뛰어난 직관력 덕분에, 우리의 탐구가 시작되는 첫 단계에서부터 유령은 욕망의 기호 아래 놓여 있는 것으로 드러난다. 우리가 잊지 말아야 할 특징 중에 하나가 바로 이것이다.

또 다른 대화록에서 플라톤은 "내면적 이미지"라는 은유를 또 하나의 은유로 설명하고 있다(이 은유의 지대한 영향력은 기억술Mne-monica과 관련된 프로이트의 이론 속에 여전히 살아남아 있다).

무언가를 새겨넣을 수 있는 밀랍이 우리의 영혼 속에 들어 있다고 상상해보게. 어떤 이들은 더 많이 혹은 덜 가지고 있고, 어떤 이들의 것은 좀 더 순수하거나 불순하고, 또 어떤 것들은 더 단단하거나 더 유연하거나 아니면 그 중간 정도라고 상상해보게. 그것을 우리는 뮤즈들의 어머니, 므네모시네Mnemosine의 선물이라고 할 수 있네. 우리가 보고 듣고 생각한 것들 중에서 기억 속에 담아두고 싶어 하는 모든 것들이 바로 우리가 감각과 이성에 내맡기는 이 밀랍 속에 새겨진다고 볼 수 있네. 그렇게 해서 새겨진 것들에 대해 우리는, 이미지to eidolon가 사라지지 않는 이상, 기억과 방식을 보존할 수 있네. 하지만 지워지거나 새겨지지 않는 것들을 우리는 잊게 마련이고 그것들에 대해서는 방식조차 간직할 수 없는 걸세.[4]

고전 심리학의 역사는 상당 부분 이 두 은유의 역사와 일치한다.

---

4 플라톤, 『테아에테투스』, 191d-e.

우리는 아리스토텔레스에게서 이 두 가지 은유를 모두 찾아볼 수 있지만 어떤 의미에서 이들은 문자 그대로 취급되고 있고 이들이 활용되고 있는 유기적인 심리학 이론 속에서 좀 더 중요한 역할을 담당하는 것은 다름 아닌 유령이다. 중세 해석학이 특별한 노고를 기울여가며 고충을 겪어야 했던 부분이 바로 이 유령의 역할이다. 『영혼에 관하여De anima』(424a)에서 '느낌'의 진행과정은 다음과 같은 방식으로 요약된다.

일반적으로, 모든 느낌은 재료가 없는 감각적인 형태를 수용할 수 있도록 만들어진다고 보아야 할 것이다. 이것은 철이나 금반지를 떼어낸 후에도 그 흔적semeion이 밀랍에 남아 있는 것과 마찬가지다…… 이와 유사한 방식으로 모든 느낌은 색이 있고 향기와 소리를 가진 것의 움직임으로부터 영향을 받는다…….

『기억에 관하여De memoria』(450a)에서 이 '흔적'은 하나의 스케치zoografema로 정의된다.

느낌에 의해 영혼 속에, 그리고 그 느낌을 소유하고 있는 몸 어딘가에 만들어지는 열정은 일종의 스케치와 비슷하다……. 실제로 형성되는 움직임은, 반지로 도장을 찍을 때와 마찬가지로, 지각된 사물의 흔적처럼 새겨진다.

시선의 메커니즘이 눈에서 대상으로 움직이는 하나의 흐름이라는 의견을 반박하면서 아리스토텔레스는 시선을, 색에 의해 공중에 새겨진 하나의 열정이 공중에서 눈으로 전달된 다음 눈의 촉촉한 액체 속에서 거울처럼 반사되는 메커니즘으로 이해했다.

느낌에 의해 생성된 움직임과 열정이 뒤이어 상상력에 전달되면, '상상'은 지각된 사물의 부재와 상관없이 유령을 만들어낸다(『영혼에 관하여』, 428a). 아리스토텔레스는, 영혼 속에 있는 유령의 주거공간이 과연 어떤 모습을 하고 있는지 정확하게 말한다는 것은 쉽지 않은 일이라고, 그것이 하나의 "탈출구가 없는 문제"라고 고백하고 있다.[5] 하지만 분명한 것은 아리스토텔레스가 그것을 독립적으로 움직이며 "우리 안에서 유령을 만들어내는 하나의 매개체"(428a)로 생각한 최초의 이론가들 중에 한 명이라는 점이다. 이 매개체가 '느낌'과 다른 것일 수밖에 없는 이유는 유령이 우리가 눈을 감고 있을 때처럼 구체적인 느낌의 부재 속에서도 얼마든지 나타날 수 있기 때문이며, 아울러 이것의 정체를 항상 옳은 것을 지향하는 과학이나 지성을 힘으로 확인한다는 것이 불가능한 이유는 그것이 거짓일 수 있는 가능성도 얼마든지 있기 때문이라고 설명한 뒤 아리스토텔레스는 다음과 같은 결론에 도달한다(429a).

우리가 지금까지 열거한 특징들을 가지고 있는 것이 '상상'뿐이고 우리가 지금까지 이야기해왔던 것이 바로 '상상'이라면, 그것은 '느낌'이 완성 단계에서 만들어낸 움직임일 것이다. 또 가장 탁월한 감

---

5 아리스토텔레스, pollen apoian: 『영혼에 관하여』, 432b.

각이 시각인 만큼, '상상fantasia'은 스스로의 이름을 '빛faos'에서 차용해온다. 빛 없이는 아무것도 볼 수 없기 때문이다. 그리고 유령이 사라질 줄 모른다는 점과 느낌과 유사하다는 사실 때문에, 이 유령들을 쫓아 동물의 행위가 자율적으로 이루어진다. 짐승들이 유령을 쫓는 것은 지성이 없기 때문이고 인간이 유령을 쫓는 것은 이들의 지성이 열정과 병과 수면에 의해 어두워져 있기 때문이다.

'상상'과 밀접한 관계를 가지고 있는 것이 기억이다. 아리스토텔레스는 기억을 "유령화되는 실체의 이미지로서 유령을 소유하는 것"으로 정의내리고 있다('데자뷰'나 기억착오 같은 비정상적인 현상을 설명하는 데 도움을 줄 수 있는 정의다).[6] 이 관계는 거의 초월적인 결속력을 가지고 있다. 지적으로 파악하는 것이 가능한 것들도 그것들을 유령 없이 기억한다는 것은 불가능하다고 볼 수 있기 때문이다.

앎의 과정에서 유령이 수행하는 역할은 이루 말할 수 없이 중요하다. 때문에 어떤 의미에서는 유령이 지성의 필수 조건이라고도 할 수 있다. 아리스토텔레스는 지성이 일종의 상상fantasia tis이라고까지 말한 바 있다. 그가 몇 번이고 반복해서 강조했었고, 후에 중

---

6 아리스토텔레스의 『기억과 회상에 관하여』(451a)에 따르면 '데자뷰'는, 느낌에 의해 탄생한 유령을 무언가의 이미지가 아닌 엄연한 현실로 받아들이다가 갑자기 그것을 무언가 다른 것의 이미지로 받아들이기 시작할 때 발생한다. 곧이어, 안티페론테스와 황홀경에 빠진 사람들의 특징으로 설명되는 기억착오 현상은 ("이와는 반대의 경우도 일어날 수 있다. 안티페론테스와 황홀경에 빠진 사람들에게 일어났던 것처럼. 이들은 유령에 대해 말하면서 그것이 마치 현실인 듯, 마치 실제로 있었던 일의 기억을 떠올리듯이 이야기한다. 이러한 현상은 이미지가 아닌 것을 하나의 이미지로 바라볼 때 발생한다") 현실과 기억 사이의 의도적인 교환을 가능케 하는 일종의 도취-기억술과 관련이 있는 것으로 설명되고 있다.

세의 지식 이론을 지배하게 될 인식론적 원리 속에 유령이 등장한다. 이 원리는 다음과 같은 중세대학의 한 표어 속에 고스란히 보전되어 있다. '인간은 유령 없이는 아무것도 깨달을 수 없다(Nihil potest homo intelligere sine phantasmata).[7]

유령의 역할을 여기서 끝나지 않는다. 아리스토텔레스가 일종의 '상상'으로 정의내리고 있는 '꿈'속에서도 유령은 중요한 역할을 담당한다. 유령은 잠을 자는 동안에도 등장한다. 아리스토텔레스에 따르면, 느낌에 의해 생성된 움직임들이 감각기관 속에 살아남는 것은 사람이 깨어있을 때뿐만 아니라 잠들어 있을 때에도 계속된다. 그것은 마치 탄환이 그것을 발사시킨 도구로부터 떨어져 나온 뒤에도 계속해서 비행을 유지하는 것과 흡사하다.[8] 고대인들이 지극히 당연한 것으로 받아들였던 '수면을 통한 예언'에 대해 설명이 가능해지는 것 역시 꿈속에서의 유령 덕분이다. 이 유령이 우리로 하여금 행동으로 옮기도록 유인하는 것이 바로 꿈에서 깨어 있는 동안 우리가 무의식적으로 저지르는, 그래서 유령들의 짓이라고 단정지어버리는 행동들, 혹은 훨씬 더 풍부한 상상세계의 수용을 통해, 잠이 들었을 때나 황홀경에 빠졌을 때 해 보이는 몸짓이나 헛소리다.[9]

---

7 "감각적 현상과 분리된 상태에서는 아무것도 존재할 수 없는 만큼, 지적 대상이 존재하는 것은 감각적인 형태 속에서다……. 아무런 느낌을 받지 못하는 사람은 아무것도 깨닫지 못하고 이해하지 못할 것이다. 인간이 무언가를 관찰할 때에는 필연적으로 유령을 함께 관찰한다." (『영혼에 관하여』, 432a)

8 『꿈에 관하여De insomniis』, 459a.

9 『수면을 통한 예언에 관하여De divinatione per somnium』, 463a~464a.

여기서 짚고 넘어가야 할 아리스토텔레스 유령 이론의 또 한 가지 측면은 언어 속에서 유령이 수행하는 역할이다. 『영혼에 관하여』(420b)에서 아리스토텔레스는 발음과 관련하여 동물이 내는 모든 소리를 음성이라고 할 수 없으며 그것이 의미 있는 소리를 뜻하는 이상 유령이 따라붙는meta fantasias tinos 소리만을 음성이라 부를 수 있다고 주장했다. 언어가 반드시 뜻을 포함하고 있다는 특징은 유령의 존재와 분리할 수 없을 정도로 긴밀한 관계 속에 묶여 있다. 앞으로 우리는 이 조합이 중세사상 속에서 얼마나 중요한 위치를 차지했는지 보게 될 것이다.

아리스토텔레스가 설명하고 있는 심리 세계의 한복판에 위치하는 듯이 보이는 유령의 지형도를 우리는 다음과 같은 도표를 통해 그려볼 수 있을 것이다.

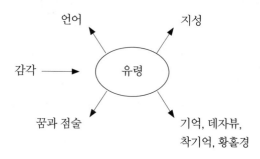

지적 활동의 이성적이고 추상적인 면만 강조해온 탓에 내면의 이미지와 우리가 인정하고 싶지 않을 정도로 무섭게 우리의 밤과 낮을 지배하고 있는 이 "혼혈"들의 (프로이트가 부르는 대로) 신비로운 힘에 일찌감치 무감각해진 것이 바로 우리 현대인들이다. 때문

에 중세의 영적세계가 스토아철학과 신플라톤주의 철학으로 더 풍부해지고 극화되던 상황 속에서도 그것의 형성을 위해 가장 핵심적인 역할을 담당했던 아리스토텔레스의 방대한 유령론에 왜 중세 심리학이 그토록 집요하고 거의 신앙적인 관심을 기울였는지 곧장 이해한다는 것은 결코 쉬운 일이 아니다. 중세의 가장 독창적이고 창조적인 사상들이 감추어져 있는 이 해석의 과정 속에서 우리의 '유령'은 극성을 띠고 날카롭게 변하면서 영혼의 극단적인 경험을 위한 하나의 공간으로 발전한다. 이 공간 속에서 영혼은 신성한 것의 눈부신 지대까지 극적으로 상승할 수도 있고 밑도 끝도 없는 악과 상실의 심연 속으로 추락할 수도 있다. 이것은 왜 중세만큼 지독히 "우상숭배적"이면서 동시에 지독히 "우상파괴적"인 시대가 따로 없었는지 설명해준다. 중세는, 단테가 스스로의 지고한 세계관을 의탁했던 "드높은 환상", 칠죄종에 대한 교부들의 경고를 통해 나태한 인간의 영혼을 괴롭히던 '악한 생각 cogitationes malae', 산 비토레가 말하던 야곱의 신비한 사다리를 통해 인간의 영혼을 높이 끌어올리고 감각적인 것과 이성적인 것을 중재하던 '영적 중재자', 성 아우구스티누스가 마니교의 경험을 통해 깨달았던 '오류' 속으로 인간의 영혼을 유혹하던 "허황된 상상", 이 모든 것들을 유령 속에서 발견하던 시대였다.

중세 유령론을 검토하면서 우리가 가장 먼저 다루게 될 인물은 아비센나다. 그 이유는 그가 유령 이론에 대한 구체적인 설명을 시도한 첫 번째 인물이기 때문이 아니라 그가 이루어낸 "내적 의미"

의 체계적인 분류가 이른바 "13세기의 영적 혁명"이라고 불리는 것에 말로는 표현할 수 없는 지대한 영향을 끼쳤기 때문이다. 이 혁명의 흔적을 우리는 여전히 르네상스를 통해 발견할 수 있다. 아비센나를 가장 먼저 다루어야 하는 또 다른 이유는 무엇보다도, 아베로에스처럼 의사였던[10] 아비센나에게서 (그의 『의학대전Liber canonis medicinae』은 적어도 13세기까지 유럽 대학에서 의학 교재로 사용된다) 영혼의 기능과 신경해부학 간의 관계가 완벽하게 정립되어 있는 것으로 나타나기 때문이다. 갈레노스에 의해 이미 완성된 의학 이론이 인간의 뇌 속에 존재하는 것으로 설명한 바 있는 세 개의 뇌실에 각각 배치되는 것이 아비센나가 말하는 영혼의 기능들이다. 이와 관련하여 먼저 알아두어야 할 것은, 오늘날 철학서적에서 의학이나 해부학 전문용어를 만난다는 것이 상당히 드물고 놀랄 만한 일인 반면, 지나치게 집약적인 성격을 가지고 있던 중세의 지적 세계 속에서는, 우리 눈에는 철학 혹은 종교서적으로 보일 책들이 실제로 병리학이나 해부학 같은 분야의 아주 민감한 문제들을 다루고 있는 경우들이, 혹은 그 반대의 경우들이 비일비재했다는 사실이다. 간단히 말해, 의사와 철학자를 구분하는 것이 불가능했다(아비센나와 아베로에스의 경우가 그렇지만, 미뉴Migne의 『라틴교부총서』에 등장하는 대부분의 저자들에 대해서도 똑같은 이야기를 적용할 수 있을 것이다). 또렷하게 의학적인 주제들이 우리가 철학적 내지 문학적이라

---

10 의미심장한 것은 단테가 아비센나와 아베로에스를 히포크라테스, 갈레노스와 함께 언급하고 있다는 사실이다. (『지옥』, IV 143~144)

고 여길 만한 주제들과 뒤섞여 등장하는 현상은 시인들의 작품 속에서도 나타난다. 앞으로 보게 되겠지만, 눈과 심장과 뇌에 대한 중세해부학적 지식과 순환계 및 발생학에 대한 충분한 지식 없이 중세 시인들의 작품들을 이해한다는 건 절대적으로 불가능한 일이다. 그 이유는 중세 시인들이 당시의 생리학 용어들을 직접적으로 언급하고 있다는 단순한 사실 때문이 아니라 보통은 이러한 언급들이 인체 해부학과 생리학 용어들을 대상으로 선호하던 우의적 경향에 의해 한층 더 복잡해지기 때문이다.

아비센나는 글을 시작하면서 외적감각vis apprehendendi a foris과 내적감각vis apprehendendi ab intus을 구분한 다음 내적감각을 다섯 가지의 "기량Virtú"[11]으로 분류하고 있다.

내적 이해의 기량들 중에 첫 번째는 **환상** 혹은 직관으로, 첫 번째 뇌실에 정돈되어 있으며, 오감에 새겨지는 느낌들, 뒤이어 스스로에게 전달되는 모든 느낌들을 받아들인다. 두 번째는 **상상력**으로, 머리의 가장 앞부분에 위치한 뇌실 속에 정돈되어 있으며, 직관이 오감으로부터 받아들이는 것을 붙들고 지속시킨다. 때문에 그것은 감각의 대상이 제거된 뒤에도 상상 속에 그대로 남는다……. (여기서 아비센나는 상상이 환상과는 달리, 받아들이는 것에 그치지 않고 능동적으로 움

---

11 여기서 우리가 다루고 있는 아비센나의 글은 라틴어 판본, 즉 13세기 유럽의 지식인들이 접할 수 있었던 글이다. 참조한 판본은 『Avicennae arabum medicorum principis opera ex Gerardi cremonensis versione』(Venezia, 1545)이다. 『영혼에 관하여』는 반 리에트Van Riet 감수의 교정판(Leuven-Leiden, 1972)도 함께 참조했다.

직일 수 있으며, "지속시킨다"는 말은 물처럼 순수하게 "받아들이기"만 하는 것과는 상당히 다르다고 이야기하고 있다. 물은 이미지를 받아들일 수 있지만 그것을 붙들고 있을 수는 없다.) 그 다음은, 자연의 영혼 앞에서는 **상상적**이고 인간의 영혼 앞에서는 **사상적**인 기량이다. 이것은 중심부의 뇌실에 정돈되어 있으며, 자유의지에 따라 상상 속에서 또 다른 느낌들과 공존할 수 있는 느낌들을 창출해낸다.[12] 다음은, **평가**의 기량으로, 중심부의 뇌실 정상에 정돈되어 있으며, 느낌의 대상 하나하나 속에 존재하는 감지하기 힘든 의도들을[13] 이해하는 능력이다. 이는 늑대가 피해야 할 동물이라는 것을 양들에게 깨달을 수 있도록 해주는 힘과 같다……. 마지막으로 **기억**과 **회상**의 기량이 있다. 이는 머리의 뒷부분에 위치한 뇌실 속에 정돈되어 있으며, 평가의 기량이 대상 하나하나의 감지하기 힘든 의도로부터 깨달은 것을 지속시킨다. 이 기억의 기량과 평가의 기량 사이의 관계는 상상과 직관 사이의 관계와 유사하다. 그리고 기억의 기량과 느껴지지 않는 의도 사이의 관계는 상상과 유령 사이의 관계와 유사하다.

아비센나는 이러한 다섯 단계의 내적감각을 하나의 점진적인

---

12 수동적 환상과 구별되는 이러한 상상적 기량의 차별화가 바로 중세 심리학의 주된 특징이었다고 할 수 있다. (이것이, 공상과 상상을 분리해서 생각했던 콜리지의 사상에 기초를 마련해준 구분법이다.) 이것은 아울러 음유시인 베르트랑 드 보른이 노래하는 '이상적 여인domna soiseubuda', 즉 다른 여인들에게서 "빌려온" 것들로 치장되는 여인처럼, '눈먼 사랑amore ses vezer'의 특징들을 파악할 수 있도록 해준다.
13 중세 심리학의 한 용어로서 "의도"는 "영혼이 감각적 대상을 통해 이해는 했지만 외적인 감각을 통해 아직 받아들이지 못한 것"(아비센나)을 말한다. 그것은 "형식과 마찬가지로, 사물의 일부가 아니라 사물에 대한 앎의 형식이다"(알베르투스 마그누스).

"발가벗기기denudatio", 즉 유령에게서 그것의 우발적인 재료들을 벗겨내는 과정으로 소개하고 있다. 느낌들을 발가벗기지 않는 감각에 비해, '상상'은 그것들을 발가벗기지만, 그렇다고 우발적인 재료들까지 제거하지는 않는다. 그것은 '상상' 속의 유령들이 "일정한 양과 질, 일정한 공간에 따라" 존재하기 때문이다. 우리식대로 말하자면, 이 유령들은 추상적인 개념이 아닌 구체적인 이미지들이다. 중심부의 뇌실 정상에 정돈되어 있는 평가의 기량은 더 나아가서, 이 유령의 벌거벗기를 통해 유령의 지각될 수 없는 의도들, 선의 혹은 악의, 유리함, 부적합함 같은 의도들을 파악해낸다. 내적감각의 단계별 과정이 완성되었을 때에만 이성적 영혼이 완전히 벌거벗은 유령에 대해 정보를 입수하는 것이 가능해진다. 그것이 인식되는 순간 그것의 형태는 벌거벗은 상태이며 "그렇지 않다고 하더라도 곧 벌거벗은 상태로 변하게 된다. 관조적 기량이 그것을 재료의 영향에서 완전히 벗어나도록 다시 벌거벗기기 때문이다".

이러한 심리학적 도식은 전통의학의 '세 개의 뇌실'에 상응하는 3단계로 단순화되는 것이 보통이었으며 그러한 형태로 중세 저자들의 저술 속에 지속적으로 나타났다. 12세기 샤르트르 학파의 스승 중에 한 명이었던 기욤 드 콩슈의 『세계철학 Philosophia mundi』을 보면 인간의 심리는 성향을 가리키는 순수하게 기질의학적인 용어로 설명되고 있다.

머릿속에는 세 개의 뇌실이 존재한다……. 첫 번째 뇌실은 덥고 건조하며 **환상적**이라고 불린다. 즉 시각적이거나 상상적이라고 볼 수 있는데, 그것은 그 안에 바라보고 상상할 줄 아는 능력이 들어 있기 때문이다. 덥고 건조한 것은, 다름 아닌 사물들의 색채와 형태를 끌어당길 수 있는 조건을 형성하기 위해서다. 가운데에 놓인 뇌실은 logistikon, 즉 **이성적**이라고 불린다. 그 안에 사리를 구별할 줄 아는 능력이 들어 있기 때문이다. 첫 번째 뇌실이 끌어당긴 것은 두 번째 뇌실로 넘겨지고 그곳에서 영혼이 사리를 구별한다. 이곳이 덥고 습한 것은 사리를 잘 분별할수록 사물들의 본질에 더 가까이 다가설 수 있도록 하기 위해서다. 세 번째 뇌실은 **기억의** 뇌실이라고 불린다. 그 안에 무언가를 기억할 수 있는 능력이 들어 있기 때문이다.[14]

중세사상의 진행 방식은, 꼭 이 경우뿐만 아니라 다른 경우들도, "변주곡"이라고 하는 음악형식에 비교될 수 있다. 중세사상은 하나의 주어진 주제를 재생하고 그것에 조그만 변화를 주면서 발전하고 어떤 경우에는 이러한 변주들이 처음에 시작했던 주제의 모양새를 완전히 변형시켜놓는 결과를 낳기도 한다. 아비센나의 "주제"에는 몇몇 변주가 뒤따랐을 뿐이지만 알베르투스 마그누스와 토마스 아퀴나스, 장 드 라 로셸Jean de la Rochelle의 3단계 도식은 리카르두스 앙리쿠스Ricardus Anglicus의 『해부학』이나 로저 베이컨의 『오푸스 마이우스Opus maius』, 시인 프란체스코 다 바르베리노Francesco da Barberino의 『사랑의 문서』, 카발칸티의 시, 「여인이 내게 묻기에Donna

---

14 『라틴교부총서』(172, 39~102)의 일부로 출판된 『세계철학』은 호노리우스 폰 오툉 Honorius von Autun의 작품으로 소개되어 있다.

mi prega」에 부친 디노 델 가르보Dino del Garbo의 「주석」과 같이 상이하기 짝이 없는 변주곡들이 뒤를 이었다.

따라서 이와 유사한 심리적 "주제"가, (물론 여기서도 어느 정도의 의미 있는 변화는 일어난다) 13세기의 아리스토텔레스 해석에 그 누구보다도 큰 영향을 끼쳤고 다름 아닌 단테가 아리스토텔레스 철학의 최고의 해설자로 손꼽았던 아베로에스의 ('위대한 해설서를 만들어낸 아베로에스') 작품에 등장한다는 것이 그다지 놀라운 일은 아니다. 아리스토텔레스의 『감각과 감각적인 것에 대하여』를 다루면서 아베로에스는 '느낌'에서 '상상'으로 움직이는 과정을 중세 생리-심리학의 정수라고 할 수 있는 글에서 설명하고 있다. 하지만 먼저 자코모 다 렌티니Giacomo da Lentini가 그의 소네트에서 시도하는 질문 '이제 어떻게 그토록 위대한 여인이 들어올 수 있나?'에 대해 아베로에스가 제시하고 있는 설명부터 살펴보기로 하자.

감각적인 대상의 형태들이 신체적 접촉을 통해 영혼 속에 새겨진다고 말하는 이들의 의견은 틀렸다고 할 수밖에 없다……. 그 이유로, 굉장히 커다란 물체들도 이루 말할 수 없이 조그만 눈동자를 통해 지각될 수 있다는 사실을 들 수 있을 것이다……. 때문에 흔히 이러한 감각들이 감각적인 대상의 의도를 추상화된 상태로밖에는 가지고 있지 않다고 말하는 것이다.[15]

---

15 갈레노스의 작품으로 추정되는 『눈에 관하여』도 벌써 시각은 눈을 향한 사물의 발산이 아니라는 점에 대해 설명하고 있다. "만약에, 어쨌든, 무언가가 목격한 사물로부터 눈으로 향하고 있다면, 그것이 어떻게 그 조그만 구멍 안으로 들어올 수 있다는 말인

눈은 여기서 유령이 반사되는 하나의 거울로 나타난다. "왜냐하면 이 눈이라는 도구 속에서 지배적인 것은 액체이기 때문이다. 물은 맑고 투명하기 때문에 그 위에 감각적인 대상의 형상이, 거울에서처럼, 새겨질 수 있다." 거울이 이미지를 반사하기 위해 밝은 환경을 필요로 하는 것과 마찬가지로 눈 역시 그 안의 액체가(중세해부학적 정의에 따르면, 눈을 구성하는 "막膜"들의 복잡한 구조가 가지고 있는 성질) 공기를 통해 밝혀지지 않으면 아무것도 보지 못한다. 아베로에스는 계속해서 말한다.

어쨌든 공기가 빛을 통해 먼저 사물들의 형태를 받아들이고 그것을 눈의 외부에 있는 막에 전달하면 그것이 다시 천천히 마지막 단계, 즉 그것을 넘어가면 직감이 존재하는 눈의 마지막 막에까지 전달된다고 말할 수 있다. 한가운데에 있는 볼록한 막이 사물들의 형태를 수용한다. 이는 하나의 거울과 비슷하고 그것의 성질은 공기와 물의 중간 정도라고 할 수 있다. 때문에 그것은 거울처럼 공기로부터 사물들의 형태를 받아들인다. 그리고 그 형태를 물에 전달한다. 그것의 본질이 공기와 물에 공통된 것이기 때문이다. 아리스토텔레스가 볼록한 막 뒤에 있다고 말하는 물이란 곧 갈레노스가 유리체액이라고 부르는 것과 일치하며 눈의 가장 커다란 부분을 차지한다. 직감이 사물의 형태를 구분하는 것은 바로 이것을 통해서다. 직감은 형

가(Si ergo ad visum ex re videnda aliquid dirigitur, quomodo illum angustum foramen intrare poterit)?" (Galeni, 「De oculis liber」, cap. vi, in 『Operum Hippocratis Coi et Galeni pergameni medicorum omnium principum』, Lutetiae, 1679, t. X)

태를 알아보자마자 그것을 곧장 상상력에 전달하고 상상력은 그것을 좀 더 정신적인 차원에서 받아들인다. 이렇게 전달된 형태가 바로 세 번째 영역에 속한다. 사물의 형태는 사실 세 개의 영역을 가지고 있다. 첫 번째는 물질적 영역이고 두 번째는 직감의 영역이며 정신적이다. 세 번째가 상상의 영역이며 직감보다 훨씬 더 정신적이다. 때문에 상상은 사물의 형태를 현시화하기 위해 그것의 외적 실체를 필요로 하지 않는다. 하지만 '느낌'을 기반으로 하는 '상상'은 감각적 대상을 주의 깊게 관찰할 수 있는 시간적인 여유 없이는 대상의 형태들도 알아보지 못하고 그 의도들도 파악하지 못한다. 아리스토텔레스에 따르면, 이러한 기량 속에서 대상이 속하는 영역의 성격은 어쨌든 마치 어떤 사람이 두 개의 얼굴을 가진 거울을 들고 있고 거울의 한쪽 면을 바라보는 동안 또 다른 면이 물이 있는 쪽으로 향해 있는 상황에 비유할 수 있다. 이제 누군가가 거울의 두 번째 얼굴, 즉 물을 향하고 있는 거울을 바라본다면 물이 거울에 투영된 형태를 보게 될 것이다. 여기서 우리는 바라보는 사람의 형태를 감각적 대상으로 보고 거울은 가운데 놓인 공기, 물은 눈이라고 볼 수 있다. 거울의 두 번째 얼굴은 감각적 기량이고 그것을 감지하는 사람은 상상적 기량이다. 어쨌든 먼저 거울을 바라보던 사람이 이제 두 번째 거울을 바라본다면 감각적 대상으로서의 형태는 거울과 물로부터 사라지고 거울의 두 번째 얼굴을 바라보며 형태를 상상하던 사람만 남게 될 것이다. 이것이 바로 직감 속의 형태를 상상력이 받아들이는 방식이다. 왜냐하면, 감각적 대상이 사라질 때 그것의 형태역시 곧장 직감 앞에서 사라지며 그것을 상상하는 상상력만 남게 되기 때문이다. 이것은 직감이 눈을 통해 형태를 보고, 눈은 그것을 공기를 통해, 즉 눈 속에 있는 액체를 통해 본다는 사실에 의해 설명된다……[16]

우리가 아베로에스의 문장에 잠시 머물렀던 것은, 여기에서는 모든 인식과정이 다름 아닌 하나의 사변적 과정으로, 거울에서 거울로 전달되는 유령의 반사로 고려되고 있기 때문이다. 여기서 대상의 형태를 반사하는 눈과 감각은 곧 거울과 액체에 해당한다. 하지만 대상이 부재할 때에는 유령들을 "상상하는" '환상' 역시 하나의 사변적 과정이 된다. 여기서 앎이라는 것은 세계가 비치는 거울을 향해 고개를 숙이고 이 공간에서 저 공간으로 반사되는 이미지들을 염탐한다는 것을 의미한다. 중세의 인간은 항상 거울 앞에, 자신의 주변을 바라볼 때에도 스스로의 이미지를 바라보며 거울 속에 푹 빠져들 때에도, 언제나 거울 앞에 서 있다. 하지만 사랑 역시 필연적으로 하나의 사변일 수밖에 없다. 그 이유는 물론 시인들이 말하는 것처럼 "눈이 가장 먼저 사랑의 감정을 만들어내기" 때문이라든지, 혹은 카발칸티가 말하는 것처럼 사랑의 "이해가, 바라본 것의 모양새로부터"(우리가 살펴본 과정에 따르면, 이 모양새는 외적, 내적감각을 통해 스며들며 환상의 방과 기억의 방 속에서 끝내는 유령 혹은 "의도"로 변신한다) 오기 때문이라기보다는, 본질적인 의미에서, 중

---

16 인용된 문장의 출처는 아리스토텔레스의 『감각과 감각적인 것에 대하여De sensu et sensibilibus』를 해석하고 있는 아베로에스의 『Aristotelis stagiritae omnia quae extant opera cum Averrois cordubensis······ commentariis』(Venezia, 1552, vol. VI)이다.

세 심리학이 사랑을 하나의 환상, 즉 인간의 내면에 그려지거나 반사되는 이미지를 에워싸고 끊임없이 타오르는 불꽃 속으로 상상력과 기억을 몰입시키는 하나의 환상적 과정으로 보았기 때문이다.[17] 이러한 새로운 개념의 사랑을 가장 잘 이론화한 작품 『사랑에 관하여』에서 안드레아 카펠라노는 사랑을 내면적 유령의 **과도한 성찰**im-moderata cogitatio로 정의내리면서 "이 열정은 목격한 것을 토대로 하는 상상적 성찰에서 비롯될 뿐이다"라고 적고 있다.[18] 중세에 발견

---

17 사랑과 환상을 같은 맥락에서 보는 견해는 이미 플라톤의 『파이드로스』에서 찾아볼 수 있으며(255c~d) 이 대화록 속에서 사랑은 일종의 "눈의 질병ofthalmia"과 비교된다. 같은 견해를 근거로 플로티노스는 흥미로운 어원을 주장하기도 했다(Enn. III. v 3). "에로스라는 이름의 기원은 환영orasis에 있다." 이러한 관점에서, 사랑의 고전적 개념이 중세적 개념으로 변화하는 과정은 "눈의 질병"이 "상상의 병"으로 변화하는 과정이라고 할 수 있을 것이다. (『장미의 이야기』에서 사랑은 "생각의 병"으로 정의된다. 『장미의 이야기』, v. 4348)

18 'Ex sola cogitatione, quam concipit animus ex eo, quod vidit, passio illa procedit.' Andrea cappellano, 『Trattato d'amore』, a cura di S. Battaglia, Roma, 1947, cap. I. 인용된 문장은 다음과 같이 계속된다. "남자가 자신의 취향에 맞고 사랑스럽다고 생각되는 여자를 발견했을 때, 그의 가슴은 그녀를 갈망하기 시작한다. 이어서 그녀를 생각하면 할수록 사랑으로 가슴을 더욱 불태우는 단계에 이르게 되고 바로 그러한 경험을 통해 그는 사랑의 좀 더 풍부한 성찰에 이르게 된다. 드디어 그는 그녀의 육체를 상상하기 시작하고 사지를 구분하고 그녀의 행동과 은밀한 부위들을 탐색하기에 이른다." 단테는 그의 칸초네, 「사랑, 그로 인해 내가 괴로워하는 것이 유익하기까지 하니Amor, da che convien pur ch'io mi doglia」에서 이 과도한 성찰의 유령적 성격을 아주 자세하게 묘사하고 있다. "그녀가 나의 환상 속에 들어오는 것을 나는 막을 길이 없네. 다름 아닌 내 생각이 그녀를 데려온다고 믿지 않는 이상. 광분한 영혼이 상처에 매달려 그녀의 아름답고 잔인한 모습을 있는 그대로 그려내며 스스로의 고통을 자처하네. 그리고 그녀를 다시 바라보다가 그녀의 눈에서 뿜어져 나오는 욕망으로 가득한 모습을 보는 순간 스스로를 향해 미친 듯이 광분하니, 그건 내 영혼이 불을 지른 곳에서 그녀가 슬프게 타오르기 때문이네(Io non posso fuggir, ch'ella non vegna/ ne l'imagine mia,/ se non come il penser che la vi mena./ L'animo folle, ch'al suo mal s'ingegna,/ com'ella è bella e ria/ cosí dipinge, e forma la sua pena:/ poi la riguarda, e quando ella è ben piena/ del gran disio che de li occhi le tira,/ incontro a sé s'adira,/ c'ha fatto il foco ond'ella trista incende)."

된 이 사랑은 물론 항상 직접적인 관심을 받았던 것은 아니지만 상당히 빈번하게 논의되어왔던 주제다. 중세적 사랑의 발견은 사랑의 비현실적인 면의 발견, 즉 유령적 성격의 발견이다. 고대인들이 플라톤의 『필레보스』에서 겨우 예감할 수 있었을 뿐인 욕망과 유령의 관계를 극단적인 단계로까지 몰고 가면서 이루어진 것이 바로 이 비현실적인 것의 발견이다. 이것이 바로 에로스의 중세적 개념이 가지고 있는 새로운 측면이다. 이것이 반대로 고대의 성이 가지고 있던 정신적인 측면의 부재에서 비롯되었다는 주장은 하나의 억측에 불과하다.

사랑을 하나의 유령적인 과정으로 보는 개념은 고대 전체를 통틀어서 흔적을 찾아볼 수 없다. 반면에 전혀 부족하지 않았던 것은 사랑의 "고귀한" 이론들이었고 시간이 흐른 뒤에도 사랑의 이론가들은 항상 그들의 원형적인 패러다임을 플라톤 속에서 발견해왔다. 사랑의 유령적인 개념들이 발견되는 특이한 경우들은 한참 후에야 등장하는 신플라톤주의 철학자들과 의사들뿐이다(그것도 최소한 8세기가 지난 다음에야 가능해진다). 하지만 두 가지 경우 모두, 언급되는 것은 사랑의 "저속한" 개념이며 사랑이 때로는 '악령의 영향'으로, 때로는 '정신병'으로 취급되기까지 한다. 중세에 와서야 유령은 사랑의 기원으로서, 사랑의 대상으로서 전면에 등장하게 되며 에로스의 고유의 영역 역시 '시선'에서 '환상'으로 뒤바뀐다.

따라서, 중세에 사랑이 이루어질 수 있는 최상의 공간이 하나의 연못이나 거울 앞이었다는 것과 『장미의 이야기』에서 에로스가 머무는 연못이 다름 아닌 나르시스의 '위험한 거울miroërs perilleus'이었

〈나르시스의 연못 앞에 선 연인〉(왼쪽)과 〈나르시스〉(오른쪽), 파리 국립도서관.

다는 것은 놀랍다기보다는 오히려 자연스러운 결과라고 볼 수 있다. 나르시시즘을 '리비도'가 자아 속으로 후퇴하거나 감금되는 현상으로 정의내리는 현대 심리학의 해석에 너무나 익숙해진 나머지 우리는 이 신화의 주인공이 자기 자신과 사랑에 빠지는 것이 아니라 물에 반사된 스스로의 이미지, 즉 그가 하나의 실체로서 받아들이는 하나의 이미지에 반했다는 사실을 쉽게 망각한다. 우리와는 다르게, (물론, 유령이 중세 심리학에서 차지하는 중요성을 생각해보면 결과는 충분히 예상할 수 있는 상황이었다) 중세는 나르시스의 이 불행한 이야기가 가지고 있는 가장 중요한 특징을 자기사랑 filautia이라는 측면에서 찾지 않고(중세적 사고방식에 따르면 자기사랑은 반드시 나무라야 할 것이 못 된다), 사랑의 대상이 하나의 이미지였다는 사실, 즉 "그림자 사랑"[19]에서 발견했다. 이러한 특징이 바로 왜 중세적 사랑의 개념이 정착되는 동안 나르시스의 우화가 그토록 집요하게 강조되었는지, 또 그로 인해 '위험한 거울'이 연애의 의례 속에서 빼놓을 수 없는 중요한 장신구가 되었고, 연못 앞에 서 있는 청년의 모습이 중세 성문화의 가장 대표적인 이미지로 자리매김할 수 있었는지 설명해준다. 사랑의 우의로서, 나르시스뿐만 아니라 피그말리온의 신화 역시, 본질적으로 한 이미지의 집요한 방황을 추적하는 과정의 유령적인 성격을 표본적으로 보여주는 이야기들이다. 이들이 가지고 있는 심리적 도식에 따르면, 모든 정통한 사랑은 언제나 "그림자 사랑" 내지 "그림 사랑"[20]이며, 모든 진지한 성적 의도는 마치 우상을 바라보듯 항상 하나의 이미지를 향하고 있다.

이러한 관점에서, 『장미의 이야기』에 나오는 에로스와 나르시스

---

19 키아로 다반자티Chiaro Davanzati 「Innamorarsi per ombra」 참조. "나르시스가 자신의 거울을 바라보며, 연못에서 이미지(그림자)를 통해 사랑에 빠지듯이(Come Narcissi in sua spera mirando, s'inamorao per ombra a la fontana)……."(『Poeti del '200』 t. I, 425쪽) 나르시스 신화의 이러한 해석이 하나의 중세적 발견이라는 점은, 물론 사랑의 유령적인 성격을 다루는 시학과 밀접한 관련 하에 이해되어야 할 부분이지만, 이 신화의 출처가 되는 오비디우스의 작품 『변신』의 중세 판본과 비교해보면 보다 분명하게 드러난다(『변신』, III 345~510). 반사된 이미지라는 테마는 『변신』에서도 분명히 나타나지만 이야기의 핵심을 이루지는 못한다. 에코의 사랑을 거부함으로서 나르시스가 받는 벌은 여지없이 '불가능한 자기사랑'이다. 이에 대해서는 주인공 역시 분명하게 의식하고 있다. "이것이 바로 나다! 이제는 안다. 나의 이미지는 더 이상 나를 속이지 못한다. 나는 나 자신에 대한 사랑으로 불타오르고 내가 만든 화염 속에 휩싸인다(Iste ego sum! sensi; nec me mea fallit imago, uror amor mei, flammas moveoque feroque)." 반대로, 단테가 어떻게 복인들의 영혼을 "반사된 이미지specchiati sembianti"와 뒤바꿀 수 있었는지 독자들에게 설명하고 싶었을 때, 그의 머릿속에 떠오른 비교는 자신의 실수를 나르시스의 실수와 정반대되는 것으로 정의내리는 것이었다("per ch'io dentro a l'error contrario corsi/ a quel ch'accese amor tra l'omo e 'l fonte", 『천국』 III 17~18). 중세의 독자들에게, 나르시스의 실수는 자기사랑이라기보다는 사실과 이미지의 혼돈이었다.

20 "사랑하는 자여! 당신은 그림을 사랑하는구나(Vos amador, que amatz per figura)." 음유시인, 외질 드 카다르의 구절. (Langfors, 『Le troubadour Ozil de Cadars』, Helsinki, 1913 참조)

의 연못 앞에서 주인공이 사랑에 빠지는 장면을 바라보며 우리가 이제 아베로에스가 말하는 유령 심리학에 어느 정도 충실한 우의적 의미에 주목한다고 해서 문제될 것은 아무것도 없을 것이다. 아베로에스가 말하듯이, "물은 곧 눈이다(때문에, 오로지 "모든 것을 관찰하는 태양의/ 빛이 연못 위로 쏟아지고/ 그 빛이 바닥에까지 와 닿을 때"에만 비로소 "백 개 이상이 색이 수정체 속에서 모습을 드러내게" 된다)." 때로는 정원 한쪽을, 때로는 반대편을 비추면서 양쪽을 동시에 비추는 법은 결코 없는 이중의 수정체란 다름 아닌 감각적 기량과 상상적 기량의 수정체를 말한다. 이것이 어느 정도 분명해지는 것은, 아베로에스가 두 개의 얼굴을 가지고 있어서 양쪽 면을 동시에 바라볼 수 없는 거울을 예로 들며 설명하듯이, '상상' 속에서 유령을, '감각' 속에서 대상의 형태를 관찰하는cogitare 것이 가능하면서도 그것들을 동시에 관찰하는 것은 불가능하다는 사실을 통해 알 수 있다.[21]

---

21 『장미의 이야기』에 등장하는 연못 앞에서의 장면에 대해 지금까지 제시된 해석들 중에는 완전한 설득력을 가지고 있다고 할 만한 것이 없다. 예를 들어, 루이스는(Lewis, 『The Allegory of Love』, Oxford, 1936), 베르나르 드 방타도른의 널리 알려진 한 시 구절을 토대로, 두 개의 돌은 "조금도 의심할 여지없이" 여인의 눈을 가리킨다고 주장한 바 있다("더 이상은 나 스스로를 다스릴 힘이 없었소./ 게다가 나 자신도 아니었소. 그녀가 내 마음에/ 쏙 드는 거울을 통해 그녀의 눈으로/ 나 자신을 발견하도록 한 그 순간부터는./ 거울아, 내가 네게서 내 모습을 발견한 그 순간부터/ 한숨이 나를 죽이고 말았구나./ 그래서 나는 나 스스로를 잃고 말았구나./ 당당한 나르시스가 연못 앞에서 스스로를 잃었던 것처럼(Anc non agui de mi poder/ Ni no fui meus des l'or' en sai/ Que. m laisset en sos ohls vezer/ En un mirahl que mout mi plai./ Mirahls, pos me mirei en te/ M'an mort li sospir de preon,/ Qu'aissi .m perdei cum perdet se/ Lo bel Narcissus en la font)." 하지만 베르나르가 여인의 눈이 곧 거울이라는 말은 하지 않고 주인공이 거울을 통해 그녀의 눈을 바라본다고 이야기한다는 사실을 지금까지 아무도 주목하지 못한 듯이 보인다. 우리의 해석이 옳다면, 주인공이 바라보는 거울은("en un mirahl") 다름 아닌 환상의 거울일 가능성이 있다. 어쨌든, 만약에 돌들이 여인의 눈이라면, 왜 그 속에 장미가 비쳐야 하는지, 무엇보다도 왜 때로는 정원 한쪽을 때

로는 다른 한쪽을 바라보는 것이 그녀의 눈이어야 하는지 이해되지 않는다.

또 다른 해석이 모든 진실을 거스르며, 나르시스의 연못 앞에서 사랑에 빠지는 장면을 자기 자신과의 만남, 스스로의 운명과의 만남으로 볼 수 있었다는 것도 상당히 흥미롭다(E. Kohler, "거울 속의 시선은 스스로의 운명과의 만남에 지나지 않는다⋯⋯. 두 개의 눈동자는 무엇보다도 스스로를 바라보는 자의 눈, 다시 말해 나르시스의 눈이 반사된 것이다(Le regard dans le miroir n'est autre chose que sa rencontre avec sa propre destinée⋯⋯. Les deux cristaux sont en premier lieu le reflet des yeux de celui qui s'y mire, c'est à dire les yeux de Narcisse)." Runge, 『The Narcissus Theme in European Literature』, Lund, 1967, 85쪽 참조).

앞으로 보게 되겠지만 환상을 하나의 거울로 보는 개념은 이미 시네시우스 속에서 나타나며 그를 통해 그리스도교 신비주의자들에게 전해진다. 1200년대의 시에서 거울이 상상력을 의미한다는 사실은 여러 구절을 통해 증명된다. 예를 들면, 치노 다 피스토이아Cino da Pistoia(『돌체 스틸노보의 시인들』, 209쪽). "자주 네 머릿속을 거울처럼 만들어보아라. 거기에 그녀의 아름다운 얼굴이 그려져 있다는 걸 내가 아는, 그래서 슬픈 가슴을 다시 기쁜 가슴으로 돌아오도록 하는 그 달콤한 얼굴을 바라보면서 살아남고 싶거든. 그렇게 너는 이 여인의 친절함을 느끼게 되겠지. 마치 네가 한 번도 떠난 적이 없는 여인처럼. 하지만 상상이 정확한 위치에 자리 잡는다면, 그 아름다운 여인은 네 앞에 모습을 드러낼 것이다(Fa de la mente tua specchio sovente/ se vuoi campar, guardando 'l dol ce viso/ lo qual so che v'è pinto il suo bel riso,/ che fa tornar gioioso 'l cor dolente.// Tu sentirai cosí di quella gente,/ allor, come non fossi mai diviso;/ ma se lo imaginar serà ben fiso,/ la bella donna t'apparrà presente)", 체코 다스콜리Cecco d'Ascoli(『L'Acerba』, Achille Crespi, Ascoli Piceno, 1927, vv. 1959~1961). "보지 않고서도 사람은 사랑에 빠질 수 있다. 자신의 텅 빈 머리를 거울로 만들면서, 사랑하는 이의 모습을 상상하면서(Senza vedere, l'uom può innamorare/ formando specchio della nuda mente/ veggendo vista sua nel 'maginare)", '단테의 친구Amico di Dante'로 알려진 시인은(『1200년대의 시인들』, t. II, 731쪽), 환상을 사랑이 떠받치는 하나의 거울로 묘사하고 있다. "사랑이여, 당신은 내가 잠들어 있다고 믿는군요, 내가 가슴속으로 당신을 생각하고 깨어 있을 때, 당신이 내 앞에서 멋지게 붙들고 있는 거울 속을 여전히 바라보고 있을 때에(Talor credete voi, Amore, che io dorma/ che col cuore io pensi a voi e veglio/ mirandomi tuttora ne lo speglio/ che mi tenete dinannzi e nella forma)." 거울을 바라보는 행위와 상상을 동일한 것으로 보는 방식은 아울러, 『장미의 이야기』에서 연인을 정원으로 인도하는 '무위Oiseuse'의 역할을 새롭게 조명할 수 있도록 해준다. 플레밍Fleming이 주목했던 대로(『장미의 이야기』, 73쪽), 이 거울을 가진 여인은 궁정연애에 요구되는 '무위'의 의인화라고 볼 수 없다. 하지만 플레밍이 생각하는 것처럼 '음란'의 의인화라고 보는 것도 옳지 않다. 중세 도상화에서 거울 앞에 있는 여인이 어떤 때에는 '음란함'을 어떤 때에는 '신중함'을 상징한다고 하는 흥미로운 모순은 이미 주목된 바 있다. 놀라울 정도로 비일관적인 거울의 등장은 어떤 때에는 사실적인 사물로 어떤 때에는 영적 명상의 상징으로 이루어진다. '모순'을 해결하기 위해서는 거울을 상상으로 해석하거나 환상의 중세적 개념이 가지고 있던 양극성을 고려했을 때, 어떤 경우에는 '틀린 혹은 동물적인 상상imaginatio falsa o bestialis'으로, 아니면 '진실된 혹은 이성적인 상상imaginatio vera o

"살아 있는 자들을 죽음에 취하게 하는" '사랑의 연못', 그리고 나르시스의 거울은 모두 사랑의 실질적 대상인 유령이 사는 곳, 상상의 세계를 암시하고 있다. 아울러, 하나의 '이미지'에 반해버린 나르시스는 **순수한 사랑**fin'amors의 표본적인 패러다임인 동시에, 중세의 심리학적 지혜를 특징짓는 극적인 면을 부각시키면서, 이미지를 하나의 실체로 여기고 그것을 획득하기 위해 유령적인 악순환의 고리를 부러트리는 **광적인 사랑**fol amour의 표본적 패러다임이다.

따라서 우리는 이제, 물론 분명하게 밝혀야 할 것들이 여전히 많이 남아 있지만, 이미지가 연애시라는 장르 속에서 하나의 테마로 등장하게 되는 과정뿐만 아니라, 사랑의 연못 앞에서 이루어지는 에로스와 나르시스의 만남 역시 충분한 동기를 가지고 있었던 것으로 볼 수 있다. 에로스마저 유령의 우주 속으로 끌어들였다는 사실, 에로스로 하여금 상상의 '위험한 거울'에 스스로를 비추어보도록 했다는 사실이 바로 중세 말기의 심리학에서 일어난 가장 커다란 변화였다. 그것이, 아마도 중세 심리학이 거의 의식조차 하지 못한 상태에서 아리스토텔레스의 유령론에 기여하며 이루어낸 가장 독창적인 성과일 것이다.

아베로에스에 관한 이야기를 마치기 전에, 13세기의 아베로에스주의자들과 반대파들 사이에 일어났던 논쟁 속에서 핵심적인 주

---

rationalis'으로 해석해야 한다(Riccardo di San Vittore, 『Beniamin minor』, cap. xvi, in 『라틴교부총서』, 196 참조). 이것은 왜 다름 아닌 '무위'가, 즉 상상이, 연인을 정원으로 인도하는지 설명해준다.

〈우상화된 '광적인 사랑'〉, 파리 노트르담 대성당 정문 좌측 세부.

제로 떠올랐던 사상, 즉 유령을 하나의 결합지점, 한 개인과 '유일한 수동적 지성'[22]의 "결속"으로 보았던 이론에 대해 살펴볼 필요

22 아리스토텔레스는 수동적 지성과 능동적 지성을 구분하면서, 전자는 개념을 획득하는 데에, 후자는 개념을 판단하고 조합하는 데에 쓰인다고 했다. 능동적 지성이 우선적으로 담당하는 일은 지각 가능한 대상을 물질로부터 추상적으로 분리시켜 수동적 지성에 새겨넣는 일이며 그렇게 해서 활성화되는 것이 바로 수동적 지성이다. 아리스토텔레스의 수동적 지성은 '물질적' 혹은 '잠재적' 지성으로도 불린다. 다름 아닌 물질처럼, 지각 가능한 형태를 수용할 수 있는 잠재력을 가지고 있기 때문이다. 따라서 아리스토텔레스의 수동적 지성은 백지처럼 텅 비어 있고 아무런 형체도 가지고 있지 않으며 인간의 지성인만큼 육체의 죽음과 함께 사라질 운명을 가지고 있다.

아리스토텔레스의 이원론적 지성에 대한 아베로에스의 입장을 간략하게 요약하면 다음과 같다. 아베로에스는, 중세의 논쟁을 통해 절대적인 존재로까지 승격된 능동적 지성과 마찬가지로 수동적 지성 역시 유일하고 분리된 존재라고 보았다. 수동적 지성은 감

가 있다.

　관건이 되는 것은, 아리스토텔레스의 『영혼에 관하여』에 나오는 애매모호한 문장에서부터 시작되어 13세기 지성인들 사이의 의견을 뿌리 깊게 갈라놓았던, '수동적 지성'의 통일성과 다양성에 관한 논쟁이다. 물론 여기서 이 논쟁의 재구성을 시도하지는 않을 것이다. 하지만 우리가 짚고 넘어가야 할 것은, 인간의 지성 속에서 무언가 유일하고 초개인적인 것을(그것에 비하자면 각 개인들은, 프루스트의 멋진 비유를 빌리자면, 단순한 "공동 세입자"로서 모두들 각자의 관점에서 그것을 관조할 뿐이다) 바라보던 한 진지한 사상의(오늘날에는 이질적인 것으로 변해버렸지만 틀림없이 가장 빼어난 중세사상들 중에 하나였다) 대변인으로 나서면서 아베로에스가, '수동적 지성'을 유일하고 분리되어 있으며 파괴할 수 없고 영원한 것으로 보면서도 그것이 결국에는, 각 개인이 내적감각 속에 위치하는 유령을 통해 지적 활동을 펼칠 수 있도록, 모두와 결속copula한다고 보았다는 사실이다.[23]

　아베로에스의 사상에서 드러나는 유령의 상황이 카발칸티의 아베로에스주의에 관한 연구에서 고려의 대상조차 되지 못했다는 것

각적인 이미지를 제공할 뿐 그것을 통해 잠재적인 지성을 실제적인 지성으로 활성화하는 것은 능동적 지성이다. 여기서 인간의 '이해'는 그런 식으로 진실성과 보편성을 보장받지만 개개인의 능력과는 분리된 것으로 나타난다. 즉 인류의 모든 사유는 개개인의 능력 밖에서 이루어지며 개개인은 고유의 지적인 영혼을 소유할 수 없는 것으로 나타난다. 개개인은 오히려 사유의 내용을 암시하는 감각적 이미지 혹은 유령을 통해, 유일하고 분리되어 있는, 수동적 혹은 잠재적 지성에 참여하게 된다. —옮긴이

23 아베로에스, 『Aristotelis』, 165쪽 참조.

을 설명해줄 수 있는 유일한 요인은, 스틸노보 양식에서의 유령의 역할에 대한 일반적인 오해뿐이다.[24] 반대로, 반 아베로에스 논쟁 속에서 토마스 아퀴나스에게 비판의 빌미를 제공해주었던 것은 다름 아닌 유령과 '수동적 지성'의 "결속copulatio"이었다. '수동적 지성'을 무언가 유일하고 분리된 것으로 본다면, 나중에 한 인간이 '수동적 지성'과 유령들의 유대관계 덕분에 무언가를 구체적으로 이해할 수 있다고 주장하는 것은 불가능한 일이다.

인간의 이미지가 거울에 비친다는 사실에서 거울과 인간의 결속력을 주장하듯, '수동적 지성' 역시 유령들과 결속되어 있다고 주장하려는 것이 아니라면…… 분명한 것은 이러한 종류의 유대관계가 실질적인 유대관계에 이르지 못한다는 점이다. 즉 거울이 하는 결국 일종의 표현이라고 해서 그것을 인간에게 부여할 수 없는 노릇이다. 똑같은 이유에서 '수동적 지성'이, 이러한 '결속력'을 토대로, 소크라

---

24 카발칸티의 아베로에스주의가, '잠재적 지성'과 기본적으로 감각에 의존하는 '사랑'과의 엄격한 분리에 기초한다고 보았던 나르디Nardi는(「단테의 첫 번째 친구의 아베로에스주의L'averroismo del primo amico di Dante」, in 『Studi danteschi』, xxv, 1940, 43~79쪽) 잠재적 지성과 개개인과의 교류가, 사랑의 경험의 기원이자 대상이 되는 유령을 통해 이루어진다는 단순한 사실을 무시하고 있다. 아베로에스의 사상에서 이 유령이 차지하고 있는 비중을 염두에 두고 카발칸티의 시 「여인이 내게 묻기에Donna mi prega」를 해석하게 되면 완전히 새로운 결과를 얻게 될 것이다. 여러 면에서 훨씬 효과적으로 보이는 파바티의 해석 역시 이러한 본질적인 측면을 놓치고 있다(G. Favati, 「G. Cavalcanti, Dino del Garbo e l'averroismo di B. Nardi」, in 『Filologia romanza』, 1955). 카발칸티의 사랑의 이론에서 유령이 가지고 있는 중요성을 빠트리지 않고 주목한 학자는 쇼Shaw다(『Cavalcanti's Theory of Love』, Toronto, 1949). 하지만 그 역시 프네우마 이론을 무시하고 있으며, 결과적으로 중세 유령론의 복합적인 측면과 풍부함을 간과하고 있다.

테스라는 한 인간의 이해력을 돕기 위해 부여된다는 것은 있을 수 없는 일이다. 분명한 것은 무언가 지각 가능한 이미지들이 감지되고 그것을 그가 지각 능력을 통해 감지한다는 사실이다. 마찬가지로, 무언가 감각적인 것들이 느껴지면 그는 그것을 감각 능력을 통해 느끼기 마련이다. 색의 감각적 이미지가 시야에 들어왔을 때 색이 칠해진 벽은 눈에 보이지만, 그렇다고 무언가를 보았다고 할 수 있는 것은 아니다. 반면에 보는 것이 가능한 것은 그런 이미지를 읽을 수 있는 시력을 지닌 동물이다. 유령들의 이미지가 '수동적 지성' 안에 들어 있을 때, 유령들을 가지고 있는 인간과 '수동적 지성' 간의 결속은 색이 들어 있는 벽과 색의 이미지가 들어 있는 시선의 결속과 유사하다. 벽은 볼 수 없지만 벽의 색은 보이는 것처럼, 인간은 이해하지 못하지만 그의 유령들은 '수동적 지성'에 의해 이해될 것이다. 어쨌든 아베로에스의 입장을 따르면, 한 개인이 무언가를 이해한다는 것 자체가 불가능한 일이다.[25]

여기서 현대적 주관주의의 대변자 노릇을 하고 있는 토마스 아퀴나스가 놓치고 있는 부분은, 아랍 철학가에게 하나의 이미지는 얼마든지 '보는 사람'과 '보이는 것'이 하나가 되는 지점으로 이해될 수 있다는 사실이다. 광학적인 차원에서 '눈이 스스로를 보는ocu-lus videt se ipsum' 최상의 공간이 거울이며 거울 앞에 선 사람이 '보는' 사람인 동시에 '보이는'[26] 사람이라면, 또 다른 측면에서, 티끌 하나

25 토마스 아퀴나스, 『De unitate intellectus contra Averroistas』(L. Keeler, Roma, 1957, 42쪽).

없는 거울에 비친 자신의 이미지와 하나가 되며 이루어지는 결속이 상징적으로 의미하던 것은 곧 초감각적인 것과의 결속이었다. 이를 뒷받침하던 것은 당시의 아랍권 저자들[27]에게도 깊은 영향을 끼쳤고 동시에 중세 그리스도교 전통[28]과도 밀접한 관계를 유지하고 있던 신비주의 전통이다. 다음 장에서 우리는 유령이 이러한 중재역할을 담당하기에 아주 적합하다는 것을 증명해줄 상당히 믿을 만한, 이를테면 "과학적인" 이유들이 있다는 것을 보게 될 것이다. 환상의 '위험한 거울'에 비친 이미지, 사랑의 메커니즘 속에서 그토록 중요한 역할을 수행했던 이 이미지는 그렇게 해서 하나의 예기치 않았던 차원에 들어서게 된다. 영혼의 정상에서 개체와 우주, 유형과 무형의 경계에 위치한 이 이미지는 '분리된 존재'와 '영원한 존재'의 흠 없고 뛰어넘을 수 없는 문턱 앞에서 한 개인의 존재가 타오르고 남은, 지칠 대로 지친 재의 유일한 흔적으로 나타난다.

지금까지 우리가 재구성을 시도했던 유령 심리학 속에는, 그러나 연애시를 통해 나타나는 "가슴속의 이미지"와 왠지 잘 어울리

---

26 알렉산드리 데 아프로디시아Alexandri de Afrodisia, 『De sensu communi』, 42.10. 참조
27 이란과 아랍 세계의 관능적 신비주의 속에서 '거울'이라는 테마가 가지고 있는 의미를 탁월한 방식으로 재구성해낸 인물은 앙리 코르뱅H. Corbin이다(『En Islam iranien』, vol. III, Paris, 1972, 65~146쪽). 코르뱅의 연구는 스틸노보 양식의 이해를 위해 절대적으로 중요한 자료를 제공하고 있으며 인문학 발전을 위해 다시 한 번, 학문이 다양한 분야로 전문화되는 경향에서 돌아서야 할 필요가 있다는 것을 보여주고 있다. 제학문의 상호연관성을 토대로 하는 학문만이 '인간'의 해석에 적합한 해석일 것이다.
28 성 아우구스티누스, 『삼위일체에 대하여』, XV xxiii(『라틴교부총서』, 42, 1901), 이사코 디 스텔라Isacco di Stella, 『설교Sermo』(xxv in 『Sex』, in 같은 책, 176, 91), 그리고 또 다른 예들은 쟈블레R. Javelet의 『12세기의 이미지와 유사성Image et ressemblance au xiie siècle』(Strasbourg, 1967)을 참조 바란다.

지 않는 듯한 부분이 남아 있다. 우리가 인용해온 문헌들에 따르면, 이미지에 고유한 공간은 사실 심장이 아니라 뇌실이다. 이러한 비일관성이 눈에 띈다는 것에는 당혹스러운 면이 없지 않아 있다. 이론적 경향을 가장 중요한 특징으로 하는 중세 연애시가 이처럼 눈에 띄는 모순을 그대로 내버려두지 않았을 것이기 때문이다. 하지만 좀 더 신중한 독서를 통해 우리는 이러한 의혹을 아주 명쾌하게 벗어던질 수 있다. 중세 생리학에 따르면 삶의 주거공간은 심장이며 영혼이 모든 육적인 요소들을 생동하도록 만드는 일 역시 심장에서 시작된다. 따라서 이 심장은 여러 기량들의 시발점이자 기원이 되며 이 기량들은 스스로의 힘을 발휘하기 위해 다른 곳에서 도구를 발견하게 된다. 영양을 보충하는 기량은 간에서 발휘되고 상상력과 기억력은 뇌에서 발휘된다. 아비센나는 그래서, 기량의 기원은 심장에 있지만 "몸속으로 감각적 기량을 실어 나르는 정신의 균형이 완성되는 것은 뇌 속에서 이루어진다"고 설명한다. 이 이론을 아베로에스의 『의학 백과사전Colliget』은 아리스토텔레스를 인용하며 구체적으로 정의내리고 있다.

잊지 말아야 할 것은, 뇌실에서 이러한 기량들이 발휘된다고 해도, 어쨌든 이들의 뿌리는 심장에 있다는 사실이다. 이는, 이러한 기량들이 내부에서 도달하는 열량 없이는 아무런 반응도 하지 않는다는 것과 내부의 열량은 적절히 균형을 유지하지 않고서는 이들에게 도달하지조차 않는다는 사실로 설명된다. 게다가 조절과 배분의 기량이 필연적으로 심장에 위치하는 이상, 이 기량들의 뿌리는 심장에 있다고 해야 할 것이다. 마찬가지로 환상의 기량이 직감 속에 남아 있는 감각적 대상의 기호를 통해 발휘되는 이상, 상상력의 자리는 영혼에 관한 책에서 직감의 자리와 뿌리는 심장에 있다고 설명되어 있듯이 필연적으로 심장일 수밖에 없다.[29]

'가슴속의 이미지'에 대한 시학은, 따라서 사랑에 빠진 사람들이 임의로 지어낸 이론에 불과하지만 그것의 기초는 견고한 의학 전통에 있다고 보아야 한다. 때문에, 자신의 시 작품이 가지게 될 이론적인 엄격함에 그토록 많은 신경을 기울였던 단테가 이러한 부분을 빈번히 언급한다는 그다지 놀랄 만한 일이 못된다.[30] 하나의 "기량"이 몸의 일정 부위에 고유의 공간과 뿌리를 가질 수 있고 이와는 무관하게 다른 곳에서 스스로의 역할을 수행할 수 있다고 하는 메커니즘은, 어쨌든, 즉각적이고 명확하게 드러난다. 우리가 살펴본 바와 같이, 아비센나뿐만 아니라 아베로에스 역시 이 부분을 빼놓지 않고 다루고 있다. 아비센나는 뇌에서 완성되는 "정신"에 대해, 아베로에스는 심장에 기원을 두고 있는 "내부의 열량"에 대해 이야기한다. 아베로에스는 상상 속의 유령이 가지고 있는 본질적으로 "정신적인" 면을 강조했다. 시인들 역시 기회가 있을 때마다 "육감적"이거나 "친절"하거나 "날카로운" 정신에 대해 더할 나

---

29 아베로에스, 『Colliget libri』 VII, Venezia, 1552, 1. II, cap. xx.
30 비근한 예로, "에로스의 손이 비로소 당신 모습을 그곳에 그렸으니(per man d'Amor là entro pinta sete)"(단테, "무자비한 정신이 바라보기까지 하니", La dispietata mente, che pur mira, v. 22)를 들 수 있다. 다른 곳에서 이미지는 머릿속에 남아 있다(단테, "나 스스로가 그토록 비참하게 여겨지니", E m'incresce di me sí duramente, v. 43).

위 없이 친근한 현실을 대하듯 이야기하며 또 어떤 경우에는 눈을 통해 출입하는 정신에 대해 언급하기도 한다. 이런 방식으로 이들이 암시하는 것은 바로 프네우마 이론이다. 우리가 지금까지는 검토의 대상에서 빠트렸던 요인이지만, 이제 중세 유령 이론을 정말 총체적인 차원에서 재구성해보기를 원한다면 탐구에 도전해야 하는 테마이다. 결론은 아직 멀리에 있고, 우리의 탐색은 이제 막 첫 걸음을 내딛었을 뿐이다.

3
"환상적 영"

솔직히 바로 그 시점에서, 심장의 은밀하기 짝이 없는 지대에 거주하는 생명의 영이 강렬하게 몸을 떨기 시작했고 미세한 박동에도 무시무시한 모습을 드러내며 이렇게 말했다. '나보다 더 강한 신이 나를 정복하기 위해 나타났으니!' 그 시점에서, 높은 곳, 즉 모든 종류의 느낌들이 감지되는 곳에 거주하는 감각의 영이 소스라치듯 놀라면서 눈의 영을 응시하며 이렇게 말했다. '당신의 축복받은 모습을 이제 보는구나!' 그 시점에서, 우리에게 양분을 제공하는 곳에 거주하는 자연의 영이 울기 시작하더니 훌쩍거리면서 이렇게 말했다. '이제 종종 입맛을 잃게 될 테니 불쌍한 노릇이로구나!'[1]

위의 글은 『새로운 인생』의 서두에서 단테가, 피처럼 붉은 옷을 입고 나타난 "상상 속의" 여인을 3단계의 우의적 구도를 통해 그려내고 있는 구절이다. 이 유명한 문장의 기원은, 이러한 세 종류의 영이 당시의 의학 용어들 사이에서 자주 등장하는 이름이라는 사실을 증명한 학자들에 의해 어느 정도 확실하게 밝혀진 것으로 보인다.[2] 어쨌든, 이러한 재구성이 우리의 눈에 아주 완전해 보이지 않는 것은 그것이 영혼의 생리학과 관련된 모든 영역에 고스란히 반영될 수 없기 때문만이 아니라, 무엇보다도, 이 구절을 통해 드러나는 프네우마 이론이 어떤 식으로든 의학과 생리학에만 적

---

1 삶을 주관하는 기능들이 인간의 몸 여러 부위에 거주하는 영들에 의해 보증된다고 하는 이론은 알베르투스 마그누스의 사상에서 비롯된다. 이 이론에 따르면, 심장에 있는 생명의 영spirito vitale은 생명을 주관하고 뇌에 있는 감각의 영spirito animale은 감각 기능을 주관하며 간이나 위에 있는 자연의 영spirito naturale은 소화기관을 주관한다. 단테가 인용하고 있는 영들의 대사에서 첫 번째 문장 'Ecce deus fortior me, qui veniens dominabitur mihi'는 성서 「이사야」 40장 10절을 원형으로 하고 있지만, 단테가 여기서 말하는 신은 사랑의 신 에로스다. ─ 옮긴이

2 세 가지 경우 모두 비탈레G. Vitale의 「Ricerche intorno all'elemento filosofico nei poeti del dolce stil novo」(『Giornale dantesco』, XVIII, 1910, 168~174쪽)를 참조 바란다. 이 이론의 출처를 알베르투스 마그누스로 본 비탈레는 이러한 영들이 "영혼의 힘을 단순히 의인화"한 것이 아니라는 사실을 잘 알고 있었다. 하지만 프네우마 이론과 유령 이론이 밀접한 관계를 가지고 있다는 사실에 대해 그는 전혀 모르고 있었으며 결국에는 "이 영들이 민감하기 짝이 없는 문제들 중에 문제이며, 추상들 중에 추상, 오류들 중에 오류라고" 생각한다는 의견을 피력했다.

로버트 클라인의 기념비적인 연구서, 『순례의 정신Spirito peregrino』(『Revue d'Études Italiennes』, XI, 1965, 197~236쪽. 지금은 Robert Klein, 『La forme et l'intelligible』, Paris, 1970, 31~64쪽)만이 중세의 프네우마-유령 이론의 재구성을 위한 기초를 마련하면서 환상 이론과 프네우마-오케마에 관한 신플라톤주의 이론, 마술 이론, 구원론 간의 연관성을 증명해 보였다. 그러나 이러한 다양한 이론들을 구별된 "단계"로 보고 이들 간의 연관성을, 유기적이 아니라, 우연의 측면에서만 관찰했다는 것이 그로 하여금 그가 발견해낸 모든 것들을 충분히 활용하지 못하도록 하는 결과를 낳았다. 안타까운 부분이 두드러지는 분야는 무엇보다도 중세 연애시다. 고대의 프네우마 이론에 관해서는 베르베케를 참조 바란다(Verbeke, 『L'évolution de la doctrine du pneuma du Stoïcisme à St. Augustin』, Paris-Louvain, 1945).

용될 수 없는 성질의 것이라는 사실 때문이다. 프네우마 이론 속에는 중세 의학에서부터 시작해서 우주론, 심리학, 수사학, 구원론에 이르기까지 중세문화의 모든 특징들이 어우러져 있다. 게다가 후기 중세사상에 의해 구축된 가장 웅대한 지적 대성전의 드높은 위상 속에서 이 모든 학문 분야들이 조화롭게 하나가 될 수 있었던 것도 다름 아닌 프네우마라는 지표가 있었기 때문이다. 이 지식의 대성전이 지금까지 부분적으로나마 땅속에 묻혀 있었다고 보면, 우리는 그것의 가장 완벽한 열매라고 할 수 있는 1200년대의 연애시를, 마치 세월의 힘을 이기지 못하고 그리스 신전과 로마 성당의 정면으로부터 떨어져 나와 이제 박물관에서 알쏭달쏭한 미소를 지으며 부서진 채로 전시되어 있는 조각상들을 보듯 관찰하고 있는 셈이다. 헤겔이 지적했듯이, 너그러운 운명은 나무에서 잘라낸 이 멋진 열매들을 우리에게 선사하지만, 열매와 함께, "그것을 자라나게 한 땅도, 그것을 만들어낸 다양한 성분들도, 열매들의 특성을 결정했던 기후도, 그것들의 성장과정을 좌우했던 계절의 변화도" 돌려주지 않는다. 앞 장에서 검토한 바 있는 중세 유령 이론의 커다란 맥락을 토대로, 이제 이 "땅"과 "기후"의 흔적을 추적하며 유령 이론의 전모를 고스란히 드러내는 프네우마 이론을 파헤쳐보기로 하자.

프네우마 이론의 기원은 상당히 오래전으로 거슬러 올라간다. 이와 관련하여 중세 저자들이 즐겨 인용하는 아리스토텔레스의 문장은 『동물의 생성에 관하여De generatione animalium』(736b)에 나오는 구절이다.

정액에는 항상, 그것이 열매를 맺도록 하는, 이른바 열량이라는 것이 들어 있다. 이것은 불도, 혹은 그와 비슷한 성질의 기운도 아니며, 정액과 거품 속에 보관되어 있는 프네우마이자 그것의 본질이다. 프네우마의 본질은 별들의 성분과 유사하다.

상당히 광범위한 영역에 걸쳐 적용될 수 있는 이론의 정체를 인정하고 있는 듯한 이 구절은 중세의 프네우마 이론이 가지고 있는 특징적인 요소들을 두 가지나 내포하고 있다. 첫째는 프네우마의 천체적인 본성, 둘째는 그것이 정액에 들어 있다고 하는 사실이다. 아마도 아리스토텔레스는 이 이론을 훨씬 더 오래된 의학 서적 속에서 발견했을 것이다. 스토아철학자들 역시 동종의 문헌들을 통해 이 이론을 접했을 것이 틀림없다. 『히포크라테스총서』에 나타나는 프네우마에 관한 언급이 이러한 가정을 증명해준다고 본다.[3] 우리가 프네우마 이론의 흔적을 확실히 발견할 수 있는 최초의 의사는, 예거[4]가 기원전 3세기경 스토아학파의 창시자 제논의 동시대인으로 추정하고 있는 디오클레스 카리스토스다. 하지만 프네우마 이론은 그 이후로도 에라시스트라토스에서 갈레노스에까지 이어지는 그리스 의학 전체가 소유했던 공동의 유산이다. 이 이론 속에서 핵심적인 것은 프네우마를 피의 증발에서 유래하는 일종의 열기로 보거나 외부 공기에 끊임없이 노출되면서 생기는 열기로 (갈

---

3 히포크라테스, 『De flatibus』 3, 『De morbo sacro』 16, 『Regimen』 I, IX, X.
4 예거Jaeger, 『Diokles von Karystos』, Berlin, 1938.

레노스에 따르면, 두 가지 요인 모두 적용된다) 보는 견해다. 디오클레스가 종류를 하나밖에 없는 것으로 보았던 이 프네우마는, 흔히 생명을 주관하는 것zotikos과 심리를 주관하는 것psychikos으로 구별되곤 했다(예를 들어 에라시스트라토스에 의해). 생명을 주관하는 프네우마는 좌심실에, 심리를 주관하는 것은 뇌에 주거한다. 심장에서 출발하는 프네우마는 신체의 모든 부위에 침투할 수 있는 고유의 순환 기능을 통해 몸 전체에 퍼지면서 몸을 더 생동적이고 민감하게 만드는 역할을 한다. 이 순환의 통로는 동맥動脈이다. 그러나 동맥은 혈관과는 달라서 피 대신에 프네우마만을 가지고 있다. 동맥과 혈관의 교류는 팽팽한 긴강감을 유지한다. 이것은, 동맥이 잘리고 보이지 않는 프네우마가 빠져나갈 때, 왜 혈관을 흐르던 피가 그것을 곧장 따라 나오는지 설명해준다.[5] 이러한 순환이 정상적인 궤도에서 벗어날 때 병이 발생한다. 피가 너무 많아서 동맥을 침범하고 프네우마를 심장 가까이로 몰아갈 때 열이 발생하고, 반대로 피가 몰려서 프네우마의 관 끝에 집중될 때 염증이 발생한다.

스토아학파 철학자들이 바로 이러한 의학 이론으로부터 프네우마라는 개념을 도용했으리라는 것은 확실해 보인다. 이들은 후에 프네우마를 스토아우주론과 심리학의 핵심적인 개념으로 사용했다. 제논과 크리스포스의 사상 속에서, 프네우마는 신체의 원동력이며 작은 몸leptoteron soma을 가지고 있고 '불'처럼 밝아서 온 우주에 스며들며 모든 존재를, 곳에 따라 더 많이 혹은 적게 침투하는

---

5   이 의견에 반대하는 갈레노스에 따르면, 프네우마는 혈관 속에서 피와 섞여 순환한다.

요소인 동시에 성장과 감각의 원동력이다. 신성하고 "예술가tech-nikon"적인 기질을 가지고 있는 이 불은 동시에 태양과 여러 별들의 성분이기도 하다. 이는 곧, 식물과 동물의 생명의 원동력이 별들이 가지고 있는 성분과 본질적으로 일치하며 단 하나의 유일한 원동력이 우주를 움직인다는 것을 의미한다. 이 열기, 이 불은 모든 인간 속에 존재하며 삶을 전한다. 한 개인의 영혼은 이 신성한 원동력의 파편에 지나지 않는다. 프네우마는 외부에서 인간의 몸속으로 들어오지 않고 모두의 몸속에 자연스럽게 일체화되어 있으며 이것이 바로 인간의 생식뿐만 아니라 지각활동에 대한 설명을 가능하게 해준다. 프네우마가 하나의 통로를 통해 고환에 다다르고, 정액 속에서, 후손에게까지 전달되는 방식으로 이루어지는 것이 생식이며, 심장에서 출발해 순환을 통해 눈동자horatikon pneuma, 중세 생리학에서 말하는, "시각적 영"에 이르는 프네우마가 그곳에서 물체와 눈 사이에 놓인 공기와의 접촉을 통해 이루어지는 것이 바로 지각활동이다. 이러한 공기와의 접촉은 일종의 긴장상태를 만들어내며 이것이 곧 원추형 구도를 따라 전파된다. 원추의 정상에는 사람의 눈이 있고 기초에는 시야가 있다. 이러한 순환체계의 중심에 놓인 것이 바로 심장이며, 영혼이 "주도권"을 행사하는 이곳에서 프네우마의 얇은 실체 위에 환상 속의 이미지들이, 마치 밀랍에 철자들이 새겨지듯 흔적을 남기게 된다. 목소리 역시, 영혼의 중심으로부터 뿜어져 나오는 하나의 프네우마이며 그것이 후두를 통해 혀를 움직이게 만든다. 이제 그런 방식으로, 지성과 목소리와 정액과 오감에 생명을 불어넣는 것은 프네우마의 동일한 순환체계라고 할 수 있다. 사후에도 프네우마는 존재하기를 멈추지 않고 가볍게 달밑의 세계로 날아간다. 그곳에서 고유의 공간을 되찾아 별들처럼 꼼짝도 하지 않고 난공불락의 위용을 떨치면서 땅에서 올라오는 기운을 먹고 살아간다.

신플라톤주의 철학 속에서 스토아학파의 프네우마는, 『티마이오스』[6]의 영향을 받아 하나의 운반체ochema로 받아들여진다. 이 미세한 물체는 인간의 영혼을 구원이라는 내러티브를 통해 별에서 땅으로 인도하는 존재다. 유사한 방식으로, 포르피리오스의 사상 속에서, 천체의 궤도를 따라 운명을 향해 지상으로 내려오는 영혼의 하강은 마치 하늘의 기운으로, 다름 아닌 얇은 프네우마로 옷을 입는 듯이 그려진다. 여기서 별들의 성분으로 만들어진 프네우마는 천상에서의 여정이 진행되는 동안 점차 어두워지고 습해지는 경향을 보인다. 육체가 사망한 뒤에는 이런 일이 벌어진다. 영혼이 육체가 살아 있는 동안 물질과의 접촉으로부터 거리를 유지할 수 있었을 때 프네우마라는 차를 타고 승천할 수 있지만, 만약에 그렇지 못했다면 결과적으로 너무 무거워진 프네우마-운반체가 영혼을 마치 껍질에서 떨어지지 않는 굴처럼 땅에 붙들어두었다가 형장으로 데리고 간다.[7] 지상에서의 삶이 진행되는 동안 프네우마는 상상의 매개체로서의 역할 또한 수행한다. 때문에, 하나의 매개체로서, 프네우마는 천체들의 영향력과 꿈의 주체가 되고 예언 속에

6 『티마이오스』, 41e.
7 신플라톤주의 철학의 프네우마-오케마 이론에 관해서는, 프로클로스, 『The Elements of Theology』(E. R. Dodds 편저, Oxford, 1963, app. II)를 참조 바란다.

서 (즉, 이암블리코스에 따르면, "천상의 기운으로 빚어져서 영혼과 하나가 되어버린 프네우마가 신성한 빛에 의해 밝혀질 때" 그리고 "신의 뜻에 따라 움직이는 신령들이 우리의 상상력을 움켜쥘 때") 그리고 도취상태에서 (이암블리코스는 이 상태를 신성한 프네우마가 하강해서 인간의 몸속에 들어오는 것으로 설명한 바 있다[8]) 성취되는 신성한 계시의 주체가 된다. 프네우마의 개념은 신플라톤주의 악령 이론에도 도입된다. 연옥에 사는 영혼들의 몸이 공기와 다를 바 없다는 단테의 아이디어는, 비록 간접적이지만 틀림없이 포르피리오스의 한 문구에서 비롯되었다고 볼 수 있다. 그 구절 속에서 포르피리오스는 악령들이 공기와 다를 바 없는 몸의 모양새를 그들이 상상하는 대로 바꾸면서 사람들의 눈앞에 항상 다른 모습으로 나타나기 위해 거울 앞에 선 것처럼 몸을 비튼다고 주장했다. 이암블리코스도 나름대로, 도취상태에서 스스로의 정체를 드러내는 집정관과 영웅과 악령들의 눈부신 프네우마에 대해 언급하곤 했다.

스토아학파와 신플라톤주의의 프네우마 이론 속에서 '환상'과 '프네우마'가 아주 독특한 방식으로 수렴되어 상당히 유사한 것으로 비치는 일이 자주 일어났던 반면, 시네시우스Synesius의 저서 『꿈에 관하여』를 통해 환상과 프네우마는 "환상적 영fantastikon pneuma"이라는 아이디어 속에서 완전히 하나가 되어 나타난다. 여기에서 환상적 영은 감각과 꿈과 예언과 신의 뜻의 주체가 되고, 그것의 지표

---

8 이암블리코스, 『이집트의 신비Les mystères d'Égypte』, trad. E. Des Places, Paris, 1966, 117쪽.

아래서 유형과 무형, 이성적인 것과 비이성적인 것, 인간적인 것과 신성한 것의 중재자인 환상을 향해 모두들 열광의 함성을 터트리게 된다. 시네시우스에게 '환상'은 "감각 중의 감각"이며 신성한 앎에 가장 근접해 있는 앎의 형식이다.

왜냐하면 '환상적 영(프네우마)'이란 가장 즉각적인 감각기관이면서 영혼의 첫 번째 몸이기 때문이다. 그것은 내면에 숨어들어 하나의 도시처럼 살아 있는 존재를 다스린다. 자연은 사실 그에게 머리의 모든 기능을 안겨주었다. 청각과 시각 모두 정말 감각이라고 부를 수 없고 감각의 도구, 직감의 관리자라고 해야 할 것이다. 이들은 거의, 살아 있는 존재의 문지기에 가깝다. 즉 외부에서 지각된 것을 주인에게 전달하는 문지기인 셈이다……. 반면에 '환상적 영'은 모든 면에서 중재가 필요 없는 하나의 완벽한 감각, 틀림없이 영혼과 가장 가깝고 가장 신성한 감각이다.[9]

가장 완벽한 감각이자 영혼의 첫 번째 운반체라는 바로 그 이유 때문에 '환상적 영'은 "이성적인 것과 비이성적인 것, 유형과 무형의 중재자이며, 아울러, 신이 자신과 가장 멀리에 있는 존재와 교류하기 위해 사용하는 공통의 언어에 가깝다". 이러한 논지의 구원론과 심리학적 주제들이 계속해서 더 복잡하게 얽혀가는 추세를 보이고 있는 가운데 시네시우스는, 장구한 생명력을 품고 있는 하나

---

9 시네시우스Synesius, 『꿈에 관하여』(『그리스교부총서』, 66, 1290).

의 이미지, 아마도 단테의 "천재의 돛단배"라는 표현 속에서 그 자취를 찾아볼 수 있을 이미지를 동원해서 최초의 영혼이 물질세계와 결합하기 위해 천상에서 타고 내려오는 범선에 환상을 비유하고 있다.[10] 하지만 이러한 환상 예찬이 꿈에 관한 글 속에 (시네시우스에 의하면, "깨어 있을 때 인간은 지혜롭지만 꿈속에서는 신과 다를 바 없다") 들어 있는 만큼, 우리는 시네시우스에게도 '환상적 영'이 우선적으로 꿈의 주체이며 동시에 계시의 기관이라는 점을 기억해야 한다.[11] 이러한 기능 속에서 '환상적 영'은, 장구한 수명을 누리게 될 또 하나의 이미지, '거울'에, (나르시스의 거울은, 어쨌든, 프네우마적인 거울이다) 즉 사물들로부터 발산된 "우상-이미지"를 수용하는 거울에 비교된다. 이 거울 속에서, 물론 정화된 상태라는 조건 하에, 계시를 통해 미래에 일어나게 될 일들이 모습을 드러내게 된다. 신플라톤주의 전통에 따르면, 이 '환상적 영'은 지상에서의 삶이 지속되는 동안, 축소되면서 기화하거나 혹은 어둡고 무겁게 변화한다. 이 경우에 환상은 우상eidolon이 되고 이 우상 속에서 영혼은 형벌을 받게 된다.

신플라톤주의 철학자이자 순교자인 히파티아의 제자였고 후에 그리스도교[12]로 개종했던 시네시우스의 작품을 우리가 잠시 검토했던 것은, 아리스토텔레스의 유령 이론에 등장하는 '내적 이미지'

---

10 같은 책, 1294.
11 단테가 "꿈속에서의 계시"(『향연』 II 8)에 대해 말하면서, 계시를 받아들이는 기관이 "형태를 가지고 있는가, 그렇지 않은가"라고 자문할 때("이를 두고 발견되는 수많은 의견들로 인해 내가 무형 혹은 유형이라고 말하니"), 그가 암시하는 것은 분명히 '환상적 영'에 형태가 있는가, 없는가라는 문제의 논쟁일 것이다.

를 스토아학파와 신플라톤주의 철학의 프네우마 이론에 등장하는 '영혼과 삶의 운반체' '열기'와 동일한 것으로 보면서, 결과적으로, 11세기에서 13세기까지 지성의 부활을 이끌게 될 과학과 철학과 시 세계에 이루 말할 수 없이 풍부한 양분을 제공했던 이론적 체계가 바로 이 흥미로운 책 속에서, 적어도 본질적인 맥락에서는 이미 정돈된 상태로 드러나 있기 때문이었다. 이러한 영향력의 특이하기 짝이 없는 결과로 형성된 이 시기의 유럽문화를 우리는 당당히 프네우마 유령 이론의 문화라고 정의내릴 수 있을 것이다. 당시의 우주론과 구원론, 생리학, 심리학의 경계를 좌우하던 이 문화적 영역 속에서, 우주에 생기를 불어넣고 동맥 속에서 순환하며 정액에 생식의 기능을 부여하는 '열기'는 곧 우리가 보고 상상하고 꿈꾸고 사랑하는 것의 유령들을 뇌와 가슴속에 수용하거나 만들어내는 열기와 일치한다. 더 나아가서 이 열기는, 영혼의 미세한 몸으로서, 영혼과 물질, 신성한 것과 인간적인 것의 중재자 역할을 담당하며, 따라서 유형적인 것과 무형적인 것들이 서로에게 끼치는 영향을, 예를 들어 마술적 환영이나 천체의 영향 같은 것을 설명할 수 있도록 허락해준다.

이러한 이론적 체계가 전승되는 과정 속에서 일등공신의 자리를 차지하는 것은 의학이다.

프네우마 이론의 부활은 11세기에 할리 아바스의 『의학대전Liber

---

12 그리스도교와 신플라톤주의의 중개자로서 시네시우스가 끼친 영향에 대해서는 앙리-이레네 마루Marrou를 참조 바란다. (Henri-Irénée Marrou, 「Sinesio di Cirene e il neoplatonismo alessandrino」, in 『Il conflitto fra paganesimo e cristianesimo nel secolo IV』, Torino, 1968)

_{regius}』이 코스탄티누스 아프리카누스에 의해 라틴어로 번역되면서 시작되었고 12세기 중반에 이르러 아랍인 의사 코스타 벤 루카의 저서 『영과 영혼의 차이에 관하여_{De differentia spiritus et animae}』가 라틴어로 번역되면서 절정에 달하게 된다. 이 시기에 의학자들의 프네우마 생리학은 동시대의 문화 전반에 걸쳐 엄청난 영향력을 행사했다. 우리는 영국인 의사 알프레드의 『심장의 움직임에 관하여_{De motu cordis}』에서 다음과 같은 문장을 읽을 수 있다.

> 단단하고 둔탁한 재료로 구축되어 있는 육체와 섬세하고 형태가 없는 영혼, 이러한 이질적인 차이점들을 하나의 유일무이한 약속으로 묶기 위해서는 어느 한쪽으로 치우치지 않고 이들의 본성 모두에 관여할 수 있는 무언가가 필요하다. 이 매개체가 완전히 비물질적인 성격의 것이라면 영혼과 구별할 수 없고, 반대로 물질세계의 법칙에 전적으로 의존하는 성질의 것이라면 둔한 살덩어리와 크게 다를 바가 없을 것이다. 따라서 중요한 것은 이 매개체가 전적으로 물질적인 것이어서도, 전적으로 비물질적인 것이어서도 안 된다는 점이다. 이러한 극단적인 조건과 육체의 움직임을 주관하는 기관과의 결합을 바로 '영'이라고 부른다.[13]

몇몇 저자들에 따르면 (예를 들어, 위에 인용된 알프레드와 그가 참조하는 코스타 벤 루카) 두 종류의 영, 즉 '생명의 영'과 '감각의 영'이 존

---

13 『Des Alfred von Sareshel Schrift de motu cordis』, Munster, 1923, 37쪽 이하.

재하는 반면, 대부분의 의사들은 세 종류의 영이 존재한다는 의견을 가지고 있었다. '자연의 영'은 간에 (단테의 말을 빌리자면 "우리의 영양이 보충되는 곳에") 기원을 두고 있으며 그곳에서 소화되고 정화된 피가 배분되는 순간 출발해서 혈관을 통해 자연적 원기를 증폭시키면서 몸의 모든 기관으로 확산된다. '생명의 영'은 심장에 기원을 두고 있으며 동맥을 통해 몸에 생기를 불어넣으면서 온몸에 확산된다. '감각의 영'은 '생명의 영'의 정화를 통해 뇌실에서 태어난다. '생명의 영'은 좌심실에서 동맥을 통해 뇌가 있는 곳까지 올라온 뒤 세 개의 뇌실을 통과하고 "'환상'과 '기억'의 기량에 힘입어 정화된digestior purgatiorque 다음, 훨씬 더 순수한 상태에서 '감각의 영'으로 변화한다".[14] '감각의 영'은 뇌에서 신경을 지배하고 감각능력과 운동력을 생산하며 온몸으로 퍼져나간다. 환상의 뇌실에서 출발하는 것이 시각신경으로, 두 갈래로 갈라지면서 눈에 도달하게 된다. '감각의 영'은 이 신경이 모이는 공간을 통과하면서 훨씬 더 얇게 변하고,[15] 어떤 이론에 따르면, 시각의 영처럼 눈 밖으로 튀어나와 보조자 역할을 하는 공기를 통해 물체에까지 도달하게 된다. 그곳에서 물체의 모양과 색채에 대한 정보를 취득한 뒤 눈으로 돌아오고 이후에 환상의 뇌실로 이동한다. 또 하나의 이론에 따르

---

14 같은 책, 45쪽.

15 "그리고 눈을 향한 영이 훨씬 지고하고 미묘하니(Et cum altior et subtilior sit spiritus qui ad oculos dirigitur)……." (John of Salisbury, 「De septem septenis」, in 『라틴교부총서』, 199, 952). 이것이 바로 스틸노보의 얇은 영이다. (귀도 카발칸티, '그리고 그 얇은 영을 보니E quel sottile spirito che vede', 『돌체 스틸노보의 시인들』 38쪽. '얇은 영이 눈을 통해 들어가니Pegli occhi fere un spirito sottile', 같은 책, 39쪽)

면,[16] 시각의 영은 눈 밖으로 나오지 않고 공기를 통해 사물의 자취를 받아들인 뒤 그것을 환상의 영에게 전달한다. 유사한 메커니즘이 청각과 그 외의 감각에도 적용된다. 환상의 뇌실 속에서 감각의 영은 환상이 보는 이미지들을 실체화하고 기억의 뇌실 속에서는 기억을, 논리의 뇌실 속에서는 이성을 생산해낸다.

우리가 앞 장에서 검토했던 모든 심리적 과정은 이 프네우마적인 순환의 "영적인" 용어로 번역되어야만 한다. 지금까지는 우리가 순수하게 개념적인 용어로만 설명했던 아비센나의 심리학이 본래의 "영적인" 맥락 속으로 되돌아갈 때 어떤 어조를 띠게 되는지 이제 들어보자.

(사물의) 유사성은 시각적 기량을 가지고 있는 영에 합류한다⋯⋯. 그리고 첫 번째 뇌실에 거하면서 직감의 기량을 가지고 있는 영 속으로 침투해 들어가 새겨진다⋯⋯. 따라서 직감은 그것의 형태를,

---

16 시각의 메커니즘과 이와 연관된 광학적인 문제들, 예를 들어 환영이나 거울을 통한 굴절 현상과 같은 문제들은 고대 말기와 중세의 문화처럼 지극히 "관조적인" 문화 속에서는 열정적으로 토론될 수밖에 없던 테마들이다. 고대 말기 문화가 이러한 종류의 문제들을 중세에 전승하는 방식은 이하의 문헌들 속에 요약되어 있다. 칼치디우스의 『티마이오스 주석』(『Timaeus Platonis sive de universitate interpetribus M. T. Cicerone et Chalcidio una cum eius docta explanatione』, Lutetiae, 1563, 142쪽 이하), 갈레노스의 『히포크라테스와 플라톤의 견해에 관하여』와 『눈에 관하여』(『De Hippocratis et Platonis placitis』, l. VII, capp. iv~v; 『De oculis liber』, in 『Operum』, t. V), 네메시오스의 『인간의 본성에 관하여』(『Nemesii episcopi Premnon physicon a N. Alfano archiepiscopo Salerni in latinum translatum』, recognovit C. Burckardt, Leipzig, 1917, 75쪽 이하). 이 프네우마 이론에 관한 분명한 이해 없이 1200년대의 시, 특히 스틸노보 시인들의 시를 읽는다는 것은 한마디로 불가능하다. 예를 들어 「새로운 인생」 XIV("눈의 영"은 그 도구의 밖에 남게 되었으니")에서 단테가 묘사하고 있는 황홀경은 시각의 이러한 "영적" 개념과의 관계에서만 이해될 수 있다.

직감을 가지고 있던 것 바로 옆의 영에게 전달하고 그 속에 이 형태를 새겨넣으면서 상상력이라는 형식적인 기량 속에 대입시킨다……. 이어서 상상 속에 머물고 있던 형태는 후면에 있는 뇌실 속으로 침투해 들어가 흔히 인식이라는 이름의 상상력을 통해 평가의 기량을 가지고 있는 영과 합류한다. 상상력 속에 머물러 있던 형태는 평가의 기량을 가지고 있는 영 속에 새겨진다…….[17]

감각과 상상력의 가장 우선적인 주거공간은 심장이지만 이들이 실제로 활동하는 곳은 뇌라는 이론을 우리는 이제 어렵지 않게 이해할 수 있다. '생명의 영'은 다름 아닌 심장에 기원을 두고 있고 바로 이 고귀하고 정화된 영이 뇌에까지 올라가 감각의 영으로 변신하는 것이다. 인간의 몸을 순환하는 것은 프네우마의 단 하나의 기류이며 바로 고정된 상태로는 분리된 것으로 볼 수밖에 없는 것들이 이 기류 속에서 역동적으로 하나가 된다.

더 나아가서, 감각의 영은 정액과도 밀접한 관계에 놓여 있다. 온몸에 퍼지면서 고환에 이른 감각의 영은 "끈질긴 우윳빛 액체"로 변신하며 "교미가 끝난 뒤에 외부로 뛰쳐나가"[18] 그곳에서 짝을 만나고 태아를 생성하고 별들의 뜻을 수용한다.

의학자들의 프네우마 생리학이 중세의 그리스도교 인류학에 제

---

17 아비센나, 『De anima』 III 8.
18 갈레노스, 『신체조직에 관하여』(『Ascriptus liber de compagine membrorum』, cap. XI, in 『Operum』, 332쪽).

기했던 문제는 바로 영과 영혼의 관계가 어떤 식으로 받아들여져야 하느냐라는 문제였다. 코스탄티누스 아프리카누스는 『모든 기술Pantechne』에서 감각의 영을 이성적인 영혼의 최상의 기능인 지성과 일치시키면서 더 나아가, "뇌에 있는 이러한 영이 곧 영혼이며 이 영혼이 형태를 가지고 있다고 주장하는 몇몇 철학가들"의 의견을 인용한 바 있다. 이미 코스타 벤 루카는, 죽음을 피하지 못하는 물질적 영과 불멸하는 비물질적 영혼 사이의 차이에 대해 언급한 적이 있다. 의학자들의 프네우마 이론을 그리스도교 이론과 화해시키는 문제에 있어서 분명한 우려를 표시했던 기욤 드 생 티에리는, "인간의 가장 고귀한 부분, 즉 그를 부패를 모르는 신과 닮은 존재로 보이게 하고 만물의 영장으로 추앙토록 하는 '이성적 영혼'"과 '영'을 동일한 것으로 보는 이들의 돌이킬 수 없는 실수를 신랄하게 비판했다. 그는 그리스도교적 존재론의 특징이라고 할 수 있는 현존의 형이상학적 분열현상을 그대로 드러내며 이렇게 말했다. "자연의 저자는 영혼과 육체의 결합을 신비로 에워싼다. 포착할 수 없고 이해할 수 없는 것이 바로 이 두 요소의 만남이다."[19] 12세기의 가장 독특한 작품들 중 하나인, 우고 디 산 비토레의 『영과 육체의 결합』 역시 이 '포착할 수 없는 신비'를 주제로 다루고 있다. 기욤 드 생 티에리와 마찬가지로, 우고는 무형과 유형을 하나로

---

19 기욤 드 생 티에리Guillaume de Saint-Thierry, 「육체와 영혼의 본성에 관하여De natura corporis et animae」, in 『라틴교부총서』, 180, 712). 이 문제에 관해서는 산 비토레의 글에 관한 리카로V. Liccaro의 관찰을 참조하기 바란다. (우고 디 산 비토레, 「3일 동안 보이지 않는 빛I tre giorni dell'invisibile luce」, 『육체와 영의 결합L'unione del corpo e dello spirito』, Firenze, 1974, 195~196쪽)

보는 너무 성급한 태도를 비판하면서 「요한복음」에 나오는 구절 "육에서 나온 것은 육이며 영에서 나온 것은 영이다"로 서두를 장식하고 있다. 그러나 이 두 요소를 갈라놓는 심연 위에 우고는 야곱의 사다리를 올려놓는다. 이 신비로운 사다리를 통해 육체는 영을 향해, 영은 육체를 향해 오르내린다.

영과 육체를 중재하는 것이 아무것도 존재하지 않았다면 영도 육체를, 육체도 영을 만나지 못했을 것이다. 육체와 영 사이의 간격은 이루 말할 수 없이 크다. 이들은 서로 멀리 떨어져 있다. 따라서 가운데에 놓인 무언가를 통해 육체가 영을 향해 상승하고, 영이 육체를 향해 하강한다고 보아야 한다……. 모든 육체가 똑같은 성질을 가지고 있는 것은 아니다. 어떤 것은 크고 어떤 것은 작고, 또 어떤 것은 육체의 자연적인 성격을 거의 초월할 정도로 거대하다. 이와 비슷한 방식으로 영들 역시 큰 것과 작은 것이 있고, 또 영의 자연적인 기준에 미치지 못할 정도로 왜소한 것들이 있다. 그래야 거대한 것들이 왜소한 것들과 만날 수 있기 때문이다……. 육체는 올라가고 영은 내려온다. 영이 올라가면 신이 내려온다……. 육체가 올라가는 것은 오감을 통해서, 영이 내려오는 것은 초월적인 감각을 통해서다……. 야곱의 사다리를 생각해보라. 땅에 걸쳐 있으면서 그것의 정상은 하늘에 닿아 있다.[20]

이 야곱의 사다리를 연구하면서 우고는 물질적인 것과 비물질적인 것, 이성적인 것과 비이성적인 것의 중개자 역할을 하는 '환상적 영'의 신플라톤주의 이론에 영감을 받아, 중세문화에 결정적인 변화의 계기를 마련하게 될 환상의 재평가 작업을 감행하게 된다.

육체들 가운데 가장 고귀하고 영의 본성에 가장 가까운 것은 외부의 영향에 의해 결코 중단되지 않는 지속적인 움직임을 스스로 유지할 수 있는 육체다. 이 움직임은 감각을 불러일으키는 만큼 이성적 삶을 모방하고 상상력을 발휘하는 만큼 살아 있는 지혜를 모방한다. 몸속에서는 느낌을 넘어서 느낌을 지배하며 상상력을 주관하는 것보다 더 고귀하고 영의 본성에 맞는 일이 있을 수 없다. 이러한 숭고한 현실 위에 존재할 수 있는 것은 이성 외에는 없다. 외부로부터 하나의 형태를 받아들인 기운이 타오를 때, 그것을 우리는 느낌이라고 부른다. 동일한 형태가 내부로 전달될 때, 그것을 우리는 상상이라고 부른다. 실제로 감각을 자극하는 형태가 외부에서 시선을 통해 포착된 뒤, 자연적인 기운에 의해 눈까지 전달되고, 눈이 그것을 수용할 때 비로소 이미지가 확보된다. 이어서 눈이 가지고 있는 일곱 개의 기관과 세 개의 기질을 통과하면서 드디어 정화의 과정을 거친 뒤에 이미지는 내부로, 그리고 뇌에 전달되어 상상력을 불러일으킨다. 상상력은 뇌의 앞부분을 거쳐 중앙으로 이동하는 동안 이성적 영혼과 다를 바 없는 동일한 성분과의 접촉을 통해 판단력을 자극한다. 여기서, 이제 정화될 만큼 정화되고 가벼워진 이미지는 매개체

---

20 우고 디 산 비토레, 『육체와 영의 결합De unione corporis et spiritus』, in 『라틴교부총서』 177, 285).

없이도 영에 도달할 수 있게 된다……. 상상력은 어쨌든 느낌의 한 형태로 몸을 가진 영의 가장 높은 곳에, 이성적 영의 가장 낮은 곳에 위치한다……. 비이성적인 동물들의 상상력은 환상의 뇌실을 벗어나지 못한다. 반면에 이성적인 동물들의 상상력은 이성의 뇌실에까지 도달해 그곳에서 영혼의 비물질적인 성분과 접촉하게 된다……. 이제, 이성의 성분은 하나의 몸을 가진 빛과 같고, 상상은 어떤 몸의 이미지인 만큼 하나의 그림자인 셈이다. 따라서 상상은 이성이 있는 곳에, 거의 빛 속에 끼어드는 그림자처럼 도달해 빛과 하나가 된다. 상상은 이성을 향해 다가서면서 또렷한 모습을 드러내지만, 빛과 하나가 되는 순간 빛을 휘감고 덮고 어둡게 만들어버린다. 이성이 상상을 단 한 번의 응시로 받아들일 경우 상상은 이상을 외부에서 감싸 안는 일종의 옷이 된다. 쉽게 벗을 수 있고 그것에 구속될 필요가 없는 셈이다. 하지만 이성이 상상을 쾌락으로 받아들일 때 상상은 일종의 살갗으로 변한다. 즉, 고통 없이는 쉽게 떼어내지 못하는 것이 되고 만다. 왜냐하면 사랑으로 밀착되어 있기 때문이다……. 그런 식으로, 멀리에 있는 왜소한 육체로부터 유형의 영이 있는 곳까지 올라오는 동안, 유형의 영 속에 있는 느낌과 상상을 통해, 하나의 전개가 이루어진다. 육체에 곧장 뒤이어 나타나는 무형의 영 속에서, 영혼과 육체의 결합을 통한 상상적 교감이 이루어진다. 이 위에서, 상상을 토대로 움직이는 것이 이성이다.[21]

---

21 같은 책, 287~288쪽.

우고의 영향이 두드러지는 이사코 디 스텔라Isacco di stella나 알쉐드 클레르보Alcher de Clairvaux같은 신부들의 저작 속에서는 '환상적 영'이 가지고 있는 이 매개체적 기능이 좀 더 강조되고 또렷하게 정의된다. "진정한 영인 영혼과 진정한 몸인 육체는 쉽게, 그리고 서로의 유익을 위해, 스스로의 한계 지점에서 결속을 도모한다. 즉, 몸은 아니지만 몸과 흡사한 '영혼의 환상' 속에서, 그리고 거의 영에 가까운 '육체적 감각' 속에서 이들은 하나가 된다."[22]

인용된 글들 속에서 이루어지고 있는 환상의 재평가가 얼마나 커다란 비중을 차지했었는지 가늠하기 위해서는 환상이라고 하는 개념이 중세의 그리스도교 전통 속에서 빈번히 부정적이라고 볼 수밖에 없는 시각으로 비쳤다는 사실을 기억할 필요가 있다. 이와 관련하여, 여기에 언급하는 것이 특별히 부적절하다고는 생각되지 않는 것이 벌거벗은 음탕한 여인들, 반인반수의 캐릭터들, 무시무시한 악마들, '성 안토니우스의 유혹'이라는 아이콘을 통해 고착된 이 모든 흉측하고 유혹적인 이미지들이 바로 악마가 성인의 '환상적 영' 속에 불러일으킨, 다름 아닌, 유령들이었다는 사실이다. 바로 이 영혼의 현기증 나는 경험이, 극단적인 경향을 가지고 있던 중세의 직관력을 통해, 물질적인 것과 비물질적인 것, 빛과 그림자의 "포착할 수 없는 결속"을 예찬하는 공간으로 변신하게 된다. 신플라톤주의 사상가들이 결속의 영적 중재자를 환상적 프네우마로 볼 수 있었다면, 그것은 사실 '상상력'이 낭만주의 철학가들의 열광적

---

22 알쉐 드 클레르보, 『영과 영혼에 관하여Liber de spiritu et anima』, in 『라틴교부총서』, 40, 789.

인 이론화 속에서도, 중세에 이루어졌던 것처럼 그토록 숭고하고 동시에 구체적인 방식으로 개념화되지 않았다는 사실 때문일 것이다. 모든 면에서 "이미지 문명"이라는 이름으로 불릴 자격이 있는 시대는 우리 시대가 아닌 중세다. 게다가 사랑과 환상 사이의 밀접한 유대관계를 고려한다면, 이 환상의 재평가가 사랑의 이론에 끼쳤을 막대한 영향에 대해서도 어렵지 않게 짐작할 수 있을 것이다. 앞으로 보게 되겠지만, 다름 아닌 환상의 극단적이고 긍정적인 면이 먼저 발견되었기 때문에 다시 가능했던 것이 그러한 긍정적인 면과 아울러 '환상적 영'이 품고 있던 사랑이라는 이름의 죽음에 이르는 병 속에서 하나의 "영성"을 재발견하는 일이었다.

환상적 프네우마의 신플라톤주의 이론이 중세문화로부터 물려받은 또 하나의 특징은 프네우마가 하나의 운반체였고 마술적인 영향력의 주체였다는 점이다. 마술적 현상을 어떤 식으로 받아들여야 하는지에 대해 우리는 많은 질문을 던져왔다. 때문에 마술이라는 용어를 아무런 거리낌 없이 습관적으로 사용하고 있기는 하지만 마술적 현상이 그 자체로 정의내릴 수 있는 성격의 것인지는 문화가 변할 때마다 규칙을 바꿔야 하는 힘겨루기에 의존하지 않는 한 불분명해 보인다. 어쨌든, 적어도 지금 우리가 살펴보고 있는 이 중세라는 시대에는 마술에 대해 논하면서 마치 프네우마 이론과 전혀 상관이 없는 것처럼 말한다는 것이 아무런 의미가 없었다고 단언할 수 있다. 프네우마의 문화, 다시 말해, 물질적인 것과 비물질적인 것을 중재하는 매개체로서의 "영"이라는 개념을 기초로 하는 문화 속에서 마술과 과학을 (더 나아가, 마술과 종교를) 구별한다는 것은 결코 유용한 일이 아니었다. 프네우마 이론의 몰락과 그에 따른 의미론적 구조의 변화만이 "영"이라는 용어를 우리에게 익숙한 그 모호한 의미의 말로, "물질"이라는 용어와 대처할 때에만 어떤 의미를 획득하는 말, 먼저 마술과 과학의 명확한 구분을 위해 물질적인 것과 비물질적인 것의 이분화를 고착화시켰던 말로 바꾸어놓게 된다. 중세에 이른바 마술서적(예를 들어 연금술과 천문학 서적들)이라고 불리던 문헌들은 단순히 프네우마 이론의 몇몇 테마들을 (특히 영과 영, 혹은 영과 육체가 서로에게 끼치는 영향에 대해) 다루고 있을 뿐이며, 그런 관점에서 보면, 사실 마술서적이라고 불렸다가는 커다란 스캔들일 일으킬 것이 분명한 카발칸티 혹은 단테의 시 작품들과도 본질적으로는 크게 다르지 않다. 르네상스의 헤르메스주의에 지대한 영향을 끼쳤던 『피카트릭스Picatrix』[23]라는 문헌은 "지혜의 열쇠"를 하나의 "완벽한 자연"으로 정의내리고 후자를 다시 "자신의 별과 함께 하는 철학자의 프네우마"로 정의내리면서 (이제는 독자들도 완벽하게 이해할 수 있을 만한 표현이다) 다양한 형태의 마술들을 대상의 종류, 즉 "영 대對 영"(예를 들어, 실제적인 마술이나 환각기술), "영 대 물질"(부적), "물질 대 물질"(연금술)에 따라 분류하고 있다.[24] 특히, 최면술과 같이 우리가 최고의 마술로 고려하는 현상들은 프네우마의 영향을 연구하는 이론 속에 완벽한 방식으로 개념화될 수 있으며 또 그런 식으로 중세 저자들에 의해 설명

23 11세기에 아랍어에서 라틴어로 번역된 책으로, 중세 말기와 르네상스의 천문학적 신비주의 연구를 위해 상당히 중요한 문헌이다. —옮긴이
24 Picatrix, 『Das Ziel des Weisens, von Pseudo-Maǧrīti』, London, 1962, 7, 205쪽.

되고 있다. 최면술이 한때 사랑에 비교되며 마치 하나의 표본적인 패러다임처럼 여겨졌던 것은 이들 모두가 환상적 프네우마라는 영역에 속해 있었기 때문이다.[25] "여성들이 가지고 있는 어떤 기이한 예술과 악령의 힘 덕분에 남자들이 늑대 혹은 말로 변신할 수 있다"는 의견을 알쉐는 "어떤 곳에 누워 있는 한 살아 있는 남자의 오감이 꿈속에서 보다 더 무뎌져 있을 때, 몇몇 동물의 형상을 하고 다른 인간들의 눈앞에 나타날 수 있는" '환상적 영'에 대한 악령의 역사役事로 보았고, 체코 다스콜리Cecco d'Ascoli는 환상의 악마적인 환영, 혹은 악마가 형태 없는 몸의 형상을 취하는 현상으로 보았다.[26]

마술을 일으키는 구슬이나 책에 대해 설명하려는 시도들은 중세 프네우마 이론의 관점에서 바라보면, 이 이론이 가지고 있던 통일성과 모든 분야가 정확히 의미하던 바를 이해할 수 없었던 (혹은 이해를 원하지 않았던) 길 잃은 시대의 습관에 지나지 않는다. 이러한 이탈의 과정은 일찍부터 중세신학과 함께, 즉 영에 관한 의학 이론은 받아들이면서도 그것을 신체 생리학에만 고유한 것으로 고립시키고, 육체와 영의 "포착할 수 없는 결속"을 실현할 수 있는 실질

---

25 시선에 의해 탄생하는 사랑과 눈을 통한 최면술의 직접적인 유사성은 이미 플루타르크에 의해 언급된 바 있다. (『Symposiaka problemata』, l. V, p. VII. 『최면을 건다고 하는 사람들에 관하여De iis qui fascinare dicuntur』, "시선은 모호하고 경이로울 정도로 유동적이다. 그러나 눈에서 불꽃을 뿜어내는 영의 도움으로 시선은 어떤 놀라운 기운을 발하게 되며 그것이 곧 죽을 수밖에 없는 우리 인간들이 많은 것들을 이루고 또 많은 고통을 당하는 원인이 된다……. 만지거나 듣는 사람보다 바라보거나 혹은 시선의 세례를 받는 사람들이 훨씬 더 커다란 감동을 받는다. 인간의 눈을 즐겁게 하는 아름다운 것들은 멀리서도 사랑하는 사람들의 영혼 속에 불을 타오르게 할 수 있다."
26 알쉐 드 클레르보, 『Liber de spiritu et anima』, 798. 체코 다스콜리, 「Commento alla Sfera di Sacrobosco」, in 『L'acerba』.

적인 매개체라고 프네우마라고 믿었던 모든 구원론과 우주론적인 사유들을 의학에서 모조리 제거해버린 중세신학과 함께 시작되었다.[27] 그 뒤를 잇는 것이 프네우마 이론을 비교秘教라는 암흑 속으로 밀어 넣는 쇠퇴의 과정이다. 그곳에서 프네우마는 오랫동안 하나의 '길'로 살아남았지만, 이제는 더 이상 발을 들여놓을 수 없는 길이 되고 말았다. 다시 말해, 우리 문화가 걸을 수 있었지만 실제로는 걷지 않은 길이다.

빛을 들이대면 프네우마는 '영의 물질성'을 다루는 의학 이론 속에서만 모습을 드러낸다. 하지만 그 흔적을 우리는 여전히 데카르트에게서 찾아볼 수 있다. 프네우마는 '증기'라는 이름으로, 하비 William Harvey가 이미 피의 순환구조에 대한 새로운 모델을 제시했을 때에도 여전히 백과사전 속에 살아남아 있었다. 그리고 암흑 속으로 빠져들기 전에 "사랑의 영"으로 변신하면서 뒤늦게나마 이제껏 프네우마가 경험했던 가운데 가장 높은 경지의 표현, 스틸노보 시학이라는 경이로운 열매를 맺게 된다.

---

27 토마스 아퀴나스는 영의 본질이 기체와 하나 될 수 있는가라는 질문에 부정적으로 대답했고(『De spiritualibus creaturis』, art. vii), 알베르투스 마그누스는 영혼과 육체의 결속에 영이 중재자가 될 수 있다는 가능성을 부인했다(『De sp. et resp』, I 1.8).

4
사랑의 영

우리가 이 끝없는 소용돌이 속에 위치시켜야 하는 것이 바로 단테와 스틸노보 양식의 프네우마 이론이다. 『새로운 인생』의 서두에 등장하는 세 종류의 영은 단순히 장식적인 기능만을 가지고 있는 우의적 표현의 고립된 등장이 아니라, 소나타의 서두에 제시되는 하나의 테마처럼 한 거대한 담론의 서막을 장식하는 주제의 역할을 맡고 있다. 이 담론 속에서 프네우마 이론의 계보에 등록되어 있는 모든 분야들, 생리학에서부터 우주론, 구원론, 심리학에 이르는 전 분야들이 하나의 게임을 벌이게 될 것이다. 클라인이 주목했듯이, 『새로운 인생』의 마지막 부분을 장식하고 있는 소네트 「더 큰 곡선을 그리며 회전하는 천체를 넘어<small>Oltre la spera che piú larga gira</small>」는 이 세 가지 주제들을 한 곳에 모으면서 『신곡』에서 시작될 영적 여행을 여러 측면에서 함축적으로 예고하고 있다. 가슴('생명의 영'이 주거하는 공간)에서 밖으로 흘러나와 "더 큰 곡선을 그리며 회전하는 천체를 넘어" 천상의 여행을 떠나는 "순례의 정신"은, 단테가 시에서 언급하고 있듯이 하나의 "생각", 하나의 상상 혹은 이제 우리가 좀 더 정확한 눈으로 바라볼 수 있는 하나의 '환상적 영', 즉 몸에서 떨어져 나와 "지성이 이해할 수 없는 방식으로" 시선 속의 형상을 스스로의 것으로 받아들이는 환상적 영이라고 할 수 있다. (우리는 아비센나를 통해, 감각적인 성격에서 벗어나 추상화된 유령만이 지성에 의해 받아들여질 수 있다는 사실을 알고 있다. 하지만 이러한 한계가 구축하는 것이 바로 환상적 영의 상상력 및 지성에 대한 상대적인 우월성이다.) 별들이 끼치는 영향력의 운반체이자 주거공간으로서의 '환상적 영'은 우리가 이미 시네시우스에게서 발견했던 개념으로, 『연옥』의 17곡에서 단테에 의해 상당히 노골적으로 표현되고 있다. 단테는 "상상력"에 호소하는 구절에서, '환상'이 '감각'으로부터 분리되지 못하고 환영의 포로가 되어 있을 때 그것을 움직이게 하는 것이 과연 무엇인지 자문하고 있다.

오, 때마다 우리를 바깥세상으로부터 납치하는 그대,
상상력이여. 때문에, 주위에서 천 개의 나팔이 울려 퍼져도
아무도 듣지 못하지 않는가. 감각이 그대에게
아무런 느낌도 주지 않는데 누가 그대를 움직인단 말인가?
그대를 움직이는 것은, 하늘에서 스스로 형체를 취하는 빛이거나
혹은 땅을 비추기 위해 하늘의 뜻으로 만들어진 빛일 것이다.[1]

신플라톤주의의 프네우마-오케마 이론이 가지고 있는 천체의 테마와 환상적 영이 가지고 있는 심리적 테마 간의 유대관계는 단테가『향연』속에서 "이 영은 별빛에서 유래한다"[2]라고 기록할 때 여전히 생생하게 드러난다.

단테는 우리가 포르피리오스와 시네시우스를 통해 익히 알고 있는 '저세상을 걷는 영혼'의 '형체 없는 몸'과 중세 의학 전통 속에서 발견한 태아의 프네우마 이론을『연옥』25곡에서 스타티우스 Status의 입을 빌려 표현하고 있다. "목마른 혈관이 마시지 못하는 이 완전한 피는"에서 이 '피'는 단순한 피가 아니라, 알려진 바와 같이 피의 가장 순수하고 정화된 부위에서 생성되는 영을 말하며 바로 이것이 고환으로 내려가 정액으로 변신한 뒤 "타인의 피"와 결합하고 "자연의 그릇" 속에서 태아를 생성하게 된다.

연옥에 있는 영혼의 "그림자"는 프네우마를, 영혼이 죗값을 치르는 하나의 모의공간으로 보았던 신플라톤주의 사상의 독특한 번안에 지나지 않는다(오리게네스와 아비센나, 뒤이어 피치노도 '지옥의 고통'을 순수하게 환상적인 현실로 보는 방향으로 나아간다). 아울러, "우리에게 고통을 주는 것이 욕망이냐 혹은 또 다른 종류의 애착이냐에 따라" 모습을 뒤바꾸는 그림자의 "태도"는, 유령을 따라 변화무쌍하게 변신하는 악령의 "형체 없는 몸"에 대한 포르피리오스 이론의

---

1 『연옥』17곡 13~18절, "O imaginativa che ne rube/ talvolta sí di fuor, ch'om non s'accorge/ perché dintorno suonin mille tube,/ chi move te, se 'l senso non ti porge?/ Moveti lume che nel ciel s'informa/ per sé o per voler che giú lo scorge."
2 단테,『향연』II 6.9.

메아리에 불과하다.

　스틸노보 양식의 시들은 모두 이 프네우마적인 우주관의 지표하에서 해석되어야 하고 이 영역에 머물 때에만 완전하게 이해될수 있다. 우리는 카발칸티가 "얇은 영"에 대해, "작은 영"이나 "사랑의 영"에 대해 이야기할 때에 얼마나 동떨어진 사상들이 이런 표현들을 통해 그토록 조화롭고 일관성 있게 울려 퍼지는지 귀를 기울여야 한다. 여기서 관건이 되는 것은 흔히들 말하는 것처럼 시인들이 참조했던 의학지식, 다시 말해 기이한 관심 때문이기도 했지만,이들이 어느 정도는 진지하게 공부했던 의학지식이 아니라, 시 자체가 영적 사랑의 힘을 입어 시어의 가장 깊고 풍부한 의미를 발견하게 되는 시만의 통일된 사상적 공간이다. 예를 들어, 영_{spirito}이라는 단어가 집요하게 반복되는 소네트「눈을 통해 하나의 얇은 영이들어오면_{Pegli occhi fere un spirito sottile}」은 패러디적인(혹은, 자가-패러디적인) 의도를 가지고 있는 것으로 보기에는 지나치게 모호하고 기이하다는 평가를 받아왔지만, 우리가 지금까지 살펴본 프네우마적인맥락에서 다시 살펴보면 충분히 이해할 수 있는 것으로 드러날 뿐아니라 에로스의 프네우마적인 메커니즘에 대한 하나의 엄격한 정의, 즉 사랑의 유령 심리학을 프네우마적인 용어로 옮겨 적은, 하나의 본격적인 번역문으로 드러난다.

　눈을 통해 하나의 얇은 영이 들어오면
　그것이 영혼 안에서 또 하나의 영을 깨워 일으키고
　그 영으로부터 사랑의 영이 솟구치면

그것이 다른 모든 영들을 고귀하게 만든다.

이것을 비열한 영이 참아낼 수 없는 것은
이것이 큰 위력을 발휘하며 나타나기 때문이니
이것이 바로 몸을 떨게 만드는 작은 영,
순종적인 여인이 만들어내는 영이다.

또, 이 영으로부터 솟아나온
또 다른 달콤하고 섬세한 영이
여인의 자비로운 영에게 대답하니

이 영이 또 다른 많은 영들을 깨워 일으키는 것은
이 영을 바라보는 영혼의 마력에 힘입어
모든 영들의 열쇠를 지니고 있기 때문이다.[3]

독자들도 알다시피, 눈 안으로 침투해 들어오는 얇은 영이란
"훨씬 지고하고 미묘한altior et subtilius" 시각적 영을 말한다. 눈을 통해
"상처를 주고" 뇌실 속에 있는 영을 깨우면서 그에게 여인의 이미

---

3 카발칸티, "Pegli occhi fere un spirito sottile,/ che fa 'n la mente spirito destare,/ dal
qual si move spirito d'amare,/ ch'ogn'altro spiritel[lo] fa gentile./ Sentir non pò di lu'
spirito vile,/ di cotanta vertú spirito appare:/ quest'è lo spiritel che fa tremare,/ lo spiritel
che fa la donna umile./ E poi da questo spirito si move/ un altro dolce spirito soave,/ che
sieg[u]e un spiritello di mercede:/ lo quale spiritel spiriti piove,/ ché di ciascuno spirit'ha
la chiave,/ per forza d'uno spirito che 'l vede."

지를 전달하는 것이 바로 이 눈의 영이다. 바로 이것에서 모든 다른 영(즉, 생명의 영과 자연의 영)들을 고귀하게 하고 두려움에 떨도록 하는 사랑(사랑의 영)이 탄생한다. 프네우마에 대한 카발칸티의 집 요함은 그가 심리적 과정을 "영적인" 용어로 끊임없이 번역한다는 사실에서 확인할 수 있다. 알렉산드로스 아프로디시아스가 일찍이 연인들의 시선[4]과 동일한 것으로 보았던 '사랑의 화살'이라는 표현 은 그렇게 해서 스틸노보 시인들에게 하나의 영향력, 즉 프네우마 에서 프네우마로[5] 전달되는 하나의 기운으로 탈바꿈한다. 반면에 하나의 내면적 이미지인 '유령'은 항상 사랑을 향한 영들의 움직임 속에서 끊임없이 배회하며 절망 혹은 완성을 발견하는 환상적 프 네우마로 받아들여진다. 때문에 카발칸티가 사랑의 대상으로 바라 보는 '유령'은 말 그대로 "욕망으로 만들어져" 있다("욕망으로 새사 람을 만들면서", "사랑의 모양을 한 유희로 만들어져"[6]). 아니, 오히려 카 발칸티에게는 눈에서 환상으로, 환상에서 기억으로, 기억에서 몸

---

4 "많은 활로 가득한 활집을 치켜들어라. 왜냐하면 사랑은 눈이 발하는 유일한 광선 에 의해 시작되고, 누구든 눈으로 보는 사람이 곧장 사랑에 빠지듯, 이어서 사랑하는 사 람을 향해 마치 무기를 휘두르듯 시선을 쏟아 붓기 때문이다(leva pharetra sagittis referta pluribus, quoniam principio amor per radium oritur unum oculorum; statim quippe ut quis aspexit, amavit; post frequentes ad rem amatam radios mittit, quasi tela jactat)." 이 문장은 알 렉산드로스 아프로디시아의 『문제들』 1권에서 다음과 같은 질문에 답으로 제시된다. "왜 연인들은 때로는 뜨겁고 때로는 차가운 식으로 극단적인가?(Cur amantium extremae partes modo frigidae sunt, modo calidae)?". 안젤로 폴리치아노Angelo Poliziano의 라틴어 번역, Angeli Politiani, 『Opera』, Lugduni, 1537, t. II, 263~264쪽).
5 카발칸티에게서 지속적으로 나타나는 사랑의 프네우마적인 메커니즘은 단테와 또 다른 스틸노보 시인들에게서도 발견된다. (『돌체 스틸노보의 시인들』, XI, vv. 9~11; XII, vv. 9~12; XXVIII, vv. 4~7)
6 같은 책, XXIX, V. 17; XXXI, V. 22.

전체로 전달되는 프네우마의 순환이 가장 중요하고 근원적인 경험이었다고 보는 것이 옳을 것이다. 왜냐하면 환상적 프네우마의 신플라톤주의 공식 속에 응축되어 있는 영과 유령 간의 완벽한 균형을 언제나 정확하게 발견할 수 있는 것이 바로 카발칸티의 작품이기 때문이다. 그래서 발라드 「내가 내 여인의 눈 속에서 발견하는 것은Veggio negli occhi de la donna mia」을 살펴보면 이 시가 위에서 살펴본 소네트의 프네우마적인 메커니즘과 정확하게 일치하는 메커니즘을 제시하고 있다는 것이 발견된다. 단지 사랑의 기원이 여기에서는 유령의 언어로 표현되고 있을 뿐이다. 소네트에서 눈을 통해 상처를 주고 뇌실 속의 영을 불러일으키던 섬세한 영 대신 등장하는 것은 사랑스런 여인의 얼굴에서 거의 떨어져 나와 환상 속에 새겨지는 이미지다. 상호 간에 이루어지는 영들의 전이 대신에, 이어지는 "새로운 아름다움"의 발아發芽가 이루어진다.

> 내 여인의 눈 속에서 내가 발견하는 것은
> 사랑의 감정으로 가득한 빛
> 그것이 내 가슴속에 새로운 즐거움이 되니
> 그로 인해 살아 있는 생동감이 느껴지는구나.
>
> 그녀 앞에 설 때 내게 무슨 일이 벌어지는가?
> 그것을 어떻게 말로 표현한다는 말인가.
> 그녀의 얼굴 밖으로 그토록 아름다운 여인이
> 튀어나올 것만 같으니, 내 머리로는

전부 이해할 수 없는 일이 아닌가! 그래서 곧장
또 하나의 아름다운 모습이 새로이 등장하고
그것으로부터 별 하나가 태어나 내게
말을 거는 듯하다. "네 구원이 나타났느니라."

이 아름다운 여인이 나타난 곳에서
그녀를 앞서가는 목소리가 들려오니
그녀의 이름을 칭송하며 노래하는 듯하는구나.
그 감미로운 목소리를 내가 가늠하기 원한다면
그녀의 위력이 나의 온몸을 떨게 만들 것이다.
영혼 속에서 한숨을 쉬는 목소리가 단언하기를
"조심해라. 네가 그녀를 관찰하면 그녀의 힘이
하늘까지 치솟아 오르는 것을 보게 되리라."**7**

아마도 중세의 상상세계가 가지고 있는 우월성과 상상과 현실
의 광학적 짜임새가 이 시에서보다 더 생동감 있고 동시에 치밀하

---

7 Io vedo negli occhi della mia donna,/ una luce piena di sentimenti d'amore,/ che porta
un piacere nuovo nel cuore,/ in modo da svegliarvi un entusiasmo vitale./ Cosa mi ac-
cade, quando mi trovo di fronte a lei,/ io non lo posso esprimere a parole;/ mi sembra di
vedere uscire dal suo volto e dalla sua espressione,/ una donna cosi bella che la mia ragione
non puo comprendere appieno,/ che subito ne sorge un'altra di una nuova bellezza,/ dalla
quale sembra quasi che nasca una stella/ che mi dica: "E apparsa la tua salvezza"/ Nel
punto in cui questa donna e apparsa,/ si ode una voce che la preced/ e sembra che canti
con toni benevoli esaltando il suo nome,/ al punto che, se la volessi misurare, capisco che
la sua potenza mi farebbe tremare./ E si muovono nell'anima dei sospiri che affermano:
"Attento; se tu osservi costei, vedrai innalzarsi al cielo la sua potenza."

게 표현된 경우는 찾아보기는 힘들 것이다. 유령이 환상 속에 출현했다는 정보가 기억에 입력되자마자 곧장, 하나의 거울 게임에서처럼, 지성 속에 "새로운 아름다움"의 이미지가 형성된다(여기서 새롭다는 것은 벌거벗었다는, 즉 물질적인 애착을 벗어던졌다는 것을 의미한다). 이 이미지가 곧 구원을 가져오게 된다. 그 안에서 수동적 지성과—아베로에스에 따르면, 유일하고 분리된 지성 — 한 개인과의 결속이 이루어지기 때문이다.

카발칸티적인 트루바르 클뤼스Trobar clus[8] 양식이 절정을 이루는 칸초네로 널리 알려진 「한 여인의 부탁이니Donna me prega」는, 지금까지 재구성해온 이론적 체계에 비추어보았을 때 말할 수 없이 특이한 빛을 발하는 작품이다. 이 칸초네 속에서는 에로스의 이중적인 측면, 즉 유령적인 면과 프네우마적인 면이 이중적 기원을 가지고 태어난 사랑을 통해 제시되고 있다. 별과 프네우마적인 측면에 상응하는 사랑의 기원은 16‧18행, "[사랑은] 투명한 것이 빛에 의해 모습을 드러내듯이, 목성으로부터 유래하는 어두움에 의해 형성되고 고정된다"[9]에서, 그리고 심리적이고 유령적인 측면에 상응하는 사랑의 기원은 21~23행, "[사랑을] 이해할 수 있는 것은 그것이 바라본 형상으로부터 오기 때문이니"[10]에서 제시된다. (여기서 '이해하

---

8 프로방스어 시 양식으로, 12세기 음유시인들이 즐겨 사용하던 양식 중에 하나다. 까다롭고 모호한 방식으로 짓고 노래한다는 뜻을 가지고 있으며, 비유를 선호하는 양식이다. —옮긴이

9 'sí formato, come diaffan da lume, da una scuritate, la qual da Marte ‑vène, e fa de‑ mora.'

10 'Vèn da veduta forma che s'intende.'

다s'intende'는 표현의 의미는 당연히 이해가 된다는 수동적인 의미가 아니라, **객관적인 관점에서**, 『연옥』의 18곡에 나오는 "끌어낸 형상tragge intenzione"의 그것과 정확하게 일치한다.[11])

사랑의 경험이 가지고 있는 엄격히 유령적인 성격은 시 속에서 극단적인 표현을 통해 강조되고 있다. 때문에, 심지어는 만남의 동기를 제공하고 사랑의 기원이 되는 '시선'까지도 이제 자기충족적인 상상력의 ("아무런 색이 없고 물질과도 다르고 어두움 속에 놓여 빛을 거부하니"[12]) 자신감 속에서 비본질적인 것으로 ("귀 기울여 들은 자는 [사랑에] 형태가 없다는 것을 [이해할 것이다]"[13]) 제외된다. 프네우마-유령 이론을 총체적인 관점에서 바라보는 접근 방식만이 카발칸티의 '사랑' 이론에 대한 플라톤적이고 관조적인 해석을 옹호하는 학자들과 그 반대의 해석을 주장하는 학자들 사이의 오래된 의견 차이를 해결해줄 수 있을 것이다. 두 종류의 사랑, 관조적인 사랑과 정념적인 사랑이 존재하는 것이 아니라, 관조적이면서 (내면적 유령이 가지고 있는 집요한 의식) 동시에 정념적인(유령을 기원이자 즉각적인 대상으로 하는 욕망. 장 드 제르송Jean de Gerson의 말을 빌자면, "관건은 모든 욕망을 불러일으키는 환상이다") 단 하나의 유일한 사랑의 경험이 존재한다. 이른바 카발칸티의 아베로에스주의는, 누군가가 주장했던 것처럼, 사랑의 경험을 영혼의 감각적인 영역에 국

---

11 '이해하다' 혹은 '의도하다'는 뜻을 가지고 있는 동사 intendere는, '이해'의 경우이든 '의도'의 경우이든, 생각이나 감각을 어떤 일정한 대상을 향하도록 한다는 의미를 포함하고 있다. ─옮긴이
12 68행, 'For di colore, d'essere diviso, affiso 'n mezzo scuro, luce rade.'
13 65행, 'e, chi ben aude, forma non si vede.'

한시키려는 태도라고 할 수 없다. 이러한 해석은 에로스의 비관적인 개념과 수동적 지성과의 조직적인 분리라는 결과를 가져올 뿐이다. 그의 아베로에스주의는 정반대로, 우리가 앞에서 살펴본 바와 같이, 사랑의 기원이자 대상이 되는 유령이(환상적 프네우마), 바로 거울에서처럼, 유일하고 구별된 수동적 지성과 한 개인과의 결속copulatio이 이루어지는 공간이라는 사실에 기초하고 있다.[14]

사랑에 대한 단테의 생각 역시 이와 크게 다르지 않다. 사랑의 기원과 본성을 단테는 베르길리우스의 입을 빌려 다음과 같이 함축적으로 표현하고 있다.

---

14 유령의 이러한 상황은, 인간의 궁극적인 행복은 삶 속에서 성취될 수 있으며 이는 분리된 실체들의 관찰에 달려 있다는 아베로에스주의적인 주장과 (이는 카발칸티를 중심으로 하는 연구를 통해 자세히 밝혀진 부분이다) 사랑의 이론 사이의 연관성을 이해할 수 있도록 허락해준다(P. O. Kristeller, 『A Philosophical Treatise from Bologna Dedicated to G. Cavalcanti』, Firenze, 1955, vol. I, 425~463쪽). 이러한 연관성은 사랑의 대상인 유령의 관찰을 통해 비로소 가능해지는 것이 바로 분리된 실체들의 관찰이라는 사실에 의해 주어진다. 토마스 아퀴나스는 그의 『불신자들의 오류에 대항하는 그리스도교 믿음의 진실에 관하여Summa contra gentiles』 1부 3권 43장에서 아베로에스의 의견을 인용하며 다음과 같이 기록하고 있다. "필요한 것은 따라서, 사변적인 이해의 대상이 유령, 즉 이 대상들의 주체가 되는 유령을 통해 우리에게 전달될 때, 사변적인 대상의 형태가 되는 '능동적 지성' 역시 우리에게 와 닿아야 한다는 것이다……. 따라서 분리된 실체의 이해에 능동적 지성이 관여할 때에, 바로 지금 우리가 사변적 이해의 대상들을 깨닫는 것처럼, 이어서 분리된 실체들을 이해하게 될 것이다. 이것이 인간의 궁극적인 행복일 것이다. 그 안에서 인간은 자신을 마치 신처럼 느낄 수 있을 것이다(Oportet igitur quod, quum intellecta speculativa sint nobis copulata per phantasmata, quae sunt quasi quoddam subjectum eorum, etiam intellectus agens continuetur nobiscum, in quantum est forma intellectorum speculativorum……. Unde cum ad intellectum agentem pertineat intelligere substantias separatas, intelligemus tunc substantias separatas, sicut nunc intelligimus intellecta speculativa; et hoc erit ultima hominis felicitas, in qua homo erit sicut quidam deus)."

인간의 이해력은 구체적인 현실로부터

끌어낸 형상을 내부에서 발전시킨다.

그런 식으로 영혼이 그 형상을 바라도록 하니

그렇게 해서 영혼이 그것을 향해 몸을 굽히면

그 굽어짐이 곧 사랑이고, 그것을 다시 마음속으로 느낀다는 것은

쾌락 때문이니 그것은 지극히 자연스러운 일이다.

사람이 불꽃처럼 하늘을 향해 치솟는 것은

그것이 솟아오르기 위해 태어났기 때문이며 그렇게 해서

스스로의 성격대로 더 오래 머물 수 있는 곳을 향해 움직인다.

그런 식으로 사랑에 사로잡힌 영혼은 욕망하기 시작한다.

욕망은 영적 움직임이므로 결코 만족할 줄 모른다.

사랑하는 이가 자신에게 기쁨을 선사할 때까지는.[15]

여기서 사랑의 생성과정이, 우리에게 익숙한 유령 심리학 용어를 통해, 마치 거울 앞에 선 것처럼 머릿속으로 "끌어당긴" 유령 주변에서 몸을 굽히고 돌아보는 영혼의 행동으로 묘사되는 반면, 사랑은 하나의 "영적 움직임"으로 정의되고 프네우마의 순환체제 속에 배치된다. '궁정연애' 속에서 무엇보다도 하나의 사회적인 현상

---

15 『연옥』 18곡 22~33. Vostra apprensiva da essere verace/ tragge intenzione, e dentro a voi la spiega,/ sí che l'animo ad essa volger face;/ e se, rivolto, inver' di lei si piega,/quel piegare è amor, quell' è natura/ che per piacer di novo in voi si lega./ Poi, come 'l foco movesi in altura/ per la sua forma ch'è nata a salire/ là dove piú in sua matera dura,/ cosí l'animo preso entra in disire,/ ch'è moto spirituale, e mai non posa/ fin che la cosa amata il fa gioire.

을 발견했던 접근방식들이 연애시의 기원에 대한 연구를 고집스럽게 지배해왔던 탓에 그것이 원래의 시어들이 가지고 있는 구조적 요소들을 분석하는 방향으로 나아갔던 적은 지금까지 거의 드물었다. 사랑의 경험이 가지고 있는 엄격히 '유령적인 성격'은 그것이 시인들에 의해 분명한 방식으로 천명되었음에도 불구하고 다름 아닌 환상적 경험이 "사회적 현상"의 연구에는 불필요하다는 선입견 때문에 정상적인 연구의 대상에서 항상 제외되어왔다. 마찬가지로 사랑의 프네우마적인 본성 역시, 그것이 설득력 있게 조명되었을 때조차도, 육체/영혼이라는 이원론적인 도식의 득세와 다름 아닌 이 모순을 중재하고 극복하려 했던 입장에 의해 거의 부록에 가까운 의학 이론의 검토 대상으로 전락하고 말았다. 하지만 이제 우리는 스틸노보 시인들이 구축한 사랑의 이론이 우리가 지금까지 추적해온 바대로의 의미에서 하나의 프네우마-유령 이론이라는 것을 주저하지 않고 단언할 수 있다. 그 속에서, 아리스토텔레스의 철학에 기원을 두고 있던 유령 이론과 스토아철학과 의학, 신플라톤주의에 기원을 두고 있던 프네우마 이론은 하나가 된다. 그리고 그 결속은 "영적 움직임"이 동시에, 동일한 차원에서 "유령의 움직임"이 되는 하나의 경험 속에서 이루어진다. 이 복잡하기 짝이 없는 문화유산만이, 에로스가 스틸노보 시학 속에서 누리고 있는 현실적이면서 초현실적인, 객관적이면서 주관적인 특별한 차원을 설명해줄 수 있다. 사랑의 대상은 사실 하나의 유령이다. 하지만 이 유령은 하나의 "영"이며 영으로서 프네우마의 순환체제 속에 도입된다. 그 속에서 외면과 내면, 물질적인 것과 비물질적인 것, 욕망과 욕망의 대상이 서로의 경계와 기호를 폐지하게 된다.

살펴본 바대로, 유령학과 프네우마 이론의 결합은, "환상적 영"의 신플라톤주의 이론과 의학 전통 속에서 이미 이루어진 상태였고 '환상'이 육체와 영혼의 매개체인 동시에 신성하고 마술적인 영향력이 행사되는 공간이라는 점을 부각시키면서 환상의 재평가라는 결과를 가져왔다. 이러한 재평가의 가장 표본적인 모델을 우리는 우고 디 산 비토레의 작품에서 발견할 수 있었다. 하지만 어떤 방식으로 "환상적 영"이 "사랑의 영"으로 변한다는 말인가? 에로스와 유령의 만남이 나르시스의 '위험한 거울' 앞에서 이루어졌다면, 어떤 상황 속에서 날개를 달고 화살로 무장한 사랑의 신이 프네우마의 엄격한 이론 속으로 침투해 들어올 수 있었단 말인가? 어떤 의미에서 이 사랑과 프네우마의 조합이 스틸노보 시인들의 독보적인 발견이었다고 할 수 있는가?

에로스의 프네우마-유령적인 성격은, 영혼의 열정이 다름 아닌 영의 순환 속에 고정되어 있다고 보았던 의학자들 사이에서 익히 알려져 있었다. "성행위는 프네우마적인 본성을 가지고 있다. 그것은, 음경의 발기가 그것이 부풀어 오르기 때문에 이루어진다는 사실을 통해 알 수 있다." 아리스토텔레스가 『난제들』에서 우울증에 빠진 사람들의 성적 편집증에 대해 언급하며 지적했던 부분이다. 갈레노스의 에로스적인 프네우마 이론에서 생리학에 대한 적나라한 묘사는 계속해서 등장하며 사랑의 "영적 움직임"은 음경의 발기 내지 정액의 생성과 조금도 다를 바 없는 것으로 나타난다.

누군가 오감을 통해 사랑의 욕망을 느끼기 시작할 때 심장이 강하게 흔들리면서 그 충격으로부터 뜨겁고 건조한 두 개의 영이 탄생한다. 그 중에 얇은 것이 뇌에 도달하고 더 두터운 것이 신경조직을 통해 곧장 음경에 도달한다. 이 두 번째 영이 음경을 형성하는 살과 신경 조직을 통과하며 그것을 발기시킨다……. 우리가 뇌에 도달한다고 했던 첫 번째 영은 이러한 발기현상으로부터 일정량의 습기를 받아 들인 뒤에 척수를 통해 콩팥에 다다른다……. 그리고 두 경로를 통해 고환에 모인다.[16]

우리가 매혹의 이론을 통해 살펴본 것처럼, 사랑은 아주 오래전 부터 시선을 통해 "사랑하는 사람들의 영혼 속에 불을 타오르게 하는" 하나의 프네우마적인 침투였다.

그러나 프네우마 이론이 사랑의 이론과 하나가 되는 것은, 우울 증이 르네상스 시대에 재평가되었을 때와 마찬가지로, 의학적으로 판명된 병적 경험의 집요한 강조가 구원론을 통한 그것의 명예회복과 똑같은 속도로 병행된다는 사실에서 드러나는 극적인 현상, 즉 죽음에 이르는 병과 구원, 은폐와 계시, 상실과 충만함이 심각할 정도로 밀접하게 연관되어 있는 양극성을 직감했던 스틸노보 시인 들을 통해 비로소 이루어지게 된다. 이러한 양극성에 대한 증언은 의학사의 한 장에, 사랑이 "우울증과 비슷한" 병을 가면삼아 사랑 하는 사람들의 얼굴과 눈에 피를 말리고 이들을 정신이상과 죽음

---

16 갈레노스, 『Ascriptus liber de compagine membrorum』, cap. xi.

으로 몰고 가는 현상으로 기록되어 있다. 중세 의학사에서 이 병은 아모르 헤레오스amor hereos라는 이름으로 등장한다.

5

나르시스와 피그말리온 사이에서

그의 사랑은 전적으로 영웅적이고 신성한 사랑이다. 이 사랑이 많은 희생을 동반한다고들 말하지만, 나는 그런 의미로 이 사랑을 이해하고 다루고 싶다. 왜냐하면 모든 연인은 사랑하는 사람과(마음으로 같이하듯 실제로도 같이하기를 원하는) 멀리 있거나 헤어졌을 때 가슴을 졸이며 괴로워하고 고통을 자처하기 때문이다. 그것은 그가 사랑하기 때문에, 그의 사랑이 고귀하고 값어치 있는 사랑이라는 것을 알고 있기 때문이라기보다는 사랑하는 이와 함께할 때 누릴 수 있을 기쁨을 빼앗긴 상태로 남아 있기 때문이다. 그는 그의 마음을 들끓게 하는 욕망 때문에 괴로워하는 것이 아니라 사랑에 대한 탐구의 어려움 때문에 괴로워한다. 어쨌든 다른 사람들이 이 병들어 보이는 그의 운명 때문에 자신을 불행한 사람으로 보더라도, 마치 운명이 그에게 그토록 심한 고통의 형벌을 가져다준 것처럼 여기더라도 그는 상관하지 않는다. 그런 이유로 그는 '사랑'에게 진 빚을 기억하고 감사의 마음을 전하는 데 실패하지 않을 것이다. '사랑'이 그가 마음의 눈으로 보고 느낄 수 있는 것을 선사해주었기 때문이다. 그리고 육신의 감옥 속에서 신경에 묶이고 뼈에 잠겨 이 세상을 살아가는 동안 그 신성하고 지고한 사랑을, 만에 하나 그와 비슷한 종류의 것이 눈앞에 나타나더라도, 그것을 더 높이 바라보고 살아갈 수 있도록 허락해주었기 때문이다.[1]

조르다노 브루노의 텍스트에 등장하는, 특히 그의 「영웅적인 열정에 관하여」에서 발췌된 위의 인용문에 등장하는 "영웅적 사랑"의 기원과 그것의 영향력이라는 테마가 지금까지 학자들의 관심을 끌었던 적은 없는 것으로 보인다. 이 "영웅적"이라는 형용사가 가지고 있는 현대적 의미의 모호함이 이 텍스트의 모호함과 썩 잘 어울린다고 생각했겠지만 그로 인해 사람들은 이 "영웅적"이라는 표현의 선택이 가지고 있던 진정한 의미를 미처 깨닫지 못했다. 브루노의 '영웅적인 열정'이라는 표현은 그가 지어낸 표현이 아니다. 그는 그것을 물려받았고, 좀 더 정확히 말하자면 하나의 오래된 그러나 여전히 살아 있던 전통으로부터 그것을 일탈시켰을 뿐이다.

"영웅적 사랑"이라는 표현은 사실 장구한 역사를 간직하고 있지만 그 역사가 보여주는 세계는 우리가 자연스럽게 기대할 수 있는

---

1 조르다노 브루노Giordano Bruno, 「영웅적인 열정에 관하여De gli eroici furori」, parte I, dialogo III, in G. Bruno, 『Opere italiane』, vol. II, Bari, 1925, 339쪽.

밝고 빛나는 영웅들의 세계가 아니라 어둡고 기이한 병리학과 신 플라톤주의 악령 이론의 세계다.[2] 이 역사를 재구성한다는 것은 아 비 바르부르크가 이미지들의 역사를 통해 이미 증명해 보인 바 있 는 사실, 즉 서구문명이 항상 이전 세대로부터 물려받은 전통문화 의 "극화極化, polarizzazione"를 통해 변신을 꾀해왔다는 사실을 다시 확 인한다는 것을 의미한다.[3] 물론 그렇다고 해서 이 '극화'의 과정에 창조적이고 혁명적인 순간들이 없었다는 뜻은 아니다("영웅적인 사 랑"이라는 표현의 역사 역시 바로 그러한 순간들 중에 하나다). '극화'가 의 미하는 것은 오히려 아주 단순하다(모든 문화는 본질적으로 전승과 부 활의 과정이다). 즉, 창조나 혁명이 실행되는 것 역시 일반적으로는 전통으로부터 제공받은 정보들을 '극화'시키면서 이루어진다는 뜻 이며, 이것이 경우에 따라서는 정보들의 의미를 완전히 뒤집는 결 과를 가져오기도 한다. 그럼에도 불구하고 유럽문화는 보수적이

---

2 초서의 『기사 이야기』(캔터베리 이야기)에 나타나는 '영웅적 사랑'이라는 표현의 역 사적 의미론을 재구성해낸 공로는 로이스에게 돌아가야 한다(J. L. Lowes, 「The Loveres Maladye of Hereos」, in 『Modern Philology』, XI, aprile 1914, 491~591쪽). 하지만 불행하게 도 로이스의 연구는 로망스문학을 연구하는 문헌학자들과 이탈리아학자들에게 주목받 지 못한 듯이 보인다. 예를 들어 아르날도 다 빌라노바의 『영웅적 사랑에 관하여De amore heroyco』를 인용하고 있는 나르디는 "사랑과 중세 의사들"에 관한 연구(「L'amore e i medici medioevali」, in 『Saggi e note di critica dantesca』, Milano-Napoli, 1964, 238~267쪽)에서 이 러한 표현의 기원에 대해 전혀 주목하고 있지 않고 로이스의 연구에 대해서도 모르고 있 는 듯이 보인다.
3 문화의 보다 폭넓은 이해를 위해 재조명된 괴테의 극성極性이라는 개념은 아비 바르 부르크가 문화학자들에게 남긴 가장 풍부하고 의미 있는 유산 중에 하나일 것이다. 바르 부르크가 바라본 극성의 개념에 대해서는 곰브리치(Ernst h. Gombrich, 『A. Warburg. An Intellectual Biography』, London, 1970, 241, 248쪽)를, 바르부르크의 사상에 관해서는 저 자의 『바르부르크와 이름 없는 학문』(G. Agamben, 『A. Warburg e la scienza senza nome』, in 『Prospettive Settanta』, luglio-settembre, 1975)을 참조 바란다.

다. 유럽문화는 다름 아닌 진보적이고 혁명적이라는 차원에서 보수적이다.

이제 중세의 한 정신병리학 논문을 펼쳐들고 목차를 살피게 되면 우리는 습관과 우울증을 다루는 장들 뒤에 「영웅적이라고 부르는 사랑에 관하여」(de amore qui **hereos**[4] dicitur 혹은 de amore heroico)라는 제목의 장이 거의 빼놓지 않고 등장하는 것을 볼 수 있다. 몽펠리에서 1285년경에 교수 생활을 하던 베르나르도 고르도니오 Bernardo Gordonio의 『의학의 백합 Lilium medicinae』은 이 병을 다음과 같은 방식으로 설명하고 있다.

아모르 헤레오스라고 하는 병은 한 여인을 향한 사랑에서 비롯되는 우울증이다.

원인: 이 병은 아주 강력히 각인된 하나의 이미지 내지 형상 때문에 일어나는 판단력의 퇴화에서 비롯된다. 누군가 한 여인을 사랑할 때, 그는 아주 강렬히 그 여인의 몸과 얼굴과 자태를 떠올린다. 그녀가 세상에서 가장 아름답고 가장 추앙받을 만하고 가장 비범하고 육적으로나 영적으로 가장 뛰어난 존재라고 생각하고 또 믿기 때문이다. 때문에 자신의 욕망을 채우는 것이 축복과 행복을 쟁취할 수 있는 길이라 믿고 망설임 없이, 절제 없이 그녀를 타오르듯이 갈망한다.

---

4 Hereos는 Eros(사랑)과 Heros(영웅)의 혼용어로 이 두 용어의 부당한 사용에서 오는 혼란을 피하고 한 단어로 아주 특이한 성격의 사랑을 가리키면서 사랑에서 비롯되는 가슴앓이와 영웅들만이 가지고 있는 비범한 성격의 미묘한 연관성을 암시한다. ─옮긴이

그런 식으로 이성의 판단력은 변질되고, 그는 모든 활동을 전폐하고 그녀의 모습을 끊임없이 떠올리기 시작한다. 정도가 심해지면 누가 그에게 말을 걸어도 거의 알아듣지 못한다. 그가 처한 상황은 끊임없는 명상 속에 갇혀 있는 상황이므로 일종의 우울증이라고 할 수 있다. 이 우울증을 헤레오스hereos라고 부르는 것은 이 병에 걸리는 사람들이 흔히 행복에 겨워하는 기사들 혹은 귀족들이기 때문이다.

감각을 주관하는 기량들 가운데 가장 우월한 기량인 판단력이 상상력에 명령을 전달하고 상상력이 정념에게, 정념이 충동에게, 충동이 근육 운동을 주관하는 기관에 명령을 전달한다. 따라서 몸 전체가 어떤 이성의 견제 없이 밤과 낮을 가리지 않고, 더위나 추위나 어떤 위험도 아랑곳하지 않고 길을 쏘다니며…….

증상: 이 병의 증상은 잠과 음식과 음료를 거부하면서 시작된다. 그런 식으로 온몸을 허약하게 만들지만 그래도 지치지 않은 것이 있다면 그것은 눈이다. 눈 속에 깊은 한숨과 함께 그가 상상하는 장면들이 숨어 있기 때문이다. 이 병에 걸린 사람들은 이별의 노래를 들으면 슬퍼하면서 곧장 울기 시작하고 대신에 사랑하는 사람들과 가까이 있을 때는 곧장 웃고 노래를 부른다. 이들의 심장박동은 변화무쌍하다. 사랑하는 여인의 이름을 듣자마자, 혹은 그 모습을 눈으로 발견하자마자 이들의 심장은 빠르고 힘차게 뛰기 시작한다…….

예상: 치료 뒤에 예상되는 것, 이들은 악습에 빠지거나 아니면 사망한다.

치료: 두 종류의 환자, 이성에 굴복하는 환자와 그렇지 않은 환자가 있다. 첫 번째 경우에는 그가 두려워하는 한 남자의 도움으로 그를 허황된 상상으로부터 끄집어내야 할 필요가 있다. 말로서 그를 부끄럽게 하고 세기가 처한 위험과 심판의 날과 천국의 기쁨에 대해 설명하면서 경각심을 불러일으켜야 한다. 환자가 이성에 굴복하지 않을 경우, 만약에 환자가 소년이어서 여전히 채찍을 들 수 있는 경우라면, 그의 기력이 완전히 탕진될 때까지 집중적이고 강도 높은 채찍질을 가해야 한다. 그런 다음에는 무언가 굉장히 슬픈 소식을 전해 더 큰 슬픔이 하찮은 슬픔을 이길 수 있도록 해야 한다. 아니면 굉장히 즐거운 소식을 전할 수도 있다. 예를 들어 그가 교수 혹은 관리가 되었다거나, 아니면 그에게 커다란 재산이 생겼다는 이야기…… 혹은 그에게 크고 중대한 임무를 부여할 수도 있다……. 그를 먼 나라로 데리고 가서 전혀 다른 세상의 모습을 보여줄 수도 있고…… 또 다른 여자들을 만나보라고 권할 수 있다. 한 여자의 사랑으로 또 다른 여자의 사랑을 식힐 수 있도록. 오비디우스가 말했듯이 두 여자 친구를 사귀어보라고, 혹은 가능한 한 더 많은 여자를 만나보라고 권할 수 있다. 분위기를 바꿔보는 것도 좋은 방법 중에 하나다. 친구들과 만나게 하거나 그를 꽃이 핀 들녘과 산과 숲으로, 볼 것도 많고 새와 악기 소리가 울려 퍼지는 곳으로 데려가는 것도 좋은 방법이다……. 끝으로, 더 이상 다른 방법이 없을 때, 나이 많은 여자들에게 도움을 요청해보자. 이 여자들이 환자의 여인을 모욕하고 명예를 실추시키도록……. 어쨌든 커다란 치아에 수염이 난, 지저분하기 짝이 없는 여자를 골라야 한다. 흉하고 더러운 옷을 입고

치마 밑이 생리적인 출혈로 더럽혀진 나이 많은 여자로 하여금 환자의 사랑하는 여인 앞에 나타나 그녀의 옷을 잡아당기면서 그녀가 치사한 술주정뱅이에 침대에 소변을 보기 일쑤이고 창피를 모르는 간질환자인데다 그녀의 몸에는 울퉁불퉁하고 썩은 냄새가 나는 혹들뿐만 아니라 늙은 여자들만이 아는 흉측한 것들이 달려 있다고 말하도록 시키는 것이다. 그래도 아무런 반응이 없으면, 나이든 여자가 느닷없이 피 묻은 치마를 환자의 코앞에 들이대고 소리를 지르도록 하자. '네 여자 친구 년이 바로 이래!' 그렇게 말하는데도 환자가 연인 곁을 떠날 생각을 하지 않는다면 그는 사람이 아니라 악마의 현현일 것이다……[5]

주의 깊은 독자들은 우리가 앞 장에서 재구성을 시도했던 에로스 이론의 거의 모든 요소들이 위의 글에 다시 언급되고 있다는 것을 곧장 눈치챘을 것이다. 무엇보다도 시인들의 심리학이 가장 집요하고 열성적으로 받아들였던 에로스적인 경험의 유령적 성격이 이 설명 속에서 또렷하게 강조되고 있다. 고르도니오는 이 "영웅적인" 질병을 상상력 속에 위치시키고 있다. 아니, 좀 더 정확히 말하자면 아비센나의 심리학 속에서 중앙에 있던 뇌실 정상에 위치한 기량, 즉 감각적인 대상들 속에 있지만 감각적으로는 파악하기 힘

---

[5] 위에 인용된 고르도니오의 묘사는 아르날도 다 빌라노바의 그것과 대략적으로 일치한다(Arnaldi Villanovani Praxis medicinalis, Lugduni, 1586). 가장 오래된 묘사를 담고 있는 문헌은 아마도 코스탄티누스 아프리카누스의 『Pantechni』와 『Viaticum』일 것이다. 첫째는 할리 아바스의 『Liber Regius』의 번역서, 둘째는 10세기 중반에 아랍어로 집필된 문헌의 번역서다.

든 의도들을 이해하고 이러한 의도들이 가지고 있는 선함 혹은 악함, 유리함 혹은 불리함의 정도에 따라 결정하는 판단력[6] 속에 위치시키고 있다. 우리는 위치가 이런 식으로 정확하게 언급되고 있다는 사실을 무의미하다고 볼 수 없다. 바로 단테가 『연옥』의 한 구절 속에서 베르길리우스의 입을 빌려 "모든 사랑의 감정이 그 자체로 좋은 것이라고 믿는 사람들"[7]을 차갑게 비판하며 사랑의 '자유'와 '책임감'에 기초를 놓기 위해 기용하는 것이, 그가 정의내린 대로, "판단할 줄 아는 기량이자 선악의 선택을 눈여겨볼 줄 아는"[8] 판단력이기 때문이다. 우리는 또 다른 소네트 「아름다움이 달리는 길을 따라」[9]에서 '탑'이 영혼의 허락을 받아 문을 열지만 오만하게 등장하는 리세타의 유령 앞에서는 문을 닫아버리는 장면을 보게 된다.[10] 이 탑이 암시하는 것이 바로 "사랑이 머무는 곳"과 같은 곳에 거하는 '판단력'이다.

바로 이러한 판단력의 둔화가, 의사들에 의하면, '아모르 헤레오스amor hereos'의 시발점이다. 판단의 오류가 (판단력이 먼저 상상력에게 명령하고, 상상력이 또 다른 기량들에게 지시를 내린다) 부추기는 것이

---

6 아르날도 역시 헤레오스를 동일한 곳에 위치시킨다. 하지만 좀 더 일반적으로 의사들이 언급하는 것은 "상상적 기량의 부패Corruptio virtutis imaginativae"다.

7 'la gente ch'avvera/ ciascun amor in sé laudabil cosa', 단테, 『연옥』 XVIII 35~36.

8 'la virtú che consiglia/ e de l'assenso de' tener la soglia', 단테, 『연옥』 XVIII 62~63.

9 'Per quella via che la bellezza corre'

10 이 소네트의 내용을 간단히 요약하면, 리세타 혹은 리세타의 이미지가 자신만만하게 탑 혹은 시인의 머릿속으로 그를 정복하기 위해 침투해 들어가지만 그녀 안에 그녀를 지배하는 또 다른 여인이 숨어 있었던 탓에 탑 앞에서 부끄러움을 당하고 쫓겨난다. ─옮긴이

바로 욕망[11]이며 욕망은 상상력과 기억력을 집요하게 자극하면서 유령 주변을 맴돌게 한다. 그런 식으로 유령은 일종의 병적인 순환 속에서 계속 더 강렬하게 새겨지며 그러는 가운데 에로스는 우울증의 불투명하고 사투르노적인 가면으로 얼굴을 가리게 된다. 사랑의 대상을 열광적으로 과대평가할 줄 알았던 중세 시인들의 직관력이 대단한 것이었다면 그것의 산문적인 설명은 다름 아닌 판단력의 반복되는 오류 속에서 발견된다("그녀가 세상에서 가장 아름답고 가장 추앙받을 만하고 가장 비범하고 육적으로나 영적으로 가장 뛰어난 존재라고 생각한다"). 하지만 더욱 놀라운 것은, 의사들이 고집스럽게 권장하던 아모르 헤레오스의 치료법 가운데 프로방스 문학의 가장 지속적이고 표본적인 시의 공간 '로쿠스 아메누스locus amoenus'[12]가 등장한다는 사실이다. 비근한 예로 의사 발레스코 디 타란타Valesco di Taranta의 권고를 들 수 있을 것이다. "정원과 풀밭과 숲 속에서, 새들이 지저귀고 나이팅게일이 우는, 꽃이 핀 정원에서 친구

---

11 중세 심리학은 상당히 깊이 있는 직관을 통해 욕망vis appetitiva이 상상에 의존한다고 보았다. "…… vis appetitiva et desiderativa, que, cum ymaginatur forma que appetitur aut respuitur, imperat alii virtuti moventi ut moveat……. 욕구와 욕망의 힘은 그것이 바라거나 혹은 거부하는 형상을 상상할 때, 힘으로 움직일 수 있는 또 다른 기량들을 다스리게 된다." (장 드 라 로셸Jean de la Rochelle, 『Tractatus de divisione multiplici potentiarum animae』, P. Michaud-Quantin, Paris, 1964) 비슷한 방식으로, 아르날도 다 빌라노바 역시 『결속에 관하여De coitu』에서 이 주제를 다루고 있다. "결속에 속하는 것은 세 가지다. 상상력에 의해 태어난 욕구와 영과 기질이다(Tria autem sunt in coitu: appetitus ex cogitatione phantastica ortus, spiritus et humor)."
12 Locus amoenus는 문학 용어로, 문학적 상상력이 이야기의 일부가 진행될 무대로 만들어내는 이상적이고 쾌적한 공간을 말한다. 미술 분야에서 널리 도용되는 테마다. —옮긴이

들과 함께 걸어야 할 필요가 있다." 이러한 관점에서 보면, '로쿠스 아메누스'와 음유시인들이 사랑의 기쁨을 극찬하던 경향의 조합은 마치 하나의 의식적인 전복이자 의사들이 권하는 사랑의 치료법에 대한 하나의 대담한 도전으로 느껴진다. 어쩌면 의사들의 허황된 치료법을 ("무언가 굉장히 즐거운 소식을, 예를 들어 그가 교수 혹은 관리가 되었다거나, 아니면 그에게 커다란 재산이 생겼다는 이야기를 전할 수도 있다") 비슷한 방식으로 폭로하기 위해 시인들이 어떤 종류의 기쁨도 어쩌면 황제의 그것도 사랑의 기쁨에 비할 수는 없다는 사실을 지치지 않고 반복해서 강조했는지도 모른다.

고르도니오가 늙고 지저분한 여인을 등장시키면서 사랑의 과대평가로 인해 벌어진 일들을 그로테스크한 대조를 통해 무효화시키거나 그 효과를 무디게 만들 수 있다고 제안했던 기이한 치료방식 역시 사랑을 주제로 하는 시에서 전혀 찾아볼 수 없는 것은 아니다. 특히 이러한 관점의 해석을 통해 새로운 방식으로 읽을 수 있는 시가 있다면, 그것은 카발칸티의 소네트 「마네토, 저 여자 꼽추를 잘 보거라」이다. 이 시의 풍자적인 의도는 바로 진지하기 짝이 없는 치료방식을 언급할 때 분명하게 드러난다. 카발칸티가 마네토에게 제안하는 근본적인 치료법은 사실 고르도니오가 제안했던 그것과 정확하게 일치한다. 얌전하고 아름다운 여인과 여자 꼽추의 혐오스러운 모습을 함께 목격한다는 것이 한바탕 웃음을 자아내게 만들고 사랑의 병이라면 어떤 종류의 것이든 말끔히 낫게 하는 효과를 발휘한다. (넌 그렇게 큰 고통은 받지 않아도 돼/ 사랑 때문에 그토록 가슴 아파하는 일을 없을 거야/ 우울증에 빠질 일도 없을 테고…….) 경험 많은 고르도니오는 결론을 내리면서 씁쓸함을 감추지 못한다. "그렇게 말하는데도 환자가 연인 곁을 떠날 생각을 하지 않는다면 그는 사람이 아니라 악마의 현현일 것이다."

아모르 헤레오스의 병리학은 에로스 이론의 근본적인 두 번째 요소, 프네우마적인 성격 역시 빼놓지 않고 있다. 아르날도 다 빌라노바는, 아마도 이 주제에 관한 가장 포괄적인 연구서가 될 『영웅적이라고 불리는 사랑에 관하여』에서 판단력이 오류를 범하는 원인은 동일한 기량, 즉 판단력의 악순환 속에서가 아니라 판단력의 도구에서 비롯된다고 보았다. 여기서 도구란 뇌의 중앙에 위치한 뇌실 속으로 "들끓듯이 몰려드는" 영들을 말한다. 뇌가 이 영들을 식히지 못하기 때문에 "영들은 어떤 것이 옳은 판단인지 식별하지 못하고 몽롱한 상태에서 인간을 잘못된 길로 인도하게 된다".[13] 바로 이 과다한 열기와 건조함 때문에 전면에 위치한 상상력의 뇌실 역시 바싹 마르게 되고 그로 인해 더 강렬히 이 영웅적인 열정으로 불타오르는 유령을 붙잡게 된다. 시인들의 경험 속에서 그토록 화려하게 표현되는 이 한숨의 복잡한 메커니즘이 정확하게 프네우마적인 관점에서 설명되는 것은 다름 아닌 의사들의 저술 속에서이다.[14]

---

13 아르날도 다 빌라노바, 『De amore qui heroycus nominatur』, cap. II, in Arnaldi Villanovani, 『Praxis Medicinalis』.

14 아르날도는 곧이어 설명한다. "이와 비슷하게, 욕망하는 것의 부재 속에서 인간은 슬픔에 잠긴다. 그리고 이것의 수용을 위해, 강한 영과 오랫동안 가열된 증기의 힘으로 더 깊은 곳으로부터 올라오는 밀도 높은 공기가 심장의 재생을 위해 밀착되듯이, 깊은 한숨 또한 이 증기로부터 올라오게 된다(Similiter, et in absentia rei desideratae tristatur et cum ad comprehensum, diu cordis recreatione copiosus aer attractus, forti spiritu cum vaporibus diu praefocatis interius expellatur, oritur in eisdem alta suspiriorum emissio)."

이것이 사실이라면, 우리는 시인들이 이해하고 묘사하는 바대로의 사랑과 유사한 무언가가 서구문명에서 처음으로 등장했을 때, 그것이 다름 아닌 병적인 형태로, 11세기에 집필되기 시작한 의학 논문들이 뇌의 이상을 다루는 곳에서 등장했다고 단언할 수 있을 것이다. 의사들이 '아모르 헤레오스'라는 항목 속에 요약하고 있는 "우울증과 유사한" 침울한 신드롬 속에는, 비록 부정적인 관점에서지만, 시인들이 고귀한 사랑을 특정 짓기 위해 열거하는 사실상 거의 모든 요소들이 나열되고 있다. 이것은 곧 12세기부터 시인들에 의해 시작된 사랑의 재평가가, 서양철학이 플라톤의 『파이드로스』와 『심포지움』을 통해 물려받은 에로스의 "고상한" 개념을 재발견하면서 이루어지는 대신, 의학 전통에서 발견되는 치명적인 질병의 극복을 통해, 즉 바르부르크가 한 세대의 "선택 의지"라고 불렸던 것과 만나면서 근본적인 의미의 전복을 겪게 되는 "영웅적" 질병의 극화를 통해서 이루어졌다는 것을 의미한다. 200년 뒤에 르네상스 시대의 인문학자들이 뒤러의 〈멜랑콜리아〉 속에 날개 달린 천사의 모습으로 영원히 고정되어 있는 표징을 하나의 원리로 내세우며 그들의 이상이었던 사색하는 인간상을 바로 의학 전통이 가장 비참한 것으로 여기던 기질의 위협적이고 사투르노적인 형상 위에 구축했던 것처럼, 같은 방식으로, 현대 유럽인이 가장 고귀한 영적 경험으로 여기는 사랑의 기원은, 다름 아닌 상상력을 통해 죽음에 이르게 하던 병을 모델로 12세기의 시인들이 고안해냈던 '영웅적인 사랑'이었다. 아니, '영웅적인 사랑'이 우울증과 본질적으로 유사하다고 볼 수 있는 만큼 우리는 오히려, 12세기 시인들이 '영웅적인 사랑'에 대한 의학 이론의 근본적인 전복을 시도했다는 바로 그 이유 때문에, 200년 뒤에 르네상스의 인문학자들 입장에서 사투르노적인 기질의 재평가를 시도하는 것이 가능했다고 주장할 수 있다.

그렇게 해서, 플라톤이 명확히 대칭되는 것으로 보았던 두 종류의 에로스는 (이들은 두 명의 비너스, 즉 천상의 비너스와 지상의 비너스에서 유래하는 서로 다른 계보를 가지고 있다) 서양 전통 속에서 단 하나의 유일한 에로스로 변신했고 그것은 상반되는 기호들 간의 비통한 긴장 속에서 강렬하게 극화되어 나타나기 시작했다. 이러한 관점에서 보면, 본질적으로는 통일적인 성격을 가지고 있으면서 서로 반대되는 방향으로 나아갈 수 있는 프로이트의 '리비도' 역시 얼마든지 사랑에 대한 중세적 아이디어의 뒤늦은 상속자라고 볼 수 있다. 아마도 서구적인 사랑의 가장 고귀한 정신적 이상이 하나의 저속하고 유령적인 경험과 분리될 수 없다는 사실에 기하는 것이 행복의 서구적이고 현대적인 개념이 가지고 있는 근본적인 모호함, 예를 들어 중세의 '수동적 지성' 이론 속에 여전히 살아남아 있던 이론theoria이라고 하는 완벽한 행복teleia eudaimonia의 이상적이고 사색적인 모델에 비해 확실히 모호해 보이는 행복의 현대적 개념일 것이다. 적어도 12세기부터는 행복의 아이디어가 에덴동산의 순수함과 달콤한 유희를 재건하려는 시도와 뒤섞여 나타난다는 점, 달리 말하자면 행복이 구원의 계획과 분리할 수 없는 것으로, 에로스의 육적인 성취와 분리할 수 없는 것으로 드러난다는 점이 바로 현대적 의미에서의 '행복'이 가지고 있는 특징이다. 물론 이런 식으로는 드물게 감지되는 것이 사실이지만 이러한 관점을 뒷받침하는 기준은 이미 단테의 '마텔다'[15]를 통해 마련되었다고 보아야 할 것이다. 이와 유사한 테마가 르네상스 시대에 와서 황홀경에 빠져 춤을 추는 님프를 통해 다시 등장하며 극적이고 상징적인 형상으로 와토Watteau의 〈우아한 축제〉와 세잔의 〈목욕하는 여인들〉 속에서 다시 모습을 드러낸다. 성적 자유를 행복의 조건으로 보는 현대적인 이상 속에 여전히 무의식적으로 살아남아 있는 것이, 비록 기원으로부터 멀리 떨어져 있는 것이 사실이지만, 바로 사랑을 에덴의 순수함을 재건하고 완성하는 것이라고 보는 또렷하게 시적인 시각이다.

문화사의 커다란 변혁이 전통으로부터 물려받은 유산을 토대로 이루어지는 것이라면, 새로운 세계의 등극에 도구 역할을 하는 "극화" 역시 이미 전통으로부터 물려받은 유산 속에 그 가능성이 잠재해 있었기 때문에 이루어진다고 보아야 하고 바로 그 가능성이 새로운 시대와의 만남을 통해 활성화되고 극화된다고 보아야 할 것이다. (바르부르크는 이과 관련하여 문화의 상징적인 요인들을 "역동적 기억심상dinamogramma"[16]이라고 부르면서 이를, 총체적인 방식으로 에너지를 전달하면서 그 에너지에 부정적이거나 긍정적인 의미를 전혀 부여하지 않는 일종의 축전기에 비유한 바 있다.) 따라서 우울증의 재평가는 틀림

---

15 마텔다는 『연옥』의 마지막 부분에 등장하는 주인공으로, 단테가 지상의 천국에서 베아트리체보다 먼저 만나는 여인이다. 외적으로나 내적으로 절대적인 미를 소유한 여인으로 소개되며 인간이 원죄를 저지르기 전 상태를 상징하는 인물이다. —옮긴이
16 바르부르크의 사상 속에서, 고대의 심리적 에너지가 살아남아 기억 속에 일종의 유산처럼 침전되는 현상을 가리킨다. —옮긴이

없이 르네상스 휴머니즘이 스스로의 새로운 태도와 입장을 세상에 드러내 보이는 방식 중에 하나였을 것이다. 하지만 그것이 가능했던 것은 의심할 여지없이 검은 기질의 고전적 개념 속에 살아남아 있던 모호함, 즉 이미 아리스토텔레스의 철학 속에 잠재해 있었고 (아리스토텔레스는 기질 가운데 가장 비참한 것이 바로 가장 천재적인 인간들의 것이라고 말한다) 아울러 그것이 전승되어왔다는 것 또한 교부철학의 **슬픔**과 **나태함**의 이중적 양극성에 의해 증명되는 불명확함의 존재 덕분이었다. '아모르 헤레오스'의 병리학적 이미지 역시 이러한 종류의 잠재력을 가지고 있었다. 아니, 이 경우에는 오히려 이 잠재력이 정확한 의미에서 의학 분야와는 거리가 먼 기원을 반영하고 있다고 보아야 할 것이다. 이 기원이 주술적인 우주론의 악령학적 계보를 통해 신플라톤주의 사상과 연결된다. '사랑은 곧 병'이라는 이 암울한 사랑의 개념은 (그리고 이를 통해 사랑의 시학 또한) 모든 어려움을 물리치고, 비록 간접적인 방법과 중재를 통해서이지만, 사랑을 영혼의 가장 고귀하고 신비한 경험의 자리에 올려놓은 철학자의 유산과 다시 만나게 된다. 이 재회는 놀랍게도 이상적인 사랑과는 아무런 관계없이 이루어졌다. 그것은 사랑의 어두운 측면, 즉 『심포지움』에서 의사 유리시마코스가 이야기하는 사랑의 병든 부분과의 재회였다.[17]

이러한 머나먼 기원을 설명해줄 수 있는 것이 존재한다면 그것은 바로 아모르 헤레오스의 이름이다. 로위스는 헤레오스라는 용

---

17 『심포지움』, 186b.

어를 그리스어 에로스eros의 잘못된 라틴어 표기에서 유래한 것으로 보았고 그리스인 의사 오리바시오스Oribasios의 저서 『시놉시스Synopsis』의 상당히 잘못된 번역본이 실려 있는 6세기의 한 수사본을 통해 실례實例를 확인할 수 있다고 믿었다. 그러나 이러한 가정은 Amor hereos가 가지고 있는 독특한 언어적 양면성을 어떤 식으로든 설명해주지 못할 뿐 아니라, 의학 문헌들이 만장일치로 hereos를 herus 혹은 heros[영웅]에서 유래하는 것으로 기록하고 있다는 점, 무엇보다도 아르날도 다 빌라노바가 사용하고 있는 형용사 heroycus[영웅적]의 기원이 앞의 두 단어에서 유래할 수밖에 없다는 사실과 일맥상통하지 않는 부분이 있다. 플라톤의 『크라틸로스』에서 소크라테스가 '영웅'을 '사랑'에서 유래하는 것으로 보고 그 이유를 농담처럼 "영웅들이 에로스로부터 탄생하기 때문"[18]이라고 설명하는 부분에서 이미 언급된 바 있는 '사랑'과 '영웅'의 의미론적 조합은 영웅 숭배사상과 주술적 악령 이론의 신플라톤주의적인 부활과 함께 실질적인 완성 단계에 도달했다고 보아야 한다. 고대의 숭배문화[19]와 밀접한 연관이 있고 히포크라테스가 이미 『신성한 지병에 관하여』에서 정신병의 원인들 중에 하나로 열거한 바 있는 "죽은 사람들의 영혼"은 여기서 '유일자'의 존재를 떠나 '주술' 속에서 모습을 드러내는 초인간적인 존재의 계보에 발을 들

---

18 『크라틸로스』, 398c-e.
19 영웅숭배에 관해서는 에르빈 로데의 정보가 언제나 유용하다. (E. Rohde, 『프시케Psche』, Freiburg im Breisgau, 1890~1894) 정신병의 원인으로서의 영웅들에 관해서는 히포크라테스와 (Hippocratis, 『De morbo sacro』, I VI 360) 도즈의 연구를 참조 바란다. (E. R. Dodds, The Greeks and the Irrational, Berkeley-Los Angeles, 1951, 77쪽)

여놓게 된다. 이암블리코스의 『신비에 관하여De mysteriis』는 악령이나 집정관과의 차이점에 주목하며 영웅들의 현현과 영향력에 대해 꼼꼼히 묘사하고 있고 프로클로스는 신성한 존재를 바라보며 황홀경에 빠져 있는 악령들의 계보를 언급하면서 "영웅들의 군대는 도취된 상태에서, '아름다움'을 중심으로 움직이는 천사들, 악령들과 함께 움직인다"고 묘사하고 있다.[20] 피타고라스의 "금빛 시"에 관한 해설에서 히에로클레스는 영웅들을 신도 인간도 아닌 "중간 정도의 이성적 존재로서 죽지 않는 신들 다음으로 세계를 차지하며 인간의 본성을 앞서가고 최후를 시작처럼 다룰 줄 안다"고 설명한다. 『크라틸로스』의 환상적인 어원 설명을 모델삼아 (하지만 신플라톤주의적인 재생 속에서 영웅들이 맡은 새로운 역할을 보여줄 만한 의미론적 깊이가 엿보인다) 그는 피타고라스의 "금빛 시"에 등장하는 "빼어난 영웅들agauoi heroes"을 이런 식으로 설명한다. "이들을 빼어난 영웅이라고 부르는 것은 옳은 일이다. 이들은 착하고agathoi 밝고foteinoi 악습이나 망각에 물들지 않는다. 영웅들은 에로스인 동시에 에로테스erotes, 즉 사랑에 빠진 존재이면서 에로스와 대화를 나누는 연인이다. 이들은 우리를 지상의 삶으로부터 빼앗아 높은 곳에 있는 신성한 도시로 데려간다."[21]

이러한 관점에서 영웅들은 유대교와 그리스도교 신학의 천사들과 동일시되고 있다. "복된 삶의 규칙들을 우리에게 보여주고 전달

---

20 Jamblique, 『Les mystères』, II, 6, Proclos, 『In Platonicum Alcibiadem de anima atque daemone』, in Aedibus Aldi, Venetiis, 1516(trad. lat. di Marsilio Ficino).
21 『히에로클레스의 해설서Hieroclis Commentarium』, in 『Aureum Carmen』 III 2.

하는 이들은 가끔씩 천사라는 이름으로 불리기도 한다." 이 문장은 '영웅'과 '사랑'의 접근이 원래는 긍정적인 차원에서 이루어졌고 단지 느리게 진행되는 역사적 경로를 통해, 예를 들어 주술세계와의 만남 혹은 그리스도교와의 충돌을 통해, 천천히 부정적인 극성을 띠게 되었으며 그것이 바로 '아모르 헤레오스'의 의학 이론 속에서 하나의 유일한 구성요인으로 살아남게 되었다는 것을 보여준다.

아마도 『에피노미스』의 한 시사적인 문장이 신플라톤주의 악령 이론의 계보학적 구축에 기여했을 것으로 보인다. 이 문장 속에서 플라톤은 다섯 가지 종류의 살아 있는 존재를 구분하고 그것에 상응하는 요소들(불, 영기, 공기, 물, 흙)을 열거하면서 하늘의 악령도, 지상의 괴수도 아닌 중간 정도의 존재에 대해 언급하고 있다.

공기와 같은 성질을 가지고 있는 존재들, 중간세계를 점하고 있고 제3의 세계에 와서 전령과 해석자로서의 역할을 수행하는 이 존재들에 대해서는 유리한 중재에 대한 감사의 기도를 드리면서 예우를 갖추어야 할 필요가 있다. 이들과 함께 앞서 거론된 자들 모두 반투명한 존재들이어서 아무리 가까이 가더라도 결코 감지할 수 없는 특징을 가지고 있다. 두 종류의 존재들 모두 놀라운 지성을 소유하고 있다고 할 수 있는 것은 뛰어난 이해력과 기억력을 가지고 있기 때문이다. 이들은 우리의 생각을 알고 있고 신기하게도 우리 안의 선하고 아름다운 것들을 사랑하고 퇴폐한 인간을 미워한다. 아니나 다를까 이들은 고통에 민감하다. (반면에 신성한 운명의 완성자인 신은 쾌락도 고통도 느끼지 못한다.) 하늘이 살아 있는 존재로 꽉 차 있는 만큼 이들은 서로에게 해석자가 되고 가장 높이 있는 자들에게 모든 것과 모든 이들에 대한 소식을 전한다. 땅을 향해, 온 하늘을 향해 자유롭게 날아다니면서.[22]

『에피노미스』가 하늘의 악령에게 부여하는 중재자의 역할은 『심포지움』(202e)에서 거의 동일한 표현으로 '사랑'에게 부여되는 역할과 완벽하게 일치한다. ("그의 역할은 무엇인가요? 인간세계에서 일어나는 모든 일들을 해석하고 신들에게 전하는 걸세.") 아마도 이런 식의 상응이 하늘의 악령과 사랑의 점진적인 일치에 기여했을 것이다. 하늘의 악령에 대해서는 『에피노미스』의 악령 이론을 중세에 전파했던 칼치디우스의 글에서 "땅에 더 가까운 만큼, 사랑의 정열에 가장 잘 어울리는 존재다"라는 설명을 읽을 수 있다.[23] 아우구스티누스의 비판으로 인해 그리스도교도들 사이에서는 널리 알려져 있던 아풀레이우스의 글을 예로 들어보면, 한편에서는 악령들의 중재자적인 역할과 기체적인 요소로서의 특성이 어김없이 강조되고 있는 반면, 사랑은 분명히 하늘의 악령들 중에 하나로, 아니 그들 사이에서 지배적인 위치를 점하고 있는 악령으로 나타난다. "그들 사이에는…… 더 고귀한 종류의 악령이 있다. 특정한 힘을 수호하고 출신과 혈연으로부터 자유로운 이들 가운데 **수면**과 **사랑**이 있다……"[24]

---

22 『에피노미스』, 984a.
23 『Timaeus Platonis sive de universitate』, 97쪽.
24 Apulei Madaurensis Platonici, 『Liber de Deo Socratis』, Amstelodami, 1662, 336쪽.

악령 이론의 부정적인 극성은 이미 포르피리우스의 『금욕에 관하여De abstinentia』에서 놀라울 정도로 자세히 설명된 바 있고 특히 이것이 악령의 영향을 받았을 때 사랑을 매개체로 제시하는 특징을 가지고 있었지만, 교부이자 신플라톤주의 철학자였던 프셀로스[25]의 글에서 이 부정적인 극성은 환상적 영을 매혹과 사랑의 도구로 보는 이론과 이미 일체화되어 있는 것으로 나타난다. 하지만 동시에 강조되는 것은 하늘의 악령이 가지고 있는 어둡고 비뚤어진 성격이며 그것이 이제 사랑의 병리학, 사랑의 망상과 유령들이 가지고 있는 독특한 성격으로 둔갑하는 듯이 보인다. 이 이론에 따르면, 간단히 "기체적인"이라는 표현으로 정의되고 있는 '하늘의 악령'이 인간의 '환상적 영'에 영향을 끼치는 방식은 다음과 같다.

공기가 빛을 받아 색과 형상을 띠게 될 때 그것을 본성적으로 받아들이도록 만들어진 존재에게 전달하듯이(예를 들어 거울), 마찬가지로 환상적인 내면을 가지고 있는 악령들의 몸도 그들이 원하는 색과 형상을 마음대로 취한 뒤에 그것을 우리의 영혼에 전달하고 우리의 행동과 생각을 유도하면서 이미지와 기억들을 떠올리게 만든다. 그런 식으로 이들은 관능과 열정의 환영을 잠든 사람과 깨어 있는 사람의 정신 속에 불러일으키고 흔히 우리의 은밀한 부분을 자극하면서 건전치 못하고 비뚤어진 사랑을 주입한다.

---

25 미카엘 프셀로스Michael Psellos, 1018~1096. 비잔틴 제국의 정치가, 학자, 역사가, 저술가. 비잔틴 역사의 중요한 사료가 되는 대표적인 작품 『연대기』 외에도 천문학, 철학, 종교 분야에서 많은 저서를 남겼다.

'하늘의 악령'과 에로스를 동일한 것으로 보는 프셀로스의 시각이 확고부동하게 느껴지는 것은 그가 하늘의 악령들 역시 불화살을 쏜다고 단언하면서 사랑의 신이 쏘는 영적인 "불화살"을 곧장 떠오르게 만들기 때문이다.[26]

정확히 언제 어느 시점에서 칼치디우스와 프셀로스의 "하늘의 악령"이 고대 숭배사상으로부터 부활한 "영웅"과 동일시되는지 밝혀내는 것은 쉽지 않은 일이다. 디오게네스 라에르티오스가 피타고라스에게서 유래하는 것으로 보는 이론적 전통에 따르면, 영웅들은 분명히 기체적인 악령들의 모든 특징들을 이미 가지고 있고 허공에서 살며 인간에게 건강과 병[27]을 예측할 수 있는 판단력을 선사하는 것으로 설명되고 있다. "하늘의 악령"과 "영웅"의 일치를 확인할 수 있는 것은, 아마도 스토아철학에 기원을 두고 있고 아우구스티누스를 필두로 교부철학 문헌에 자주 등장하기 시작하는 한 표현을 통해서이다. 『신국론』 10권에서 아우구스티누스는 신플라톤주의적인 주술 이론을 열정적으로 비판하면서 그리스도교 순교자들을 "우리의 영웅"이라고 묘사하고 있다.

흔히 이 이름이 그리스에서는 '헤라'라고 부르는 유노에게서 유래한다고들 한다. 그래서 그리스인들의 우화에 따르면 그녀의 아들 중 한 명이, 나는 정확히 누구인지 모르겠지만, 헤로스라는 이름으로

---

26 Psellus De Daemonibus, trad. lat. di Marsilio Ficino, in Aedibus Aldi, Venetiis, 1516, 51쪽.
27 디오게네스 라에르티오스, VIII 32.

불린다고 한다. 아마도, 영웅과 악령이 함께 사는 곳이라고 그들이 믿고 있던 대기가 유노의 보호 아래 있다는 것을 상징적으로 나타내고 싶었을 것이다. 하지만 정작 "영웅"으로 불려야 할 사람들은 (영웅이라는 단어의 사용을 교회에서 허용해준다면) 우리의 순교자들이다. 이는 대기에서 순교자들과 악령들 간에 어떤 화합이 이루어지기 때문이 아니라 이 순교자들이 바로 악령을, 즉 형체 없는 기운들을 이겨냈기 때문이다……

이 '에로스-영웅-하늘의 악령'이라는 삼중적인 의미의 경로는 사랑 속에서 병적인 것을 발견했던 고대의 의학 이론과 (그 흔적을 우리는 플루타르크와 아풀레이우스에서 찾아볼 수 있다) 합류하면서 에로스의 비뚤어지고 "악령적인" 이미지 속에서 꽃을 피우게 된다. 이 악령적인 이미지란 바로 플루타르크가 그리스도교의 영향과는 아무런 상관없이 이미 날카로운 발톱과 송곳니가 달린 조그마한 괴물로 표현했던 이미지다.[28] 신플라톤주의의 영역 속에서는 따라서 건전하지 못하고 비뚤어진 사랑을 주입하는 이 '에로스-영웅-하늘의 악령'에 대한 저속한 이미지가 이미 형성되어 있었던 것으로 보아야 한다. 바로 이 이미지, 즉 영웅들 속에서 정신병의 원인들을 발견했던 히포크라테스적인 전통과 합류한 상태에서의 이 이미지로부터, 비록 의학에 기초하는 '아모르 헤레오스'는 아니더라도 최소한 그것의 해석인 '영웅적인 사랑 amor heroycus'이 비롯되

---

28 플루타르크(Stobeo, IV 20,68), "무엇이 사랑의 송곳니요 갈퀴인가? 의심과 질투다."

었다고 보아야 할 것이다.[29] '영웅적인 사랑'은 원래 지고하고 귀족적인 사랑이 아니라 '영웅-하늘의 악령'으로부터 영감을 받은 어둡고 저속한 사랑이었다. 다름 아닌 우울증의 기질 이론이 '정오의 악령'(이를, 헤카테의 시녀들 중에 하나였고 히포크라테스에 따르면 마찬가지로 악몽과 정신병의 원인이었던 엠푸사의 현현으로 볼 수 있을 것이다)이 가지고 있던 기이한 영향력과 깊은 연관성을 가지고 있었던 것처럼, '아모르 헤레오스'의 의학 이론 역시 '에로스-영웅-하늘의 악령'이 가지고 있는 병리학적이고 부정적인 극성과 깊이 연관되어 있었다. 이 날카로운 송곳니와 발톱을 가진 에로스의 영웅적이고 악마적인 형상이, 바로 파노프스키가 지오토의 우의화 '순결'과 사비오나라 고성의 프레스코화 속에서 발에 갈퀴를 달고 등장하는 에로스의 기원으로 보았던 "저속하고 신화적인" 큐피드에 도상적인 모델을 제공했던 것이 틀림없을 것이다. 프란체스코 다 바르베리노Francesco da Barberino, 1264~1348[30]의 『사랑의 문서』에서 에로스는 갈퀴와 활을 가지고 달리는 말 위에 서 있는 모습으로 등장한다. 파노프스키는 이 『사랑의 문서』를 통해 갈퀴 달린 에로스의 원형을 추적하지만 결국에는 실패하고 만다. 그가 내린 결론은 다음과 같

---

29 헤레오스Hereos라는 용어에 대한 가능한 설명으로 주목해야 할 것은 『칼데아 신탁』에서 '하늘의 악령'을 가리키는 단어의 철자가 herios[새벽녘의 뿌연 하늘, 어두운]로 적혀 있다는 사실이다. (Oracles chaldaïques, E. Des Places 번역 및 해설, Paris, 1971, fr. 91 e 216).
30 이탈리아 시인. 무엇보다도 『사랑의 문서Documenti d'Amore』의 저자로 널리 알려졌다. 1309년과 1313년 사이에 집필된 『사랑의 문서』1200년대와 1300년대 유럽에서 만들어진 가장 뛰어나고 아름다운 백과사전으로 손꼽히며 글의 내용을 설명하는 27개의 세밀화로 장식되어 있다. ─옮긴이

다. "이 모델은 바르베리노가 『사랑의 문서』를 집필하기 상당히 오래전에 고안된 것이 틀림없다. 하지만 분명히 13세기 이전으로까지 거슬러 올라가지는 않을 것이다."[31] 그러나 실제로 에로스의 악마적인 이미지는 우리가 살펴본 것처럼 고대 말기에 신플라톤주의 주술 이론의 영역 속에서 이미 ― 적어도 문헌들 속에서는 ― 구체적인 모습을 드러냈었고, 플루타르크로 하여금 에로스에게 날카로운 송곳니와 발톱을 장착시키도록 부추기고 어느 시점에선가 '아모르 헤레오스'의 의학 이론 속에서도 모습을 드러냈다. 말 위에 올라서 있는 에로스라는 예외적인 이미지의 기원은 아마도 우상시학적인 주술 이론의 영역에서, 프로클로스의 글에서 찾아져야 할 것이다.[32] 이 어둡고 악마적인 특징들이 바로 우리가 시인들이 말하

---

31 파노프스키, 『도상해석학 연구』.

32 프로클로스Proclus, 『In Platonis rem publicam』, Kroll 편찬, 1권 111쪽 참조. 『칼데아 신탁Oracles chaldaïques』, fr. 146. "신령을 부른 뒤에는, 마치 허공의 파도 속에 뛰어오른 소년처럼 불이 몸을 뻗는 것을 보게 될 것이다. 아니면 형체 없이 소리를 지르는 불을 보거나 혹은 땅을 감싸 안는 화려한 빛을, 혹은 빛보다 훨씬 더 밝게 빛나는 한 마리의 말을, 아니면 금으로 뒤덮인 말 등에 올라타고 불에 타오르는 소년 혹은 벌거벗거나 손에 활을 들고 말 위에 올라선 소년의 모습을 보게 될 것이다." 이러한 연관성에 대한 우리의 가정이 사실이라면 이는 사랑의 이론과 신플라톤주의의 우상시학적인 주술 사이에 있을 모종의 관계를 예상하게 할 뿐 아니라 사랑이 중세문화 속에서 하나의 유령적인 과정으로서 가지고 있던 "우상숭배적인" 성격을 새롭게 조명해줄 수 있을 것이다. 게다가 사랑이 우상숭배에 가깝다는 것은 시인들이 나르시스와 피그말리온을 끊임없이 인용한다는 사실뿐만 아니라 연인들을 우상숭배자로 그리고 있는 화보들을 통해서도 증명된다. (예를 들어, 마에스트로 디 산 마르티노의 작품으로 추정되는 루브르의 '분만용 쟁반'은 날개를 단 벌거벗은 여인을 몇몇 유명한 연인들이 숭배하고 있는 모습을 그리고 있다. 벌거벗은 여인의 양편에는 두 명의 아이천사가 갈퀴를 들고 있다.) 중세 말기의 우상숭배는 정확히 말하자면 물질적인 이미지의 숭배가 아니라 정신적인 이미지의 숭배였다는 사실을 기억할 필요가 있을 것이다. (피에트로 롬바르도Pietro Lombardo의 「고린토인들에게 보낸 첫 번째 편지 해설」, in 『라틴교부총서』 191, 1602, "눈으로 본 것이 아니라 마음속으로 그려낸 것을

는 에로스의 고귀한 얼굴 뒤에서 발견할 수 있어야 하는 것들이다. 사랑의 이론이 '관능적이고 악마적인' 사랑과 '병적인' 사랑의 과감한 양극화라는 것을 이해할 때에만 우리는, 7세기가 흐르는 동안 일어난 커다란 변화에도 불구하고, 그 수많은 모순과 불합리한 특성에도 불구하고 본질적으로는 여전히 우리의 것이라고 할 수 있는 사랑의 개념을, 그것이 가지고 있는 혁명적인 성격과 새로운 면들을 깨닫고 가늠할 수 있을 것이다. 상상력과 병적이고 악마적인 경험과의 은밀한 관계만이, 중세가 발견해냈고 고전세계 속에서는 특이하게도 전적으로 어둠 속에 묻혀 있던 사랑의 유령적인 성격에 대해 부분적으로나마 설명해줄 수 있을 것이다. 대신에 그 기원에 하나의 "고귀한" 모델을 세워놓게 되면 (예를 들어 플라톤주의적인 그리스도교 신비주의 혹은 천상의 사랑에 대한 플라톤 이론) 우리는 바로 시인들의 발견만이 유일하고 가지고 있던 그 특이한 것의 본질을

우상이라고 부른다(Idolum enim hic appellat speciem quam non vidit oculus, sed animum sibi fingit here)". 그리고 『시편 79편 해설』, 같은 책, 191, 772, "신을 섬기듯이 사랑하고 숭배하지만…… 그들이 새로운 신을 고안해내고 그와 비슷한 것들을 가슴 속에 만들어내기 때문에, 그들 자체는 우상의 신전이 된다(Quod enim quisque cupit et veneratur, hoc illi deus est…… Illi autem cogitant recentem deum, et alia huiusmodi fingunt in corde; et ita ipsi sunt templa simulacrorum)……" 참조. 신플라톤주의적인 주술은 (앞에서 인용된 프로클로스의 문장이 암시하고 있는) 다름 아닌 유령과 상상 속의 이미지들을 환영적인 강령에 의해 불러일으키는 신비주의적인 관습이었다. 수많은 영지주의 문헌 속에서 나타나는 "이미지"에 관한 언급, "신혼 방"에서의 "이미지"와의 결합에 대한 언급은 이와 유사한 신비주의적이고 유령적인 관습의 존재를 짐작하게 한다. 이러한 상황을 배경으로 한다면, 사랑의 시학이 가지고 있는 구원론적인 측면도 전모를 드러낼 수도 있을 것이다. 마르실리오 피치노를 중심으로 이러한 우상숭배적인 관습이 지속되었던 부분에 대해서는 워커를 참조하기 바란다. (D. P. Walker, 『Spiritual and Demonic Magic from Ficino to Campanella』, Warburg Institute, London, 1958)

〈우상화된 연인〉 (마에스트로 디 산 마르티노의 작품으로 추정되는 쟁반), 파리, 루브르 박물관.

결코 깨달을 수 없게 될 것이다. 당연히 잊지 말아야 할 것은, 우리
가 살펴본 바와 같이, 신플라톤주의의 주술 이론에서 프네우마-유
령 이론에 이르는 에로스의 "저속한" 이미지가 형성된 동일한 문화
전통 속에 하나의 극성이 긴장된 상태로 잠재해 있었다는 사실이
다. 신플라톤주의의 유령적인 주술 이론이 사랑의 구원론 형성에
분명한 방식으로 기여했던 것과 마찬가지로 "환상적 영"의 재평가
역시, 그것이 신플라톤주의 사상과 그리스도교 사상을 하나로 만
든 화로 속에서 완성된 만큼, 사랑의 시적 재평가에 기여한 것으로
보아야 할 것이다. 에로스의 긍정적인 양극화는 사실 시인들에게
유령적인 성격의 절망적인 고조와 일치한다. 의사들이 아모르 헤

레오스의 치료를 위해 육체적인 사랑을 권하고 환자를 그의 "거짓 상상"으로부터 돌이키기 위해 모든 방법들을 동원하는 반면 시인의 사랑은 집요하고 엄격하게 유령의 순환체제 내부에 머물러 있어야 한다. 시인의 사랑은 피하지 말고 초월하지도 말고 끝까지 횡단해야 하는 상상력의 "죽음에 이르는 병"을 닮았다. 상상력이 죽음에 이르는 병과 함께 바로 구원의 극적인 가능성을 품고 있기 때문이다. 이러한 관점에서 나르시스와 피그말리온은 두 개의 상반되는 표징처럼 나타난다. 우리는 이 표징들 사이에 놓인 영적 경험의 핵심적인 문제들을 다음과 같은 질문들로 요약해볼 수 있을 것이다. 유령의 순환체제를 위반하지 않고 아모르 헤레오스를 치료하는 것이 어떻게 가능한가? 소유할 수 없는 사랑의 대상을(즉, 유령을), 나르시스(스스로의 이미지에 대한 사랑에 패배한 인물)나 피그말리온(생명이 없는 이미지를 사랑한 인물)이 되지 않고, 어떻게 소유할 수 있는가? 다시 말해 어떻게 에로스는 나르시스와 피그말리온 사이에서 자기만의 공간을 찾을 수 있는가?

6

"결코 끝나지 않을 기쁨"[1]

E io a lui: "I' mi son un che, quando

Amor mi spira, noto, e a quel modo

ch'e' ditta dentro vo significando".

그리고 내가 그에게, "나는 에로스가

내 마음을 끌 때, 듣고, 그가 내 마음에

말하는 대로 [시에] 의미를 부여하는 사람이네."

---

1 귀도 델레 콜론네Guido delle Colonne의 「행복하게 노래하니Gioiosamente canto」 중의 한
구절이다. "내가 그대를 더 칭송해야 하는 것은 현명한 여인 그대 덕분에 내 가슴이 결
코 끝나지 않을 기쁨을 느끼기 때문이라오(ma piu deggio laudare/ voi, donna caunoscente/
donde lo meo cor sente/ lo gioi che mai non fina)." ―옮긴이

『연옥』에 등장하는 이 3행시만큼 자주 거론되고 다양한 방식으로 해석된 구절은 드물 것이다. 따라서 이 구절을 다시 한 번 새롭게 해석하려는 시도는 누구에게든 부담스러울 수밖에 없는 일이다. 하지만 우리가 앞에서 살펴본 바를 토대로 이 구절을 재조명해 본다면 이 시는 은유적인 성격을 곧장 집어 던지고 낭만주의적인 '즉각적인 표현'이라든지 현대적인 '감정적 객관화'의 예고라는 믿음직스럽지 못한 평가에서 벗어나 프네우마 이론의 정수를 치밀하게 함축하고 있는 하나의 공식으로, 프네우마와 유령의 성전 전체를 지탱하는 아치의 쐐기돌이 상징적으로 표현된 하나의 시적 기호로 드러난다.

　이 구절에 대해서는 일반적으로 '에로스가 내 마음을 끌 때Amor mi spira'라는 표현의 의미론적인 해석, 즉 영감을 준다는 뜻의 동사 ispirare의 은유적이고 현대적인 의미를 기준으로 하는 해석이 주를 이룬다. 하지만 이 표현은 은유적인 의미가 고유의 의미와 아직 분리되지 않은 상태로 남아 있던 중세적이고 프네우마적인 문화의 맥락에서 재검토되어야 한다. 우리는 사랑이 프네우마의 심리-생리학적 영역에서 어떤 식으로 "마음을 끄는지spiri" 이전 장들에서 충분히 살펴보았다. '사랑'이 마음을 끄는 것spira은, 사랑이 본질적으로, 정확하게 하나의 "영적 움직임moto spirituale"(단테)이기 때문이다. 여기서 "영spirito"이라는 말을 우리는 단테와 스틸노보 시인들이 이해하던 대로, 이 말이 발음되는 순간 항상 프네우마의 세계 전체를 (아니, 프네우마-유령의 세계를) 곧장 떠올리던 문화를 염두에 두고 해석해야 한다.

어쨌든 분명한 것은 단테가, 여기서 우리가 주목하고 있는 이 문장 속에서, 사랑의 '마음 끌기'에 하나의 언어적 기호 이론을 끌어들이고 있다는 사실이다. 다시 말해, 단테는 자신의 시 쓰기를 '마음을 끄는' 사랑이 하는 말을 듣고noto 그 말에 의미significando를 부여하는 행위로 정의내리고 있다. 어떻게 해서 사랑의 '마음 끌기'가, 즉 사랑의 프네우마-유령적인 성격이 시적 언어 이론의 기초가 될 수 있는가? 이 질문에 대해 답을 하기 위해서는 "스틸노보" 시인들이 "환상적 영"의 이론적 구축에 기여하며 이룩해낸 가장 독창적인 중세 기호학의 한 장을 재구성해야 할 필요가 있다.

언어가 곧 기호라는 사실은 알려진 바와 같이 현대 기호학에 의해 발견되지 않았다. 스토아철학자들에 의해 정의되기 전부터, 언어의 기호학적 정의는 인간의 목소리를 '의미 있는 소리semantikos psofos'로 보았던 아리스토텔레스의 정의 속에 이미 내포되어 있었다. 『영혼에 관하여』에서 아리스토텔레스는 이렇게 말한다. "동물이 발산하는 모든 소리를 목소리라고 할 수 없다(소리는 혀로 혹은 기침을 통해서도 낼 수 있다). 즉, 공기에 진동을 일으키는 이가 영혼과 유령을 가지고 있을 필요가 있다. 목소리란 의미 있는 소리이지 공기의 진동만을 가리키지 않는다."[2] 지금까지 검토된 심리학 이론의 관점에서 바라볼 때, 아리스토텔레스는 인간의 언어가 내포하고 있는 의미론적인 특징을 하나의 정신적인 이미지 혹은 유령의 존재를 토대로 설명하고 있다. 따라서 오늘날 기호의 개념 설명을 위

---

2   아리스토텔레스, 『영혼에 관하여』, 420b.

해 흔히 기용되는 연산식(S/s, s는 기표를 S는 기의를 가리킨다)을 아리스토텔레스적인 방식으로 옮겨 적는다면 다음과 같은 형태를 띠게 될 것이다(F/s, s는 소리를 F는 유령을 가리킨다).

언어에 대한 아리스토텔레스의 정의가 재차 강조되는 그의 『해석에 관하여』는 중세의 기호학 자체가 이에 대한 하나의 해설이라고 해도 과언이 아닐 정도로 중세사상에 지대한 영향력을 발휘한 작품이다. 보에티우스Boetius, 475-525[3]가 라틴어로 번역한 아리스토텔레스의 정의는 다음과 같다. "목소리 속에 들어 있는 것은 곧 영혼 속에 있는 열정의 기호다(Sunt ea, quae sunt in voce, earum quae sunt in anima passionum, notae)." '영혼 속에 있는 열정'이라는 표현은 『영혼에 관하여』의 정의에 따르면 '환상 속의 이미지'를 가리키는 듯이 보인다. 하지만 아리스토텔레스의 사상 속에서 '환상'이 차지하고 있는 모호한 위치와 그것이 마치 지적 활동과 의미 사이의 무인지대에 머무는 것 같다는 사실을 염두에 두면, 곧 이어서 '영혼의 열정'이라는 표현에 어떤 의미를 부여해야 하는가를 두고 대대적인 논쟁이 벌어졌다는 것도 그다지 놀랍지 않은 결과로 보인다. 보에티우스는 『해석에 관하여』에 대한 해설문에서 이 논쟁에 대해 언급하고 있다. "어떤 이들은 목소리가 느낌을 의미한다고, 또 어떤 이들은 유령을 의미한다고 한다." 지적 이해를 강조하던 교부철학의 언어 이론을 바탕으로 보에티우스는 많은 지면을 할애해가면서 이

---

[3] 중세의 그리스도교 철학에 지대한 영향을 끼친 사상가. 때로는 교부철학의 창시자로 고려되기도 한다. ─옮긴이

러한 해석의 지지자들을 비판했다. 그는 "영혼의 열정"이라는 표현을 통해 아리스토텔레스가 나타내고자 했던 것이 느낌도 유령도 아닌 지성이었다는 사실을 증명해 보이고 싶어 했다. "이름과 동사는 무언가 불완전한 것이 아닌 완전한 것을 가리킨다. 때문에 아리스토텔레스는, 이름 및 동사와 관련된 모든 것은 느낌이나 상상의 기호가 아니라 지적 이해가 가능한 것들의 기호라고 말한다."[4]

아리스토텔레스의 언어 이론에 대한 교부철학적인 해석은 알베르투스 마그누스의 『해석에 관하여』에 완벽하게 표본화되어 나타난다. 여기서 기호 이론은 우리에게 이미 익숙해진 심리과정의 발전 단계에 따라 세분화된다.

외적인 대상은 어떤 식으로든 영혼을 상대로 작용하고 그 위에 새겨지며 열정을 부여한다. 그것은 영혼이 정신과 지성을 따라 수동적이고 수용적으로 반응하기 때문이다. 그런 식으로 지성 역시 외적 대상에 대해 수동적이고 수용적인 자세를 취하기 때문에, 영혼 속에 생성되는 의도와 형상을 흔히 열정이라는 이름으로 부른다. 외적인 대상을 인식하고 인식한 대상의 형상에 따라 열정을 받아들이는 것에 의하지 않고서는 목소리의 음절이 조절될 수 없기 때문에, 목소리는 지성에 의해 존재한다고 할 수 있다. 대상의 종류를 의미하고 대상을 통해 속으로 인식한 열정을 의미하기 위해서가 아니라면, 지성에 의해 음성의 조합은 이루어지지 않는다⋯⋯. 그렇게 해서 의

---

4 아리스토텔레스, 『해석에 관하여』 6(『라틴교부총서』, 46, 406).

미작용을 위해 지성에 의해 만들어진 목소리 속에 들어 있는 것, 그 것이 바로 영혼이 대상으로부터 받아들인 열정의 기호다. 대상은 그 렇게 해서 스스로와 유사한 종류의 대상들을 영혼 속에 탄생시킨다. 그리고 이러한 종류의 대상들로부터 정보를 얻은 지성이 목소리를 주도하게 된다. 따라서 영혼의 열정 역시 일종의 대상이며 정보를 수집한 지성의 주도하에 의미를 가진 목소리가 영혼 속에 있는 열정 의 기호를 표현하게 된다. 따라서 듣는 사람의 입장에서 목소리 자 체는 대상의 기호이자 상사相似가 된다. 어쨌든, 말하는 사람의 입에 서 열정의 기호인 것은 듣는 사람의 귀 속에서 대상의 기호이자 상 사다. 그런 식으로, 목소리는 곧 영혼 속에 들어 있는 열정의 기호가 된다.[5]

보에티우스로 하여금 기의의 영역에서 유령을 제외시키도록 했 던 교부철학의 지성주의는 알베르투스에게까지 이어져서 결국에 는 우리가 오늘날 이해하는 방식대로의 '영혼의 열정'이—하나의 기호 이론을 위해—가지고 있는 중요성까지 부인하기에 이른다. 알베르투스는 실제로 "열정"이라는 용어가 가지고 있는 두 가지 의 미를 구분하고 있다.

한편으로는, 눈에 보이는 대상이 감각에 열정을 주입하고 지적인 대

---

[5] 알베르투스 마그누스, 『해석에 관하여De interpretatione』, tr. II, cap. I, Beati Alberti Magni, 『Opera omnia』, Lugduni, 1651.

상이 수동적인 지성에 열정을 부여하듯 대상이 '수용의 힘' 속에(그것이 감각적이든 지적이든) 새겨넣는 형태 역시 열정이라고 부른다. 하지만 다른 한편으로는, 육체를 통해 움직이고 스스로의 움직임을 영과 피의 운동을 통해 드러내는 영혼의 움직임을 열정이라고 부른다. 비근한 예로 열정적인 분노, 정념, 기쁨, 슬픔, 자비, 두려움 등등, 즉 심장의 확장기와 수축기에 따라 변하는 것을 우리가 감수한다는 의미에서 이와 비슷한 종류의 감정들을 들 수 있을 것이다. 그러나 우리가 여기서 다루고 있는 열정은 이런 의미의 열정이 아니다.[6]

바로 이 언어학적 기호 이론을 배경으로 우리는 『연옥』의 3행시에서 단테가 말하고자 하는 바를 살펴보아야 한다. 언뜻 보면 이러한 관점에서 그의 말들은 아무런 새로운 요소도 가지고 있지 않은 듯이 보인다. '듣고$_{noto}$' '의미를 부여한다$_{vo\ significando}$'는 말은, 언어를 영혼이 가지고 있는 열정의 흔적과 기호로 보는 교부철학적인 정의와 정확하게 일치한다. 하지만 좀 더 자세히 들여다보면 우리는 무언가 근본적으로 다른 점이 있다는 것을 발견하게 된다. 우리가 살펴본 바와 같이 교부들의 해석이 '영혼의 열정'을 '지각 가능한 것들'과 일치시키고 '영적인 움직임들'(분노, 욕망, 기쁨, 등등)을 언어 이론의 영역에서 또렷하게 제외시키면서 언어적 기호들의 지적 기원을 주장했던 반면 단테는 시적인 표현을 다름 아닌 '영적인 사랑$_{amor\ spirante}$'이 이야기하는 바로 고려하고 있다. 중요한 것은 이

---

6 같은 책, cap. II.

를 통해 단테가 단순히 개인적인 의견이나 그만의 시적 예술론을 주장하는 것이 아니라 교부철학의 기호학적 영역 밖에서 언어 이론을, 사랑의 시인들에게 그토록 중요한 역할을 담당했던 프네우마-유령 이론 속으로 다시 도입하고 있다는 사실이다.

이러한 이론의 영역 속에서 인간의 목소리는 처음부터 심장에서 흘러나와 후두를 통과해 혀를 움직이게 하는 프네우마적인 기운으로 나타났다. 『히포크라테스와 플라톤의 처방에 관하여』를 통해 목소리의 생리학을 여러 장에 걸쳐 다루면서 갈레노스는, 음성 프네우마의 기원을 심장으로 보던 이들과 뇌로 보던 이들 사이의 의견 충돌로 인해 발생한 논쟁에 대해 상세하게 기술하고 있다.[7] 이제, 그 자체로 하나의 "영적 움직임"인 사랑의 대상이면서 동시에 기원이 되는 유령("환상적 영")의 프네우마적인 본질을 기억한다면, '사랑의 마음 끌기spirare d'amore'와 언어와의 깊은 관계는 다시 한 번, 사랑이 가져다주는 "행복"의 교리이자 생리학이면서 동시에 시적 기호학인 하나의 복합적이고 일관적인 이론으로서의 면모를 드러내게 될 것이다. 이는 아울러 왜 '사랑의 마음 끌기'와 시적 언어와의 깊은 연관성이 단테에서만 확인되는 것이 아니라, 목소리가 심장에서 유래한다는 의견을 또렷하게 천명하고 있는 사랑의 시인들 사이에서 공통적으로 나타나는지 설명해준다.[8] 그렇게 해서 우

---

7 갈레노스, 『히포크라테스와 플라톤의 견해에 관하여』(l. II, 98쪽 이하. in 『Opera』), 칼치디우스. "목소리도 가슴팍, 즉 심장 깊숙한 곳으로부터, 심장 속에서 발버둥치는 영으로부터 발생한다고들 한다(Vocem quoque dicunt e penetrali pectoris, idest corde, mitti, gremio cordis nitente spiritu)……."(Timaeus Platonis, 135쪽)
8 예를 들어, 귀도 카발칸티의 『돌체 스틸노보의 시인들』, XXXVI. "너 망연자실한 힘

리는 이제 왜 카발칸티의 작품 속에서 말을 하는 것이 "영들"인지, 어떻게 치노 다 피스토이아가 단테의 테마를 발전시키고 재차 천명하는 듯이 보이는 소네트에서 사랑에 대해, "내가 시를 통해 말하는 것은 내 안에서 말하는 그의 영으로부터 비롯되니"라고 이야기할 수 있었는지 어렵지 않게 이해할 수 있다.[9] 영혼과 육체의 중재자 역할을 '영'에게 맡기면서 보이는 것과 보이지 않는 것, 무형과 유형, 표면과 존재 사이의 형이상학적인 파열을 극복하기 위해 시도하는 프네우마 이론, 다시 말해 생 티에리의 표현처럼 "신이 신비로 덮어씌운" 이러한 "양면적인 본질들의 결합"을 설명하고 설득력 있게 만들기 위해 시도하는 프네우마 이론을 실행에 옮긴 것이 바로 사랑의 시인들이었다. 시적 언어를 하나의 프네우마적인 활동으로 보고 그것을 원래의 중재자 "영"에게 맡기는 것의 이들의 의도였다.

사랑의 시인들이 실행에 옮긴 프네우마 이론은, "영"에게 영혼과 육체의 중재자 역할을 맡기면서 보이는 것과 보이지 않는 것, 무형과 유형, 표면과 존재 사이의 형이상학적인 파열을 극복하고, 기욤 드 생 티에리의 말처럼 "신이 신비로 덮어씌운" 이러한 "두 성질의 결합"을 설명과 이해가 가능한 것으로 만들기 위해 노력하던 프네우마 이론이었다. 즉 이를 통해 시적인 언어를 하나의 프네우마

없는 목소리여 쓰라린 가슴속에서 울면서 나오는구나(Tu, voce sbigottita e deboletta,/ ch'esci piangendo de lo cor dolente)……."

9 귀도 카발칸티 XXI e XXV, 치노 다 피스토이아 Cino da Pistoia, CLX: "dal suo spirito procede/ che parla in me, ciò ch'io dico rimando"(『돌체 스틸노보의 시인들』, 39쪽, 41 e 212).

적인 활동으로 보고 그 언어에 "영"의 고유한 역할이었던 중재자의 역할을 부여했던 것이다. 시는 곧 영적인 사랑amore spirante의 전언이라는 생각과 함께 사랑의 시인들은 그들이 감당할 수 있는 가장 고차원적인 구도를 시에 부여하게 된다. 이들은 시의 공간을, 우고 디 산 비토레가 말하는 야곱의 사다리로, 감각적인 기표와 이성적인 기의 사이, 무형적인 것과 유형적인 것 사이의 극적인 경계에, 즉 우고에게 '환상'이 그랬던 것처럼 시가 "육의 영을 깨우고 이성적 영과 만나러 오는 곳"으로 가져다놓는다.[10]

에로스와 시, 욕망과 시적 기호들은 매우 밀접하게 연관되어 있고 모두 프네우마의 순환계에 속해 있다는 공통된 특징을 가지고 있다. 바로 이러한 긴밀함과 구속성 때문에, 가슴의 영으로부터 뿜어져 나오는 시적 기호들은 프네우마의 순환 속에서 사랑, 즉 '영적 움직임moto spiritale'이 말하고 지시하는 바와 곧장 조합되고 사랑의 대상, 즉 '환상적 영' 속에 새겨진 유령과 곧장 결합할 수 있다. 그렇게 해서 얻어진 것이 바로 "의미작용에 저항하는 차단선에 의해 분리되고 차별화된 두 개의 체제로서 기표와 기의가 점유하던 최초의 위치"다. "의미 있는 소리"로서의 목소리가 가지고 있던 최초의 형이상학적인 위치를 충실하게 재현하는 모든 기호의 서구적인 개념을 지배하는 것이 바로 이 차단선이다.[11]

---

10 단테가 『향연』(III 2.3)에서 제시하고 있는 사랑의 정의, 즉 사랑은 "영혼과 사랑하는 대상 사이의 영적 결합unimento spirituale de l'anima e de la cosa mata"이라는 정의는 다시 한 번 문자 그대로 해석해야 하는 문구다. '영적spirituale'이라는 형용사는 여기서 사랑의 결속을 위해 중재자가 되는 프네우마-유령적인 구속을 암시하고 있다.
11 기호의 형이상학에 대해서는 4부 1장 이하를 참조 바란다.

유령과 말과 욕망을 하나로 묶는 프네우마적인 구속은, 사랑의 완성을 위해 제공되는 유일한 피난처가 시적 기호로 드러나고, 사랑의 욕망이 시의 초석이자 의미로 드러나는 공간을 열어 보인다. 불완전하지만, 이것이 이루어지는 순환체제의 이상적인 위상을 다음과 같은 도식으로 표시할 수 있을 것이다.

혹은 유령이 말과 욕망을 함께 끌어당기는 하나의 보로메오 고리로 표시할 수 있다.

여기서, 시가 사랑의 기쁨으로 이해되기 위해서는 유령과 욕망이 언어 속으로 합류할 필요가 있다. 시가 본질적인 의미에서 사랑의 기쁨인 것은 시 자체가 사랑의 행복을 노래하는 하나의 방stantia이기 때문이다.[12]

이 에로스와 시어의 독보적인 공모관계가 바로 단테가 『새로운 인생』의 한 중요한 문단에서 사랑의 목표와 행복은 "나의 여인을 칭송하는 말 속에" 들어 있다고 단언하면서 분명하게 표현했던 바다.[13] 단테가 사랑의 완성이 시어 속에 들어 있다고 말할 수 있고 동시에 시를 영적인 사랑의 전언으로 여길 수 있는 것은 이 해석적인 순환 속에, 바로 교부철학의 기호학으로부터 떨어져 나와 프네우마-유령에게 스스로의 왕관을 선사하는 '돌체 스틸노보'의 본질적인 진실이 담겨 있기 때문이다.

그렇게 해서 시의 언어는 이제, 욕망과 쟁취할 수 없는 욕망의 대상 사이에 놓인 균열, 즉 중세 심리학이 뛰어난 직관력으로 에로

---

12 기쁨을 뜻하는 프로방스어 Joi는 원래 하나의 특별한 언어습관 속에서 사용되던 말로 Joi의 기원이 되는 Jocus는 '말의 유희'라는 뜻을 가지고 있으며 '몸의 유희'를 뜻하는 Ludus와 반대말이다. 하지만 Joi는 음유시인들의 풍부한 관능적-시적 경험을 고스란히 함축하고 있다. (캉프루Charles Camproux의 『음유시인들의 문화를 전하는 기쁨La joie civilisatrice des troubadours』, "La table ronde" n. 97, 1956, 그리고 귀토네 다레초Guittone d'Arezzo도 참고하기 바란다. 『돌체 스틸노보의 시인들』, 244쪽: 「즐기는 기쁨gioiosa gioi」, "gioia in cui viso e gioi' tant'amorosa, 보는 기쁨과 많은 사랑을 일으키는 기쁨" "gioi' di dire 말하는 기쁨").

"사랑의 기쁨joi d'amor'이라는 표현 속에서 소유격은 동시에 주격으로도 읽혀야 한다. 시가 사랑의 기쁨인 것은 그리스 조각이 '신의 이미지이자 기쁨agalma tou theou'인 것과 마찬가지다. (여기서 '이미지'를 뜻하는 agalma는 '기뻐하다' '열광하다'를 뜻하는 agallomai에서 유래한다.) 이런 관점에서 보았을 때, '가슴속의 이미지'를 선호하던 1200년대의 연애시들은 마치 그리스 조각이 시를 통해 제2의 삶을 발견한 것처럼 보인다. 알렉산드리아의 클레멘스가(Protrepticos IV) 그리스도교의 신이 하나의 정신적인 이미지agalma noeton라고 이야기할 수 있었던 것도 아마 같은 맥락에서였을 것이다. 보다 자세한 agalma의 개념에 대해서는 케레니Kerényi의 연구를 참조하기 바란다. 『Agalma, eikon, eidolon』(『Archivio di filosofia』, 1962).

칸초네의 일부를 가리키기 위해 행간이라는 용어가 사용되기 시작한 것은 '거주지' '천막' 동시에 '행'을 뜻하는 아랍어 bayt의 사용에서 비롯되었다. 아랍 학자들에 의하면 bayt란 용어는, 누군가를 칭송하며 그에게 욕망을 표현하는 시 속에서 가장 중요한 행, 즉 욕망의 대상이 표현되는 행을 지칭하는 용어였다(E. W. Lane, 『Arab-English Dictionary』, s. v. "bayt" 참조).

13 단테, 『새로운 인생』 18곡 6절.

스와 스스로의 그림자를 너무 사랑한 나머지 목숨을 잃은 한 청년을 일치시키면서 표현했던 균열이 매워지는 '공간'이며, 아울러 죽음에 이르는 "영웅적인 사랑"의 병, 즉 에로스로 하여금 우울증적인 망상의 가면을 쓰도록 하는 질병이 스스로의 치유와 명예회복을 노래하는 공간이다. 의사들이 영웅적인 사랑의 치유방식으로 권유하던 달콤한 음악과 노래와 시 낭송이 이제는 좀 더 고차원적인 영적 "회복"의 도구가 된다. '마음을 끄는 사랑'의 의미작용을 뜻하는 시적인 실천을 통해 나르시스는 스스로의 이미지를 소유하고 스스로의 광적인 사랑fol amour을 만족시키는 데 성공한다. 이 실천이 이루어지는 순환체제 속에서 유령은 욕망을 만들어내고, 욕망은 말을, 말은 하나의 공간, 즉 이런 방식이 아니고서는 소유할 수도 없고 즐길 수도 없는 것을 소유할 수 있도록 허락해주는 공간의 경계를 설정한다. "키스 속에서 혀가 섞이듯이"[14] 유령과 욕망과 말이 섞여 들어가는 이 순환체제가 바로 "항상 끝없이 증폭될 줄 아는 사랑sua semper sine fine cognoscit augmenta"[15]과 이 땅에서 에덴동산의 달

---

14 12세기의 음유시인 베르나르 마르티Bernart Marti가 떠올린 멋진 이미지를 참조 바란다(Ed. Hoepffner, Paris, 1929, 11쪽). "그런 식으로 말을 엮고 소리 내기를 마치 혀가 키스 속에서 엮이는 것과 같이하니(C'aisi vauc entrebescant/ los motz e l so afinant:/ lengu'entrebescada/ es en la baizada)." È l'intreccio topologico di questo entrebescamen dell'amore che si esprime esemplarmente nel geroglifico di Orapollo che significa "amore". "사랑"을(Ori Apollinis Niliaci De sacris Aegyptiorum notis, Parisiis, 1574, p. 55r, 책의 첫 장 옆에 제시된 도판 참조) 뜻하는 호라폴론의 상형문자 속에 모범적으로 표현되어 있는 것이 바로 이러한 사랑의 앙트르베스카가 만들어내는 위치 엮기다.

15 "이 사랑은 항상 끝없이 증폭될 줄 아는 사랑이다. 그리고 누가 이와 같은 경험 뒤에 후회했다는 얘기를 우리는 듣지 못했다(Amor enim iste sua semper sine fine cognoscit augmenta, et ejus exercuisse actus neminem poenituisse cognovimus)." (안드레아 카펠라노,

콤하고 순수한 유희에 가장 근접한 사랑의 순환체제이다.

1200년대에 창작된 사랑의 시들이 유럽문화에 남겨준 유산은 따라서 사랑의 어떠한 특별한 개념이 아니라 에로스와 시적 언어의 연관성, 시의 유토피아적인 공간topos outopos속에서 이루어지는 욕망과 유령과 시의 '앙트르베스카'다. 만약에 우리가 레오 슈피처spitzer의 자취를 따라 로망스 시들의 영원한 특징을 찾아 나선다면 바로 이러한 연관성은 우리에게 '트루바르 클뤼스', 즉 "고귀한 형식을 추구하는 로망스 문학의 특징"[16]뿐만 아니라, 시적 텍스트의 자족성과 절대성을 추구하는 성향까지 설명해줄 수 있는 패러다임을 제공해줄 것이다. 노래(트루바르)는 닫혀(클뤼스) 있다. 그것의 프네우마적인 순환체제가 닫혀 있고 그 속에서 욕망과 욕망하는 대상의 끝없는 결합이 노래되기 때문이다. 전형적인 중세적 사랑의 유령적인 성격이 이와 더불어 해결되고 충족되는 것은 시적인 실천을 통해서다. 페트라르카에서 말라르메로 이어지는 상징의 역사적인 경로가 유지되는 가운데, 로망스 시가 가지고 있던 본질적인 긴장감의 중심은 '욕망'에서 '애도'로 옮겨갔고, 에로스는 불가능한 욕망의 대상을 타나토스에게 양도한 뒤 날카롭고 고통스런 전략을 통해, 하나의 '잃어버린 물건'으로 그것의 복구를 시도한다. 시는 그 사이에 부재의 공간으로 변하지만 그 부재로부터 자기만의 고유한 권위를 얻어낸다. '탐구'를 통해 장 드 묑의 '이야기'를 구

『Trattato d'amore』 II, vi)

16 레오 슈피처L. Spitzer, 『문학 작품의 언어학적 해석에 관하여L'interpretazione linguistica delle opere letterarie, in Critica stilistica e semantica storica』, Bari, 1965, 66쪽.

축하고 있는 "장미"는 그렇게 해서 "다발 어디에서도 찾아볼 수 없는absente de tout bouquet" 꽃으로 변신한 뒤, 스스로를 비워 만든 "얼음" 속의 "백조"처럼 감옥에 갇혀 있는 욕망을 애도하며, 스스로의 "떨리는 사라짐disparition vibratoire"을 열광적으로 칭송하게 된다.

그러나 프네우마-유령이라는 축조물의 가장 높은 곳에 위치한 이 영적 사랑의 시 속에서, 현존의 형이상학적인 파열을 극복하기 위한 서구사상의 유일하고 일관적인 탐구를 통해 지속되어온 '욕망'이 사랑하는 대상과의 기쁘고 지칠 줄 모르는 "영적 결합"을, 어쩌면 시의 역사 속에서 마지막으로, 노래하기에 이르렀다고 보아야 할 것이다. 이 "결코 끝나지 않을 기쁨"은 영원히 밝고 생동하는 계획으로 남을 것이다. 그리고 언젠가는, 우리의 시 문화가 한 발자국 뒤로 물러서서 기원을 향해 스스로를 넘어설 수 있을 때, 스스로를 대조하고 검토하는 계획으로 다시 돌아오게 될 것이다.

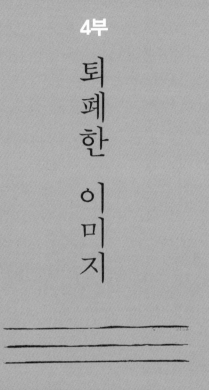

4부

퇴폐한 이미지

: 스핑크스의 관점에서 바라본 기호학

그 퇴폐한 이미지는 두 개의 얼굴을, 그리고 어느 쪽도 아닌 듯이 보였으니
— 단테, 『지옥』 25곡 77~78

1
오이디푸스와 스핑크스

1.1.

오늘날 세상을 지배하는 이데올로기와는 너무 이질적인 것 중에 하나가 표징이 의도하는 바의 본질이다. 때문에 표징의 꼼꼼한 해설, 벤야민의 모범적인 방어 전략[1]에도 불구하고, 어쩔 수 없이 필요한 것으로 남아 있다. 바르부르크라는 비옥한 고랑을 기반으

---

[1] 여기서 방어 전략이란 『독일 비애극의 원천』에서 언급되고 있는 개념이다. 벤야민의 저서들 중에서 가장 인기 없는 것으로 손꼽히는 책이지만 『독일 비애극의 원천』은 아마도 그가 심중에 가지고 있던 보다 깊은 의도를 글로 표현해낸 유일한 작품일 것이다. 구조적인 관점에서, 『독일 비애극의 원천』은 표징의 분열을 극단적인 방식으로 재생해낸다. 저자가 은유에 대해 이야기하는 바를, 따라서 표징의 분열에 똑같이 적용할 수 있다. "은유는 허공에서 피어난다. 은유가 스스로의 영속적인 깊이를 통해 보전하고 있는 단순한 의미에서의 악은 은유 속에서만 존재할 뿐이다. 은유는 예외적이며, 스스로와는 다른 무언가를 의미한다. 정확히 말해, 은유는 자신이 표현하는 것이 존재하지 않는다는 것을 의미한다……. 악을 중심으로 하는 앎은 아무런 앎의 대상도 가지지 못한다. 그것은 수다, 키에르케고어가 이 말에 부여하던 깊은 의미대로의 수다에 불과하다."

로, 표징들을 몇 번이고 집중적으로 탐구했던 연구들[2]은 표징에 우리가 좀 더 가까이 다가설 수 있도록 돕는 대신, 상황이 허락할 때마다, 그것을 더욱 이질적인 것으로 만들어버렸다. 이 같은 경우에 비밀스럽게 감추어져 있던 것은 사실 "선한 신"이 아니라, 베일이 벗겨지기 전까지는 어쩔 수 없이 지성의 루시퍼적인 전략처럼 보일 수밖에 없던 것, 모든 창조물과 그것의 고유한 형태를 하나로, 모든 **의미 작용**significare을 고유의 **의미**significato와 하나로 묶어주는 연결고리의 악마적인 뒤틀림으로 보일 수밖에 없던 것의 현기증 나는 공간이다. 헤겔은 『미학 강의』에서 우리 문화가 '상징' 앞에서 느끼는 "불편함"[3]에 대해 설명한 바 있다. 그를 불편하게 하는 상징이란 "그 자체로는 우리에게 아무것도 이야기하지 않고 즐거움도 주지 않고 그것들을 직감할 수 있는 기회조차 허락하지 않고 다만 그것들로부터 시작해서 그것들을 뛰어넘어 그것들의 의미에, 즉 그 이미지들 보다는 훨씬 더 넓고 깊은 무엇이어야 할 의미에 도달하라고 요구하는" 형체들을 말한다. 하지만 상징을 하나의 기호

---

2   상징에 대한 바르부르크의 관심은 자연스럽게 표징에 관한 관심으로 이어졌다. 이미지에 대한 바르부르크의 탁월한 접근 방식이 가지고 있던 특징을 우리는 이런 식으로, '그는 모든 이미지들을 표징처럼 바라보았고 생생한 긴장감으로 가득한 이미지들을 만인의 기억 속에 심어주었다'는 말로 표현해볼 수 있을 것이다. 표징에 관해서는 프라즈 M. Praz의 『17세기 이미지 세계의 연구Studies of the Warburg Institute』 3, London, 1939) 외에도, 곰브리치의 「Icones Symbolicae, The Visual Image in Neoplatonic Thought」 (『Journal of the Warburg and Courtauld Institute』, xi, 1948), 그리고 클라인R. Klein의 『La théorie de l'expression figurée dans les traités italiens sur les 《imprese》』 (『Bibliothèque d'Humanisme et Renaissance』, xix, 1957)를 참조 바란다.

3   "우리는 상징주의에 다가서자마자 불편함을 느낀다. 골치 아픈 문제들 사이에 끼어 들었다는 느낌을 받는 것이다……." (헤겔, 『미학 강의』)

로, 즉 하나의 의미와 그것의 표현단위로 정의내린 뒤에, 헤겔이 발견해 내는 것은 '상징' 안에서 "부분적인 불화"와 형식과 의미 간의 "분쟁"이 계속된다고 하는 특징이다.[4]

상징적 형태가 추문을 일으키며 드러내는 이 "불편함"은 의미 작용에 대한 서구사상의 성찰을 처음부터 반려해왔던 동일한 불편함이다. 목록까지 제공한 것은 아니지만, 의미작용의 형이상학적 유산을 한 곳에 모은 것은 현대 기호학이다. 기호는 그 안에 **보여주는** 주체와 **보이는** 사물의 이원성이 내재되어 있기 때문에 사실상 부서지고 양분화 된 무엇임에 틀림없지만, 이러한 이원성이 단일한 기호를 통해 모습을 드러내는 만큼 그것은 동시에 조합되고 통일되어 있는 무언가에 틀림없다. 상징적인simbolico 것은 곧 악마적diabolico 이다.[5] 즉, 나뉜 것을 통일하는 인식 행위로서의 상징은 곧 이 앎의 진실을 끊임없이 위반하고 고발하는 악마적인 것과 일치한다.

의미작용이 가지고 있는 이러한 양면성의 기반은 존재의 서구적 경험으로부터 분리될 수 없는 현존presenza의 원천적 파열 속에 있다. 이 파열로 인해 현존 앞에 등장하는 모든 것은 현존 앞에 유

---

4 "이러한 한계 속에서, 상징주의 예술의 구분을 위한 좀 더 명확한 원리를 찾아 나선다면, 우리는 그것이 하나의 정통한 의미와 그에 상응하는 형식만을 추구하는 성향을 가지고 있다는 것뿐만 아니라, 상징주의 예술 안에서 진정한 예술과는 여전히 대조적인 내용과 그만큼 그 내용과 어울리지 않는 형식 사이에 분쟁이 일어나는 것을 주목하게 될 것이다……. 이러한 관점에서 모든 상징주의 예술은 의미와 형식 간의 적합함과 부적합함의 끊임없는 대조로 볼 수 있다. 때문에 상징이 보여주는 다양한 얼굴은 그것의 종류라기보다는 동일한 모순의 여러 단계와 방식에 지나지 않는다." (헤겔, 『미학 강의』)
5 상징을 뜻하는 그리스어 symbolon은 동사 symballo에서 오며 이는 sym(함께)과 bole(놓다)의 합성어다. 반면에 악마를 뜻하는 Diabolos(나누다, 나누는 자, 비난하는 자)는 동사 diaballo에서 오며 dia(가로질러)와 bole(놓다)의 합성어다. —옮긴이

예獪豫와 소외의 장場으로서 등장한다. 여기서, 등장은 은폐, 존재는 결핍과 일치한다. 현존과 부재의, 등장과 은폐의 이러한 원천적인 연맹이 바로 그리스인들이 진실aletheia을, 폭로, 즉 베일을 벗긴다는 개념으로 직시하면서 표현했던 바다. 이러한 파열의 경험에 기초하는 것이 바로 우리가 여전히 "앎에 대한 사랑"이라는 그리스 이름으로 부르고 있는 담론이다. 현존이 분리되고 떨어져 있다는 바로 그 이유 때문에 의미작용 같은 것이 가능해진다. 철학을 해야 할 필요가 있는 것은 오로지, 최초에 충만함 대신 유예가 (이 유예가 존재와 등장의 대립으로 해석되든, 혹은 대립자들의 조화로, 혹은 존재와 존재자의 존재론적 차이로 해석되든 간에) 있었기 때문이다.

그러나 이 파열은 시간이 흐르면서 그것을 더 진실한 것과 덜 진실한 것의 관계로 보거나 혹은 패러다임과 복제의 관계, 혹은 숨은 의미와 감각적 표현 사이의 관계로 보는 형이상학적 해석을 통해 은폐되거나 제거된다. 이러한 해석들은, 원천적 파열의 경험이 항상 탁월한 방식으로 투영되던 언어적 성찰 속에서, 기표와 기의의 표현단위, 즉 기호라는 개념을 통해 구체화된다. 현존의 분열은 그렇게 해서 외관상 "의미작용"의 과정이라는 모습을 띠게 되고 의미작용은 상호적 노출 (혹은 은폐) 관계 안에 묶여 있는 기표 형태와 기의 내용의 조합된 단위를 기점으로 해석되기 시작한다. 언어를 '의미 있는 소리semantikos psofos'로 규정하는 아리스토텔레스적인 정의 속에 그 가능성이 내포되어 있었을 뿐인 이 해석이 규율로서의 가치를 획득하게 되는 것은 19세기가 흐르는 동안, 즉 의미작용의 정통한 이해를 오늘날까지 방해하고 있는 하나의 교리가 구축되는 과정 속에서 일어난 일이다. 미학에서 가장 구체적으로 정립되었다고 볼 수 있는 이 해석적 기준에 따르면, 모든 의미작용이 일반적으로 추구하는 의미와 형식 간의 가장 이상적인 관계란 바로 감각적 표상이 그것의 의미와 고스란히 일치하고 의미가 그것의 표현 속에서 완전히 소화되는 관계를 말한다. 이 완벽한 통일성에 대항하는 것이 바로 상징이다. 의미를 부분적으로 감추어야 하는 상징의 입장은 불완전하고 여전히 극복되어야 하는 무언가의 입장이다.『미학 강의』에서 헤겔은 이러한 극복의 모델을 예술작품 속에서 발견한다.

우리가 이해하는 대로의 상징적인 것이 사실상 사라지는 것은, 자유롭고 개성 있는 존재가 또렷하지 않고 일반적이고 추상적인 표현 대신 그것의 내용과 형식을 구축하는 곳에서 일어난다……. 이때 감각적인 표현과 의미, 내면과 외면, 사물과 이미지 등의 개념들은 더 이상 서로를 구분할 필요도 없고, 상징적인 것에서처럼 단순히 친화적으로 드러나지도 않으며 대신에 모든 것을 포괄하는 하나의 개념으로 등장한다. 표면적인 것은 더 이상 또 다른 본질을 필요로 하지 않고 본질은 스스로의 바깥 혹은 옆에 또 다른 표면을 필요로 하지 않는다.

정작 질문을 던지고 탐구해야 할 값어치를 지니고 있던 '현존의 원천적 유예'는 그렇게 해서 형식과 내용, 외부와 내부, 나타남과 사라짐 등의 수렴적 표현이 가지고 있는 표면적 명료함 속에서 결국 소외되고 배척된다. "의미작용"을 처음부터 "표현"이나 "은폐"로 여기도록 강요하는 것이 아무것도 없었음에도 불구하고 소외와 배척은 그대로 진행된다. 현대 기호학에서, 현존의 원천적 파열에 대한 망각현상은 바로 파열을 고발해야 하는 것 속에서, 즉 S/s라는 공식 속에서 발견된다. 이 저항선의 의미가 어둠 속에 끊임없이 방치됨으로서 기표와 기의 사이에 펼쳐진 심연을 뒤덮는다는 사실로부터 우리는 "의미작용에 저항하는 차단선에 의해 분리되고 차별화된 두 개의 체제로서 기표와 기의가 점유하던 최초의 위치"[6]를 확인하게 된다. 처음부터 기호에 관한 서구사상을 숨어 있는 주인처럼 지배해온 것이 바로 이것이다. 의미작용의 관점에서 보면 형이상학은 기표와 기의가 가지고 있는 원천적인 차이의 망각에 지나지 않는다. 왜 의미작용을 가능하게 하는 저항선이 다시 의미작용에 저항하는지 고민하지 않는 모든 기호학은 그로 인해 원래 가지고 있던 가장 훌륭한 목표를 위조하게 된다. "언어학적 단위는 이중적이다"라는 소쉬르의 발언에서 강조되는 것은 때로는 기표, 때로는 기의의 영역일 뿐, 그가 해결할 수 없었기 때문에 이 문장에 하나의 과제로 의탁했던 모순이 이를 통해 문제로 제기되는 것은 아니다. 저항선이 가리키는 관계가 편리를 위한 대체의 관계로 받아들여지든 혹은 형식과 의미 간의 애정 어린 미적 결속의 관계로 받아들여지든 간에, 어두운 그림자 속에 그대로 남아 있는 것은 현

---

6 라캉, 『무의식에 있어 문자가 갖는 권위L'instance de la lettre dans l'inconscient』, in 『Escrit』, Paris, 1966, 497쪽.

존의 원천적 분리이다. 이 분리된 현존의 심연 위에 자리하는 것이 바로 의미작용이다. 이곳의 침묵 속에 갇혀 있던 질문은 오히려 반드시 던져졌어야 하는 유일한 질문, 즉 "왜 현존은 그런 식으로 차별화되고 분리되어서, 하필이면 **의미작용** 같은 것이 가능하게 만들었단 말인가?"이다.

1.2.

기표와 기의의 표현단위 속에 깃들어 있는 현존의 파열이 은폐되기 시작한 이유는 문화사를 통해 특별한 매력을 발휘해온 한 그리스신화의 원형 속에 숨어 있다. 오이디푸스 신화의 정신분석학적 해석에서 스핑크스의 에피소드는, 비록 그리스인들에게는 빼놓을 수 없이 중요한 요소였지만, 집요하게 간과된 채 어둠 속에 묻히고 말았다. 하지만 바로 그러한 특징이 지금은 가장 중요하게 다루어져야 할 문제로 떠오른다. 오이디푸스가 "처녀의 잔인한 입술에서 흘러나온 수수께끼"를 아주 간단한 방식으로 해결할 수 있었던 것은 알쏭달쏭한 기표 뒤에 숨어 있던 기의를 밝혀냈기 때문이다. 반인반수의 괴물이 심연으로 추락하는 것도 바로 그런 이유에서다. 오이디푸스의 가르침이 밝혀주는 것은 수수께끼enigma의 발언을 의미와 형식의 투명한 관계에 기초하는 것으로 보는 순간 수수께끼 속에 남아 있던 두렵고 무시무시한 것들이 곧장 사라진다고 하는 점이다. 수수께끼의 발언은 그 관계로부터 표면상으로만 벗어날 수 있을 뿐이다.

우리가 고대의 수수께끼를 통해 깨닫는 것은, 의미가 진술에 앞서 존재할 수 없다는 (헤겔이 믿었던 것처럼) 것뿐만 아니라 그 의미에 대한 앎이 비본질적이기까지 하다는 점이다. 수수께끼 속에 해답이 숨어 있다는 믿음은 수수께끼를 통해 언어에 전달되는 것이 정말 무엇인지 그 의미를 더 이상 헤아리지 못하고 수수께끼를 오락의 타락한 형태로 밖에는 이해하지 못하는 뒤늦은 시대의 산물이다. 수수께끼는 오락과는 거리가 먼 것이었을 뿐만 아니라 그것을 경험한다는 것은 곧 죽음을 무릅쓴다는 것을 의미했다.[7]

스핑크스의 제안은 단순히 "알쏭달쏭한" 기표 뒤에 기의를 숨기고 있는 무엇이 아니라, 하나의 모순을 통한 현존의 원천적인 파열이 암시되는 말이다. 그 모순이란 지시하는 대상과 일정하지 않은 거리를 유지하면서 동시에 그것에 접근하는 한마디 말의 모순이다. 수수께끼를 뜻하는 ainigma[8]의 ainos는 어두움을 의미할 뿐 아니라 말의 가장 원형적인 방식 중에 하나를 가리킨다. 미로처럼, 고르곤처럼, 수수께끼를 선포하는 스핑크스처럼, 수수께끼 역시 퇴마의 영역에, 즉 불안한 요소를 품안으로 끌어당기면서 그것을 몰아내고 보호하는 힘의 영역에 속한다. 미로 속에서, 멀리 떨어트려 놓은 것의 심장으로 곧장 인도하는 춤의 길[9]이 바로 수수께끼 속에서 표현되는 이 불안한 요소와의 관계의 표본이다.

이것이 사실이라면, 오이디푸스의 잘못은 근친상간이라기보다

---

7 수수께끼를 풀지 못할 때의 결과는 절망에 의한 죽음으로 이어진다. 그런 식으로 최후를 맞이한 사람들이 예를 들면 호메로스와 칼카스다.
8 ainigma는 '어둡게'(감추면서) 말한다는 뜻의 ainissomai에서 유래한다. ─옮긴이
9 춤과 미로의 근접성에 대해서는 케레니Kerényi의 『Labyrinth-Studien』, 1950, 77쪽 참조. "미로에 관한 모든 연구는 춤으로부터 출발해야 할 것이다."

는 상징적인 것이 가지고 있는 힘을 (스핑크스는, 헤겔의 지적에 의하면, 바로 "상징적인 것들을 상징하는 존재"다) 무시하고 오만함을 드러냈다는 데에 있다. 오이디푸스가 상징적인 것을 오해하는 이유는 퇴마의 의도를 비뚤어진 기표와 숨겨진 기의의 관계로 잘못 해석했기 때문이다. 오이디푸스가 자신의 행위를 통해 시작을 알리는 것이 언어의 파열이다. 이 파열의 후예를 우리는 오랜 형이상학의 역사를 통해 만나게 된다. 한편에는 숨기기와 코드화를 본질로 하는 스핑크스의 부당한 언어로 만들어진 상징적 담론이 있고, 다른 한편에는 표현 혹은 해독을 본질로 하는 오이디푸스의 정당한 언어로 만들어진 명료한 담론이 있다. 따라서 자신의 대답을 통해 오랫동안 지속될 상징 해석의 표본을 제시한 오이디푸스는 서양문화 속에서 한 "문명화의 영웅"으로 나타난다. (그리스인들이 오이디푸스의 선조 카드모스가 발명했다고 믿었던 알파벳 언어의 "의미작용"이 ― 카드모스의 후예들은 글쓰기와의 관계, 여전히 질문의 대상으로 남아 있던 의미작용과의 관계를 게을리하지 않았다. 카드모스의 아들, 폴리도로스는 '글이 새겨진 석판의 남자'라는 뜻의 이름 피나코스로 불리기도 했고 라이오스의 아버지는 철자 람다 λ에서 유래한 랍다코스라는 이름을 가지고 있었다 ― 이러한 상징 해석의 표본과 관련이 있다고 하는 것은 프로이트의 해석이 어둠 속에 방치해두었던 이 원형 신화가 사실 얼마나 중요한 것이었는가를 증언해준다.) 의미작용을 기표와 기의 사이의 표현이나 전시의 관계로 (혹은 반대로 코드화와 은폐의 관계) 보는 모든 해석은 (상징의 정신분석 이론이나 언어기호학 이론 모두 이런 종류에 속한다) 필연적으로 오이디푸스의 영향 하에 놓이는 반면 필연적으로 스핑크스의 영향 하에 놓이는 것은, 이러한 모델을 거부하고, 무엇보다도 모든 의미작용의 근본적인 문제를 구축하는 기표와 기의 사이의 저항선에 관심을 집중하는 상징 이론이다.

서구사상의 전통 속에는, 이 현존의 원천적 파열에 대한 오이디 푸스적인 해석 옆에, 이를테면 여분으로 남아 있는 또 다른 해석이 존재한다. 이 해석이 때에 맞추어 등장하는 것은 헤라클레이토스의 프로젝트, 즉 "감추지도" "드러내지도" 않고 다만 현존과 부재, 기표와 기의의 동일한 연결고리synapsis,[10] 그 의미할 수 없는 것을 "의미하는" 말하기를 통해서다. 이로 인해 '어두운 사람'이라는 별명까지 얻은 헤라클레이토스는 빈번히 이 말하기를 통해 반의어들의 접근을 가능하게 하고 반대되는 것들이 서로를 배척하는 대신 보이지 않는 접합 지점을 가리키도록 하는 형용모순을 창출해낸다.

이러한 관점에서 의미심장하다고 할 수 있는 것은, 아리스토텔레스가 수수께끼의 특징을 기록하면서 "반대항의 접합지점"에 관한 헤라클레이토스의 말과 유사하기 짝이 없는 표현을 사용하고 있다는 점이다. 『시학』(58a)에서 아리스토텔레스는 수수께끼enigma를 일종의 '불가능한 것들을 연결하기ta adynata synapsai'로 정의내리고 있다. 그런 의미에서, 헤라클레이토스에게 모든 의미작용은 연결이 불가능한 것들을 연결하는 행위이며 진정한 의미에서의 의미

---

10 헤라클레이토스(fr. 10), "접합지점: 완전과 불완전, 일치와 불일치, 화합과 불화: 하나에서 하나로, 모든 것으로부터 모든 것이."

작용은 언제나 하나의 "수수께끼"로 남는다. 헤라클레이토스가 남긴 단상의 93번째 구절이 암시하고 있는 신성한 '뜻하기_semainein'를 우리는 우리에게 익숙한 형이상학적인 의미, 즉 기표와 기의, 외부와 내부의 전시 혹은 은폐의 관계로 이해해서는 안 된다. 반대로 그것을 하나의 시선으로, 다름 아닌 'legein'(말하기)과 'kryptein'(감추기)에 대항하여, 기표와 기의 사이에 펼쳐진 심연을, 그 위로 "신"이 등장할 때까지 응시하는 하나의 시선으로 이해해야 한다.[11]

이 시선은, 오이디푸스의 자취로부터 자유롭고 소쉬르의 모순에 충실한 기호학이 드디어 "의미작용에 저항하는 저항선" 위로 가져가야 할 시선이다. 결코 언어화되는 법 없이 기호에 대한 서구사상의 성찰을 지배해온 것이 이 저항선이며 바로 이것의 제거를 기초로 성립된 것이, 형이상학을 기반으로 하는 기표와 기의의 최초의 위치였다. 표징적인 형식의 어두움_ainos이 끌어당기는 미로 속에 기꺼이 끼어들어, 파열된 현존의 심장 속에서, 언어가 원래 가지고 있던 제령除靈의 영역을 향해 방향을 제시하려는 것이 이 논문의 목적이었다. 그곳에서 스핑크스와의 채무를 청산하는 문화가 '의미'의 새로운 모델을 발견할 수 있을 것이다.

---

11 "자신의 오라클을 델피에 머물게 하는 신은 말하지(legein) 않고 감추지(kryptein) 않고 뜻할(semainein) 뿐이다."

2
고유한 것과 고유하지 않은 것

2.1.

의미작용의 형이상학적 개념이 가지고 있는 원래의 이중성은 유럽문화 속에서 고유한 것과 고유하지 않은 것의 대립을 통해 드러난다. 우리는 토마스 아퀴나스의 『진실에 관하여』에서 다음과 같은 문장을 읽을 수 있다. "말하는 방법에는 두 가지가 있다. 하나는 자기만의 방식으로 이야기하는 방법이고, 또 하나는 비유, 혹은 전의轉義, 혹은 상징을 통해 이야기하는 방법이다."[1] 우리 문화 속에서 이 이율배반적인 명제를 마음 놓고 다스린다는 것이 불가능했다는 사실은 고유한 것과 고유하지 않은 것의 시대가 지속적으로 교체

---

1 토마스 아퀴나스, 『De veritate』, q.23, a.3. "Duplex est modus loquendi unus secundum propriam locutionem: alius modus est secundum figurativam, sive tropicam, sive symbolicam locutionem."

된 현상에 의해 증명된다. 고유하지 않은 것의 부당함이 득세하는 시대에는 상징과 표징의 형식이 문화 속에서 중심적인 역할을 했던 반면에 고유한 것이 지배적이었던 시대에 그것은 문화의 중심에서 가장자리로 밀려났다. 그러나 두 종류의 담론이 스스로의 짝패인 어느 한쪽을 완전히 몰아내는 일은 일어나지 않았다.

중세 신비주의의 우의화에 대한 집착 못지않게 르네상스와 바로크의 표징에 대한 집착에 신학적인 정당성을 부여해야 했던 부당성의 이론은, 흔히 디오니시우스 아레오파기타의 저서로 인용되는 출처 불명의 문헌집에 정리되어 있다. 이 정당화 논리가 내세우는 것은 일종의 "비일관성 원칙"이다. 이 원칙에 따르면, 신성한 것을 다룰 때는 부정문이 긍정문보다 훨씬 더 진실하고 일관적인 것으로 드러나며, 대립되는 견해와 부차적인 요소들을 통해 구축되는 논리가 유사성과 비교를 통해 구축되는 논리에 비해 훨씬 효율적이다. 다시 말해 신비로운 대상과 전혀 어울리지 않는다는 특성이 일관성을 완전히 결여하고 있는 상징에 이른바 "차이에 의존하는 역설적인 일관성"을 부여하게 된다. 이러한 일관성이 정신으로 하여금 신비로운 사랑의 상승작용을 통해 어두운 육신의 세계로부터 지적 명상의 세계로 날아오를 수 있도록 허락해준다.[2] 천년이라

---

2 "신성한 것에 대한 설명 속에서는 부정적 명제가 더 사실적이고 긍정적 명제가 더 비일관적인 만큼, 말로 표현할 수 없는 것들의 비밀에 더 어울리는 것은 상이한 비유를 통한 설명이다. 성인의 반열에 오른 신학자들의 신비적인 해석도 당연히 상이한 요소들을 활용하면서 우리 안의 육욕이 경건하지 못한 이미지에 접근하는 것을 막고, 일그러진 비유로 영혼의 가장 고귀한 부분을 자극하기에 이른다. 그러면서도 그런 부조리한 형태가 오히려 신성한 진실에 가깝다는 사실은 아무에게도, 육적인 것과 떨어져 살 수 없는

는 세월이 흐른 뒤에, 우고 디 산 비토레는 비일관적인 것이 가지고 있는 신비로운 힘을 아레오파기타와 거의 동일한 용어들을 사용하며 정의내리게 된다.

모양새가 비슷하지 않은 것들은 비슷한 모양을 가진 것들보다 우리의 영혼을 훨씬 더 산만하게 만든다. 영혼이 휴식을 취하도록 내버려두지를 않는다. 그 이유는 창조된 모든 것들이, 아무리 완벽하더라도, 무한한 간격을 두고 신으로부터 분리되어 있기 때문이다…….
신의 모든 완벽함을 부인하면서 그의 것이 아닌 모습을 전달하는 앎이 그토록 보잘것없는 완벽함을 통해 그의 것이 아닌 모습을 인정하고, 신이 누구인지 설명하려는 앎에 비해 훨씬 훌륭한 앎이다.

세상의 현대과학적인 이미지가 형성되고 있던 16세기 전반과 17세기 후반 사이에, 유럽문화는 비일관성이라는 테마의 절대적인 지배하에 놓여 있었다. 때문에 우리는 이 시기를, 헤르더Herder의 말을 빌려 "표징의 시대"라고 부를 수 있을 것이다. 화두로서의 표징은 사실 이 시대가 스스로의 가장 진지한 앎의 목표와 함께 가장 은밀한 고통을 의탁한 분야였다. 기원후 2세기 말 혹은 4세기에 쓰인 것으로 추정되고 익명의 비문을 다루면서 이집트의 신성문자에 대한 과감한 해석을 담고 있는 오라폴로의『신성문자Hyeroglyphica』가

사람들에게 조차도, 사실적으로도 정당하게도 보이지 않도록 만든다. (Pseudo- Dionigi Areopagita, De coelesti hierarchia, cap. II, 3)

16세기 표징의 발전에 결정적인 영향을 끼쳤다는 것은 길로Giehlow
의 연구에 의해 밝혀진 바 있다. 따라서 사실은 이집트 제사장들의
"신성한 기호들"에 관한 풍부한 오해를 기초로 구축된 것이 르네
상스 인문주의자들의 의미론적 모델이었다. 이 모델 속에서는 표
면적인 것과 본질적인 것의 수렴과 통일이 아닌 비일관성과 해체
가 보다 우월한 앎의 도구였고 그렇게 얻어진 앎 속에서 유형과 무
형, 재료와 형식, 기표와 기의 사이의 형이상학적 차이점들은 확고
한 자리를 확보하면서 동시에 극대화되었다. 이러한 관점에서 볼
때, 표징 작가들이 표징을 끊임없이 영혼(모토)과 육체(이미지)[3]의
어떤 혼합물로, 이들의 결합을 "신비로운 배합" 내지 "이상적인 인
간상"으로 보아왔다는 사실은 단순한 우연의 일치가 아닐 것이다.
고유한 용어가 아닌 말들을 토대로 하는 의미작용의 패러다임이자
바로크 시대의 이론가들이 표징emblema과 표어impresa 모두의 기원이
된다고 보았던 은유는 그렇게 해서, 모든 사물을 고유의 형식으로
부터, 모든 기표를 고유의 기의로부터 떨어트리는 분리의 보편적
원칙으로 등극한다. 표징 속에서, "사랑과 영웅적 행각"을 기리는
표어 속에서, 세속적인 삶의 모든 순간들을 그려진 시pista poesis로 장
식하는 문장紋章들 속에서, 혹은 모든 의미작용의 마지막 순간에 등
장하는 "뜻의 날카로움" 속에서 뿌리째 의혹의 대상이 되는 것은,

---

3 "상징은 그림과 말로, 혹은, 세간에서 회자되듯이, 육체와 영혼으로 이루어진다(Sym-
bolum pictura et lemmate constat, seu, ut loquitur vulgus, corpore et anima)." (Petrus Abbas
in C.F. Menestrerii Philosophia imaginum, Amsterdam 1695); 『영혼과 육체의 적절한 비율
Giusta proportione di anima e di corpo』, (Paolo Giovio, Dialogo dell'imprese militari et amorose, 『사
랑과 전쟁의 표어에 관하여』, Venezia, 1577).

하나하나의 대상을 고유의 표면에 묶어두는 끈, 모든 창조물을 고유의 몸에, 모든 말을 고유의 의미에 묶어두는 유대관계다. 이제 모든 사물은 사실적으로 이해되기 위해 또 다른 사물을 의미해야만 하고 본연의 모습으로 남기 위해 다른 사물을 위한 존재가 되어야 한다. 바로크적 우의의 관점에서 보면 이 '고유의 형식'이 겪는 굴욕은 최후의 날에 보상받게 될 구원의 담보였고 그것의 기호는 이미 창조의 순간에 기록되어 있었다. 그렇게 해서 '신'은 지고한 최초의 표징 작가, 다시 말해, 테사우로의 『아리스토텔레스의 망원경』에서처럼 "영웅적인 표어와 상징적인 비유를 통해 자신의 고차원적인 개념들을 인간과 천사에게 전달하는 날카로운 이야기꾼"으로 등장하며 하늘은 "기발한 자연이 영웅적인 표어와 스스로의 비밀에 대한 날카롭고 신비로운 비유를 통해 스스로의 명상을 펼쳐 보이는 드넓고 푸른 방패"[4]로 나타난다.

표징이 인간의 모습을 분리대상으로 삼기 시작하는 것이 바로 이 시대에 탄생하는 캐리커처를 통해서다. 이러한 사실은 학자들에 의해 아직까지 제시된 적이 없는 한 가지 가능성에 타당성을 제공해준다. 그것은 "캐리커처"의 기원이, 표징의 법칙 일부를 차지하던 금지사항, 즉 부분적일 경우를 제외하고는 인간의 모습을 문장 속에 삽입하지 말아야 한다는 금기사항과 연관 지어서 생각해

---

4 테사우로Emanuele Tesauro, 1592-1675. 이탈리아 극작가. 『아리스토텔레스의 망원경, 혹은 영웅적인 행각의 날카로운 표현, 즉 세간에서 '표어'라고 부르는 표현과, 신성한 아리스토텔레스의 규칙들을 기준으로 비교하여 검증된 모든 종류의 비유와 날카롭고 기발한 개념의 비문들을 아우르는 예술에 관하여』, Torino, 1652.

보아야 할 문제라는 점이다. 페트루스 아바스Petrus Abbas의 『규범』에서 우리는 다음과 같은 문구를 읽을 수 있다. "인간의 몸 전체를 그림으로 그려서는 안 된다. 몸의 일부, 눈, 심장, 손과 같은 몸의 일부는 용납될 수 있다(corpus humanum integrum pictura esse non potest, pars corporis, oculus, cor, manus tolerari potest)." 인간의 형체를 본연의 의미와 분리시켜서는 안 된다는 금기사항의 (허락되던 것은 표징 작가들이 널리 이용하던 인공적 주물에 의존하는 것뿐이었다) 뿌리는 인간의 형체를 신성한 창조자의 그것과 직접 결부시키면서 돌이킬 수 없는 방식으로 정체성을 장담하던 "그의 형상과 모양대로"라는 성경 구절에 있다. 따라서 인간의 형체를 이 "의미"로부터 분리시킨다는 것은 어쩔 수 없이 악령이 벌이는 추악하기 짝이 없는 행위로 받아들여졌다. 이러한 사실은 그리스도교의 도상학 전통 속에서 악령이 왜 그렇게 괴상망측하고 "캐리커처"적인 모습을 하고 있었는지 잘 설명해준다. 캐리커처가 유럽문화에 아무런 이유 없이 뒤늦게 상륙한 원인은, 크리스와 곰브리치[5]가 제안했던 것처럼 이미지가 가지고 있는 마술적인 힘에 대한 막연한 믿음에서 찾을 것이 아니라, 인간 형체의 분리가 표징의 우주 밖에서 필연적으로 신성모독적일 수밖에 없었다는 사실에서 찾아야 한다. 캐리커처를 사람보다 더 사실적으로 느끼는 일은 비일관적인 것들 속에서 진실의 모델을 발견하는 데에 깊이 빠져 있던 표징의 시대를 살아가

---

5 E. H. Gombrich e E Kris, 『The Principles of Caricature』, in Psychoanalitic Explorations in Art, New York, 1952.

닐로폴리스의 호라폴론, 〈열심히 일하는 인간〉(위)과 〈미래의 작품〉(아래),
『이집트 신성문자 도감』, 파리, 1574.

던 사람들에게만 가능한 일이었다. 사물들의 세계에서 표징인 것이 곧 인간세계에서의 캐리커처다. 표징이 사물과 사물이 가지고 있는 고유한 형식과의 유대관계를 의심했듯이 캐리커처는 같은 방식으로 인간의 모습을 의미로부터 떼어낸다. 단지 경박하게 보일 뿐이다. 우의적 기준이 이미 내재되어 있기 때문에, 캐리커처는 스스로의 모습을 일그러트리고 변형시켜야만 새롭게 표징적인 차원을 취득할 수 있다. 신의 형상대로 창조된 인간은 "사악한 악마에 의해 타락한 뒤 머나먼 상이相異함의 세계에 도달한다(per malitiam diaboli depravatus venit in longinquam regionem dissimilitudinis)". 이 "상이함의 땅"은 "기억이 상실되고 지성의 눈이 멀고 의지가 약해지는"[6] 죄의 왕국Regnum peccati이다. 어쨌든, 표징이 의도하는 바에 내포된 교훈을 따르자면, 이러한 분리는 동시에 구원의 담보를, 이 상이함은 동시에 보다 고차원적인 유사성을 의미한다.

따라서 바로크 우의화의 쇠퇴와 함께 표징의 형식이 모든 기표를 고유의 의미와 이질적인 것으로 만들면서 공포의 분위기를 조장한다는 것은 그다지 놀라운 일이 아니다. 크로이처Creuzer의 『상징학』이나 라바터Lavater의 『인상학』은 표징적인 분리 속에서 보다 고차원적인 지식을 발견하기 위한 최후의 원대한 시도들이었다. 물론 모두 까다로움과 풍자라는 결과를 가져왔을 뿐이다. 헤겔이 상징적인 것 앞에서 느꼈던 불편함이나 급진적인 낭만주의자들의 우

---

6 Pietro Lombardo, in R. Jsvelet, 『Image et ressemblance su XII siècle. De saint Anselme à Alain de Lille』, Strasbourg, 1967, 240쪽.

의주의에 대해 느꼈던 불신은, 어쨌든 '고유한 형식'의 확고부동한 주도권을 통해 드러나게 될 새로운 입장의 징후였다. 의미심장한 것은 헤겔이 『미학 강의』에서 스핑크스를 상징적인 것이 하나의 수수께끼처럼 드러난 형상으로 보고 스핑크스 앞에 오이디푸스의 (여기서 그는 계몽주의의 일등주자로 드러난다) 대답을 하나의 "앎의 빛"으로서 위치시킨다고 하는 점이다. 그에게 오이디푸스의 대답은 "구체적인 내용을 고유하고 일관적인 형식을 통해 또렷하게 투영시키면서 그 자체로 대답이라는 것 외에는 아무것도 드러내지 않는 하나의 분명함이다".

어쨌든, 한 시대를 풍미하며 인간의 가장 "날카로운" 정신적 표상들을 발굴해낸 표징예술의 세계가 그런 식으로 막을 내리고 완전히 사라진 것은 아니었다. 표징예술은 이제 '공포Inquietante'가 그의 허수아비들을 고르는 일종의 고물 창고로 변신한다. 이러한 관점에서, 호프만과 포우의 환상적인 캐릭터들, 그랑비유와 테니얼의 캐리커처, 카프카의 실타래 오드라덱은 표징예술의 "사후의 삶"이라고 볼 수 있다. 이는 정확하게 세속 신들이 "사후의 삶"을 통해 그리스도교에서 악령으로 등장했던 것과 동일한 방식으로 이루어졌다. 항상 더 강압적인 방식으로 일상을 침범해오는 '공포'의 구도 속에서 상징은 '이성'의 도시를 위협하는 하나의 새로운 스핑크스로 등장한다. 여기서 프로이트가 담당하는 것이 수수께끼를 풀고 이성을 괴물들로부터 해방시키는 오이디푸스의 역할이다. 때문에, 그의 '공포'[7]에 관한 논문의 결론은 우리에게 각별할 수밖에 없다. 그는 섬뜩함Unheimliche 속에서 거세된 친숙함Heimliche을 발견한다.

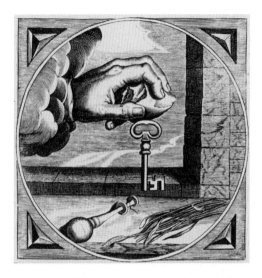

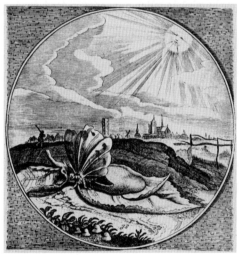

'심각한 것은 즐겁게 한다'(위)와 '사랑은 우아함의 아버지다'(아래).
야곱 캐츠, 〈프로테우스〉, 로테르담, 1627.

이 섬뜩함은 사실 전혀 새로운 것도, 이상한 것도 아니다. 이것은, 거세가 진행되면서 이질적인 것으로 변했을 뿐 원래는 인간의 심리가 항상 친숙하게 받아들이던 무언가에 틀림없다. 거세와 관련하여, 좀 더 분명해지는 것이 있다면 그것은 셸링이 내리고 있는 정의다. 그에 의하면 '공포'란 숨은 채로 남아 있어야만 했던 무언가가 다시 모습을 드러낼 때 조장된다.

이러한 공식은, 프로이트가 끊임없이 거세의 메커니즘에서 기원을 찾으려고 했던 상징들에 대해 어떤 입장을 견지해왔는지 한눈에 보여준다. 이 공식을 기준으로 우리는 자연스럽게, 왜 현대문화가 '공포'와 '상징'을 그토록 집요하게 동일한 것으로 여겨왔는지 질문해볼 수 있다. 상징 앞에서 발생하는 이러한 "불편함"의 원인은 아마도 우리 문화가 의미작용을 해석하는 틀의 표면적인 단순함이 그 틀 안으로 쉽게 끌려들어가려 하지 않는, 우리와 좀 더 친숙한 원천적인 의미작용의 거세를 은폐하고 있다는 사실에 기인할 것이다. "인간의 영혼은 야수 밖으로 뛰쳐나가고 싶어 하지만 자신의 모습이 가지고 있는 유동성과 스스로의 자유를 완전히 펼쳐 보이는 단계에 도달하지 못한다. 왜냐하면 자아 속의 타자성과 섞여 함께 머물러야 하기 때문이다."[8] 아마도 이러한 야수의 모습 속에서 우리는 무언가 은밀하고 인간적인 것을 발견할 수 있어야 할 것이다.

---

7 원래『이마고』의 5권에 실렸던 논문「Das Unheimliche」.
8 헤겔,『미학 강의』.

2.2.

상징의 프로이트적인 개념을 비밀스럽게 지배하는 것이 바로 스핑크스의 말을 하나의 "암호화된 말"로 보는 오이디푸스의 해석이다. 사실 정신분석이 가정하는 것은 담론의 분해다. 정신분석에 따르면 담론은 고유하지 않은 용어들을 사용하는 어두운 언어, 즉 거세에 기초하는 무의식의 언어와 고유의 용어들을 사용하는 또렷한 언어, 즉 지식의 언어로 분해된다. 하나의 담론에서 또 다른 담론으로의 전이가(즉 번역이) 구축하는 것이 바로 분석이다. 따라서 분석은 탈-상징화 과정과 상징의 점진적인 감소를 필연적으로 동반한다. 프로이트가 "자위더르 해의 간척 작업"과 본질적으로 유사하다고 보았던 정신분석 프로젝트는, 일단 완성된 뒤에는, 무의식의 상징적 언어를 철저하게 의식적 기호로 뒤바꾼 번역작업과 마찬가지의 결과를 얻게 된다. 따라서 오이디푸스 신화는 정신분석 비평가들이 밝혀냈던 것보다는 훨씬 더 심오한 방식으로 분석의 지평을 지배한다고 보아야 한다. 즉, 오이디푸스 신화는 해석의 내용을 제공할 뿐만 아니라, '무의식'이라는 이름의 스핑크스와 그것이 상징하는 것들 앞으로 다가서면서 분석적 담론이 취하는 기본적인 입장 자체를 인도하고 구축해낸다. 오이디푸스가 스핑크스의 수수께끼 속에 감추어진 의미를 밝혀냈듯이 같은 방식으로 분석은 상징 뒤에 숨어 있는 사유를 찾아내고 신경증을 "치료"해낸다.

따라서 단순한 우연의 일치라고 볼 수 없는 것은, 프로이트가 밝혀낸 상징주의의 본질적인 발전과정이, 방브니스트가 주목했던 것처럼,[9] 옛 수사학에 나타나는 전의轉義의 목록과 정확하게 일치한다는 사실이다. 무의식의 영역은 메커니즘에 있어서 뿐만 아니라 구조적인 측면에서 고스란히 상징 및 고유하지 않은 것의 영역과 일치한다. 모든 형식을 의미로부터 분리시키던 표징의 의도가 이제 무의식의 보이지 않는 언어로 변하는 반면, 표징을 담고 있던 서적들은 박식한 사람들의 도서관으로부터 걸어 나와 거세가 스스로의 표어와 문장紋章을 끊임없이 그려내는 무의식의 세계에 발을 들여 놓는다.

"거세된 것만이 상징화될 수 있다"는 존스의 단언적인 주장을 통해 표현되는 정신분석학적 상징주의 이론[10]은 모든 상징물의 고유하지 않은 기표 속에서 거세된 것의 회귀를 발견하지만 그렇다고 해서 프로이트적인 상징의 개념을 전부 설명해주는 것은 아니다. 프로이트는 사실 이러한 도식으로 귀결되지 않는 상징의 변화과정들을 여러 번에 걸쳐 묘사하고 있다. 그 중에 하나가 바로 페티시스트의 부정이다.

프로이트에 의하면, 페티시스트의 퇴폐적인 경향은 한 아이가

---

9 에밀 방브니스트E. Benveniste, 「프로이트의 발견 속에서 수행되는 언어의 역할에 관한 고찰들Remarques sur la fonction du language dans la decouverte freudienne」(이 논문은 1956년 『La psychanalyse I』에 처음 실렸으며 1966년 E. Benveniste, 『일반 언어학의 문제점들Problémes de linguistique générale』에 다시 수록된다). 이 논문이 가지고 있는 중요성은 라캉이 기표에 관한 자신의 생각을 집대성한 논문 「무의식에 있어 문자가 갖는 권위L'instance de la lettre dans l'incosciente」(『La psychanalyse』, 1957)보다 일 년 일찍 발표되었다는 점을 통해 충분히 짐작할 수 있다. 그때부터 "무의식의 수사학"이라는 개념은 정신분석자들과 언어학자들 사이에서 일반적인 것이 되어버렸지만, 아무도 '무의식'이 수사학을 '가지고' 있는 것이 아니라 그것 자체가 하나의 수사학이라는 사실을 천명하면서 결정적인 걸음을 내딛지 못했다.
10 우리의 비평이 주목하고 있는 것은 바로 상징주의에 대한 이러한 정통주의적인 개념이지 라캉의 프로이트 해석이 아니라는 점을 정확히 해둘 필요가 있어 보인다.

여자에게(어머니에게) 남근이 없다는 것을 발견하고 그 사실에 대해 의식하기를 거부하면서 발생한다. 아이가 남근의 부재함을 감지하고 현실을 부인하는 것은 스스로의 남근이 제거될 위협을 느끼기 때문이다. 이러한 관점에서 주물은 "여성이 가지고 있어야 하는 남근의 대체물에 지나지 않는다. 이 대체물의 존재를 믿은 아이는 이제 그것을 포기하려 들지 않는다". 어쨌든 이 부정의 의미는 보기와는 달리 단순하지 않을 뿐만 아니라 본질적으로 모호한 면을 가지고 있다. 유령을 포기하도록 하는 현실감각과 현실감각을 포기하도록 하는 반항적 욕망 사이의 분쟁 속에서, 아이는 이러지도 저러지도 못하거나 혹은 두 가지 모두를 동시에 행동으로 옮기면서 아주 독특한 타협지점에 도달한다. 한편으로는 스스로가 인지해낸 또렷한 현실을 특별한 메커니즘에 통해 부인하고, 다른 한편으로는 퇴폐적인 것을 통해 현실을 인식한다. 이러한 모순이 바로 주물의 공간이다. 주물은 어머니의 남근이라고 하는 무無의 실체인 동시에 그 부재의 기호다. 무언가의 상징이면서 동시에 그것의 부정을 상징하는 주물은 본질적으로 하나의 분열 속에서만 명맥을 유지할 수 있으며 그 안에서 일어나는 이 두 역반응이 본격적인 자아분열의 구심점을 구축하게 된다.

부정의 메커니즘이, 고유하지 않은 기표를 통한 거세된 것의 회귀라는 도식에 따라 편안히 해석되지 않는다는 점은 분명해 보인다. 아니, 오히려 이러한 현상에 대해 거세Verdrängung가 모든 것을 설명해주지 못한다는 것을 느꼈기 때문에 그가 '부정'이라는 용어에 매달린다고 보는 것이 옳을 것이다. 사실상, 페티시스트의 부정 속에서 한 기표가 또 다른 기표를 대체하는 일은 벌어지지 않을 뿐 아니라 오히려 쌍방의 부인을 통해 서로의 관계가 유지된다고 보아야 한다. 아니, 정확히 말하자면, 거세에 대해 언급하는 것조차 옳지 않다. 왜냐하면 심리적인 것은 단순히 무의식 속으로 밀려나는 것에 그치지 않고, 어떻게 보면, 부인되는 것과 동일한 방식으로 인정되기 때문이다. (그렇다고 해서 그것이 의식을 가지고 있다는 의미는 아니다.) 이와 같은 역동적인 메커니즘을 우리는 다음과 같은 도표로 그려볼 수 있다.[11]

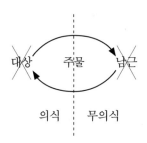

여기서, 부인Verneinung을 통해 일어나는 것과 비슷한 현상이 발견된다. 즉 환자가 분석자에게 고백을 통해 표면적으로 부인하는 것이 결과적으로 그것을 인정하게 되는 현상이며 이것을 프로이트는 "거세의 중지Aufhebung"라고 부르면서 "그렇다고 해서 그것을 거세된 것의 수용이라고 볼 수는 없다"고 정의내렸다. 이폴리트는 이를 "무의식의 활용"이라고 부르면서 "하지만, 거세는 유지된다"고

---

11 도표에서 보는 바와 같이, 주물은 대상과 일치하지 않으며, X로 표시되는 쌍방의 부인否認을 통해 열린 공간, 즉 대상과 남근(어머니의) 사이의 공간 속에 위치한다.

보았다.[12] 부정을 통해 우리는 무의식 속의 사실들을 의식의 단계로까지 끌어올리지 않고서도 자기화할 수 있는 절차 앞에 서게 된다. 표어들이 사람의 가장 은밀한 의도를 문장紋章을 통해 표현하면서 그것을 이성적 담론의 언어로 번역하지 않는 것과 마찬가지로, 페티시스트의 가장 비밀스러운 두려움과 욕망이 표징화되는 과정 역시, 그것들을 의식할 수 없는 것으로 만들면서 동시에 그것들과의 직접적인 소통을 허락해주는 하나의 상징적 문장을 통해 이루어진다. 무덤을 파헤치지 않고서도 자신의 숨겨진 보물을 취득할 수 있는 페티시스트의 행동 속에서 우리는, 받아들이면서 거부하고 거부하면서 받아들이던 스핑크스의 퇴마사로서의 오랜 지혜를 엿볼 수 있다. 유희에 관한 한 분석자에게 무언가를 가르쳐줄 수 있는 인물이 퇴폐적인 인간인 것처럼, 모든 것을 떠나, 상징에 관해 오이디푸스에게 무언가를 가르쳐줄 수 있는 인물은 다름 아닌 스핑크스다.

2.3.

표징이라는 형식을 통해 기표와 기의의 차이가 가장 뚜렷하게 나타나는 만큼, 소쉬르의 "이중적 단위"라는 모순을 또렷하게 의식하는 기호과학이 등장했을 때 그것이 최상의 기량을 발휘할 수 있는 기반은 표징에 의해 이미 구축되어 있었다고 볼 수 있다. 그러나 바로크 이론가들의 연구와 신화학자, 낭만주의 비평가들의 연구에도

---

12 장 이폴리트, 『Commentaire parlé sur la 《Verneinung》』, 『de Freud』(Lacan, 『Ecrits』, 887쪽에서 인용).

불구하고, 여전히 표징에게 모자란 것은 아주 기초적인 단계라도 충족시켜줄 수 있을 만한 기호학적 분석이다. 은유에 관한 현대인들의 수많은 해석적 시도 속에서도 항상 짐이 되었던 것은 고유한 것과 고유하지 않은 것의 관계에 대한 초기의 형이상학적 입장이다. 이러한 입장은 은유를 "이질적인" 이름의 "번역"[13]으로 보았던 아리스토텔레스의 정의 속에 이미 내포되어 있었다. 기호에 관한 서구사상의 고찰이 계속되는 가운데 이러한 입장은 하나의 선입견으로 발전했다. 이에 따르면, 은유 속에는 두 종류의 용어, 즉 고유한 용어와 고유하지 않은 용어가 존재하고 서로를 향한 이들의 움직임과 상호대체가 바로 은유라는 "번역"을 가능케 한다. 이러한 구도가 악영향을 끼쳤던 것이 바로 은유의 두 가지 정의, 즉 "원래 가지고 있던 뜻과의 유사성 때문에 기용되는 하나의 보조적 기의에 기표를 부여하는" 것이 은유라고 보았던 야콥슨의 정의와, 은유를 두개의 용어가 공유하는 기호소의 공간으로(환유에 기초하는) 보던 이들의 정의다. 이 두 가지 정의를 도표로 그려보면 다음과 같다.[14]

---

13 『시학』, 1557b.
14 야콥슨의 정의는 『언어의 본질에 관한 연구À la recherche de l'essence du langage』(『Diogène』, n. 51, 1965) 속에 들어 있으며 두 번째 정의에 관해서는 알베르 앙리Albert Henry의 『환유와 은유Métonimie et métaphore』(Paris, 1971)를 참조 바란다. 대체 이론은, 그것의 흔적을 라캉에서도 찾아볼 수 있을 정도로 끈질긴 면을 가지고 있다. 실제로 라캉은 "은유가 두 개의 기표 사이에서 발생하고, 이때 하나의 기표가 또 다른 기표를 대체하면서 기표의 고리 속에 자리를 확보한다"고 말하고 있다(『Écrits』, 507쪽 참조). 하지만 그는 "감추어진 기의가 그대로 살아남는 것은 고리의 남아 있는 부분과의 결속(환유적인)되기 때문"이라고 덧붙인다. 은유의 비밀은, 밀려난 것이 그대로 남아 있는 대체의 모순 속에서 찾아져야 할 것이다.

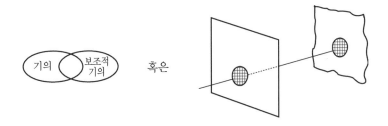

어느 한쪽에서도 잘 드러나지 않는 것은, "유사성"이든 기호소의 공유지점이든 은유에 앞서 존재하지는 않는다는 점이다. 이러한 요소들은 은유에 의해 발생하고 은유를 설명하기 위해 기용될 뿐이다. 이는 오이디푸스의 답변이 수수께끼에 앞서 존재하지 않으며 오히려 수수께끼에 의해 창조되었고 독특한 논점절취를 범하면서 해결책을 제공하겠다고 나설 뿐인 것과 마찬가지다.

고유한 것과 **고유하지 않은 것**의 대립이라는 도식이 우리를 방해하며 보지 못하도록 하는 것은 은유 속에서 무언가가 무언가를 대치하는 일이 실제로는 벌어지지 않는다는 사실이다. 은유의 용어가 대신하기 위해 부름 받은 고유의 용어란 존재하지 않기 때문이다. 왜냐하면 우리의 오이디푸스적인 선입견이, 즉 **후천적인** 해석적 도식이 우리로 하여금, 동일한 의미 내부에서의 분리와 그로 인한 상이함밖에는 보이지 않는 곳에서, 대체를 감지하도록 부추겼을 뿐이기 때문이다. 언어적 습관에 의해 틀에 박힌 은유 속에서만 우리는 고유의 의미와 고유하지 않은 의미를 구별해낼 수 있다. 원천적인 은유 속에서는 고유한 용어 같은 것을 찾는다는 것 자체가 무의미하다.

고유한 것과 고유하지 않은 것의 대립이라는 오이디푸스적인 도식이 은유의 본질을 파악하는 데 적합하지 않다는 사실은 "만들어진" 혹은 "그려진" 은유, 즉 표징 속에서 분명하게 드러난다. "영혼"과 "육체"라는 전형적인 예를 통해 고유한 것과 고유하지 않은 것을 알아볼 수 있다고 믿는 것은 언제든지 가능하지만, 사실 표징이 인도하는 미로 속을 조금만 들여다보면, 한 용어와 다른 용어 사이의 긍정적인 교체는 전혀 이루어지지 않는다는 것을, 오히려 표징의 공간은 순수하게 부정적이고 비실체적인 공간이며 차별화와 상호인정 및 부정의 과정이라는 점을 쉽게 알아볼 수 있다. 때문에 "육체"와 "영혼"의 관계는 서로를 설명하면서 동시에 은폐하는 관계다(1600년대에 쓰인 한 연구서의 표현을 빌자면, "설명하면서 감추고" "감추면서 설명하는" 관계). 한쪽의 의사意思가 다른 한쪽을 완전히 압도하는 경우는 발생하지 않는다(그것은 곧 표징의 죽음을 의미할 것이다). 표어의 이론가들이 집요하게 반복하는 것은 "표징의 경이로움이 말의 모호함에서 오지도 않고 사물들의 비밀스러운 성격에서 기인하는 것도 아니며 말과 사물의 짝짓기로부터 비롯된다는 사실이다. 짝짓기를 통해 말도 사물도 아닌 제3의 요소가 탄생한다. 경이로움을 낳는 것은 바로 이 제3의 요소다."[15] 어쨌든, 이 "제3"의 형체 속에서 무언가 긍정적인 것을 찾기는 힘들어 보인다. 그것은 다른 두 요소의 차이와 상호인정 및 부정의 관계에 지나지 않는다.

---

15 쉬피오네 암미라토Scipione Ammirato, 『문장紋章 혹은 표어』 (Il rota ovvero delle Imprese, Firenze, 1598).

인간의 모습을 문장紋章화하는 캐리커처에 대해서도 똑같은 이야기를 적용할 수 있을 것이다. 국왕 루이 필립 1세를 하나의 배로 묘사하고 있는(혹은 배를 루이 필립 1세로) 샤를 필리퐁의 유명한 캐리커처를 성공작이라고 볼 수 있는 근거는 우리가 마주하고 있는 것이 배나 루이 필립이 아니라 바로 이들의 혼돈된 이미지와 차이점들이 불러일으키는 표징적인 긴장감이라는 사실에 있다.

이것이 사실이라면 표징의 진행방식은 놀랍게도 프로이트가 설명하는 페티시즘적인 부정의 진행방식과 유사한 것으로 드러난다. 아니, 오히려 '부정'이 은유의 해석에, 전통적인 약식 귀결이 놓쳐왔던, 하나의 모델을 제공한다고 볼 수 있다. 이 모델에 따르면 **사물들의 세계에서 주물이었던 것은 언어의 세계에서 은유가 된다.** 부정 속에서 일어나는 것이 고유한 기의에서 고유하지 않은 기의로 움직이는 단순한 "전이"가 아니라 오히려 부재와 현존 사이의 실체화할 수 없는 부정적 관계이듯이(주물은 어머니의 남근이라고 하는 무無의 실체인 동시에 그 부재의 기호이기 때문에), 마찬가지로 표징 속에서는 대체도 전이도 일어나지 않고, 고유한 것과 고유하지 않은 것의 교체로는 귀결될 수 없는 부정과 차별화의 유희가 있을 뿐이다. 주물이 스스로의 본질적인 모순으로 인해 하나의 분열 속에서만 명맥을 유지하고 그 속에서 일어나는 두 역반응이 프로이트가 자아분열이라고 부르는 것의 핵심을 구축하듯이, 표징은 기호적인 "실체"의 본격적인 분열을 토대로 그 명맥을 유지한다.

은유적 분리는 사실 고유한 것과 고유하지 않은 것 사이에서 이루어지지 않는다. 그것은 '의미'의 형이상학적 구조화에 의해 발생한다. 은유의 공간은 기표와 기의의 상호배척이 이루어지는 공간이며 모든 의미작용의 기초가 되는 근원적인 차이점들이 모습을 드러내는 공간이다. 이를 주목했던 철학자가 바로 니체다. 그는 은유 속에서 가장 오래된 언어현상을, 고유한 용어들의 "단단한 돌무덤" 속에서는 유일하게 은유의 여분만을 발견한다.[16] 비유로 말하는 스핑크스에 비하면 오이디푸스는 니체가 말하는 귀머거리, 즉 어떤 음향이 모래 위에 만들어놓은 클라드니Ernst Chladni, 1756~1827 [17]의 '문양'들을 보고 '소리'가 무엇인지 알겠다고 주장하는 귀머거리처럼 보인다. 수수께끼를 '불가능한 일들을 한곳에 모으는synapsai ta adynata' 것으로 보았던 아리스토텔레스의 정의는 은유가 벌거벗기는 의미작용의 핵심적인 모순을 정확하게 파악하고 있다. 처음부터 그랬듯이, 의미작용은 언제나 불가능한 것들의 결합이다. 의미작용은 그 자체로는 문제될 것이 없는, 기표와 기의 사이의 전시의

---

16 "진실이란 과연 무엇인가? 그것은 무수히 많은 은유와 환유와 의인화의 움직임, 간단히 말해, 시적으로 칭송되고 뒤섞이고 장식된 인간관계, 오랫동안 반복된 뒤에 어떤 종족에게는 고정된 것으로, 하나의 전통으로, 지켜야 할 규율처럼 받아들여졌던 인간관계를 뜻한다……. 직감에 의존하는 모든 은유가 개인적이고 독창적이며, 때문에 항상 모든 결정론적 틀로부터 벗어날 줄 아는 반면, 개념의 탑이 보여주는 것은 로마식 돌무덤의 딱딱한 규칙성과 수학적이고 논리적인 차가움과 엄격함이다. 이러한 차가움에 물든 자는, 주사위처럼 딱딱하고 각이 진 요지부동의 개념이 사실은 은유의 여분에 지나지 않는다는 사실을 믿지 못할 것이다……. 인간의 원시적 상상력을 통해 뜨겁게 흘러넘치던 무질서한 이미지들을 딱딱하고 불변하는 것으로 만들 때에만, 은유의 원시적 세계를 잊을 때에만, 이 태양, 이 창문, 이 테이블이 그 자체로 하나의 진실이라는 꺾을 수 없는 믿음을 통해서만, 오로지 인간은 주체로서, 예술적 창조의 주체로서 망각할 수밖에 없는 존재이기 때문에, 약간의 안정과 휴식 속에서 살아갈 수 있을 뿐이다." (출처, Kröner판 『니체 전집』, vol. X Philosophenbuch)
17 독일의 물리학자이자 음향학자. ―옮긴이

문제가 아니라 하나의 순수한 저항선이다. 테사우로의 "신성한 이야기꾼이 자신의 고차원적인 개념들을 인간들에게 전달하며" 날카로운 칼날을 찔러넣는 곳이 바로 기표와 기의가 결속되는 지점이다. (여기서 날카로움acutezza이란 1600년대의 언어가 가지고 있는 심오한 직관적 경향의 해석에 따라 어원적 의미, 즉 구멍을 뚫고 연다는 뜻으로 이해해야 한다.) 은유, 캐리커처, 표징, 주물은 모두 의미작용에 저항하는 저항선, 모든 의미작용의 근원적인 비밀이 숨겨져 있는 저항선을 가리키고 있다. 이제 우리가 질문을 던져야 하는 것이 바로 이 저항선이다.

3

저항선과 상처

3.1.

현대 기호학의 기반을 이루고 있는 기호의 개념은, "사회생활의 영역 안에서 기호들의 삶을 연구하는 과학"[1]이 여전히 의식하지 못하고 있는 의미작용의 형이상학적 축약에 기초하고 있다. 서양철학사에 뿌리를 두고 있는 이 형이상학적 축약이 가능해진 것은 현대 기호학의 프로젝트가 형성될 무렵 핵심적인 역할을 담당했던 한 논문의 생성과정이 가지고 있던 독특한 상황 때문이었다. 제네바에서 1907년부터 1911년까지 진행된 소쉬르의 강의가 책으로 출판될 계획이 없었고 소쉬르 자신도 출판 가능성을 분명하게 부인

---

[1] 소쉬르, 『일반 언어학 강의Cours de linguistique générale』(루돌프 엥글러R. Engler의 교정판, Wiesbaden, 1967, cap. III, 3쪽).

했었다는 사실²보다 중요한 것은 이 강의들이 소쉬르가 겪은 지적 위기의 순간들을 증언해줄 뿐만 아니라 이러한 극단적인 위기, '막다른 골목'의 경험이 소쉬르 사상의 가장 본질적인 측면을 구축했다는 사실이다. 그가 경험했던 '뿌리 깊은 모순'이 적나라하게 드러났던 것은 1915년에 이루어진 강의록 출판, 말하자면 거의 15년 전 소쉬르가 억양 연구와 함께 시작했던 기나긴 여행을 사실상 침몰시켜버린 마지막 암초를 오히려 하나의 긍정적인 결과로 소개하면서 이루어진 강의록 출판을 통해서였다. 사실 소쉬르는 언어의 그물 속에서, 니체처럼, 문헌학의 역부족을 느끼고 철학자가 되거나 아니면 실패의 쓴잔을 맛보아야 할 극히 보기 드문 운명을 타고난 인물이었다. 30년이라는 세월을 침묵으로 일관하면서 기술적인 내용의 짧은 글들을 여기저기에 발표했을 뿐이지만, 니체와 마찬가지로 소쉬르는 언어 연구를 포기하지 않았다. 많은 사람들이 이해하기 힘들었던³ 기나긴 침묵의 시간이 흐르는 동안, 고작 스무

---

2 소쉬르가 친구들과 제자들에게 밝히는 내용이다: "이런 주제를 다루는 책은, 누군가 그걸 머릿속으로 생각하고 있다는 건 있을 수 없는 일이야. 거기에는 저자의 결론적인 생각이 들어 있어야 해." (『일반 언어학 강의』에 실린 루돌프 엥글러의 서문, p. ix). 1915년 판본을 감수한 세슈아예Sechehaye와 발리Bally는 그들의 서문에서 소쉬르가 강의를 준비하기 위해 작성했던 초안들을 검토하는 동안 놀랍게도 학생들의 노트와 일치하는 부분을 전혀 발견하지 못했다고 기록하고 있다: "소쉬르는, 발표할 논문의 구도에 대해 날마다 황급히 적어두었던 초안을 완전히 파기하고 말았다." 초안의 파기를 우연한 사건으로 보기는 힘들 것이다.
3 소쉬르의 가장 뛰어난 제자였던 메이예의 인상은 다음과 같다. "비교문법 분야에서는 이제껏 출간된 책들 중에 가장 멋진 책을 쓴 인물, 많은 아이디어로 씨앗을 뿌리고 견고한 이론들을 정립하고 자신을 추종하는 많은 제자들을 거느렸던 인물, 그런데도 자신의 운명을 다 완성하지 못한 인물이다." (메이예Antoine Meillet,『Ferdinand de Saussure』, Linguistique historique et linguistique générale, vol. II, Paris, 1952, 183쪽) 메이예의 글 속에

살에 「원시 모음체계에 관한 보고서」[4]라는 천재적인 논문으로 인도유럽 언어학에 혁신적인 변화를 가져왔던 **신동** 소쉬르가 끝까지 고수했던 것은 서구 형이상학 전통 안에서 언어학이 가지고 있던 한계의 경험이었다.

이 위기를 증언하는 자료들은 이미 오래전에 방브니스트[5]에 의해 출간되었고 이어서, 예상되는 결론이 전부 다루어진 것은 아니지만, 한 역사적인 기사[6]를 통해 재차 언급된 바 있다. 그리고 루돌프 엥글러Rudolf Engler[7]의 감수로 빛을 보게 되는 1967년의 『일반 언어학 강의』 교정판 출간은 1915년 판본을 만드는 데 사용되었던 모든 자료들의 조합을 통해 이루어졌다. 때문에 이제 현대 언어학에서 소쉬르의 『일반 언어학 강의』가 차지하는 위상을 재검토하는 일은 더 이상 미룰 수 없는 과제로 보아야 할 것이다. 앞으로 소쉬

언급되고 있는 소쉬르의 "신화"는 (그는 소쉬르의 "신비로 가득한 푸른 눈"에 대해 이야기한다) 방브니스트가 1964년에 쓴 논문의 "세 개의 초상화"를 다루는 부분에 다시 나타난다(『F. de Saussure à l'École des Hautes Études』, in 『Annuaire de l'École pratique des Hautes Études』, 1964~1965). "제일 먼저 떠오르는 것은, 입문자치고는 천재에 가까운 한 청년이, 신에 가까운 미모를 자랑하며 학문 세계에 눈부신 입성을 하는 모습, 반면에 파리에서 지내는 동안 동생이 그린 그의 초상화를 보면, 그는 생각이 깊고 어딘가 비밀스러운 구석이 있는, 벌써 내면의 요구에 귀를 기울이며 긴장하는 청년의 모습으로 나타난다. 끝으로 떠오르는 이미지는, 한 늙어가는 신사의 모습이다. 늙어가면서도 당당하고, 약간은 피곤한 듯, 꿈을 꾸는 듯한 시선으로 걱정스럽게 자신이 인생을 언제 마감하게 될 것인지 자문하는 모습이다."

4 "Mémoire sur le système primitif des voyelles."
5 소쉬르, 『미간행 노트』(Notes inédites de F. de Saussure, 『Cahiers F. de Saussure』 12, 1954).
6 『반세기 후의 소쉬르Saussure après un demi-siècle』(『Cahiers F. de Saussure』 20, 1963. 이 글은 뒤이어 방브니스트의 책에 다시 수록된다. Benveniste, 『Problèmes de linguistique générale I』, 32~45쪽).
7 소쉬르, 『일반 언어학 강의』. 위에서 언급된 엥글러의 판본만이 엄격한 의미에서 교정판이라고 할 수 있다.

르의 '강의'는 그의 사유를 정확하게 전달한다는 의미에서 더 이상 기호학에 기초를 놓은 작품으로 고려될 수 없으며 오히려 기호학의 근본적인 문제점을 제기하는 작품으로 이해되어야 할 것이다. 소쉬르의 『일반 언어학 강의』는 기호학의 서막이 아니라 어떤 의미에서는 기호학의 결말이다.

일명 소쉬르[8]의 "드라마"로 일컬어지는 에피소드의 첫 번째 흔적은 1894년, 결국에는 빛을 보지 못할, 리투아니아어의 억양과 악센트에 관한 책을 준비하고 있던 시기에, 그가 메이예에게 보낸 편지에서 찾아볼 수 있다. 소쉬르는 예사롭지 않은 쓸쓸한 감정을 토로하며, 언어학적 용어들의 "절대적인 무능력"과 모순 앞에서 낙담할 수밖에 없다는 사실을 고백하고 있다.

나는 이 모든 것들이, 언어적 현상과 관련해서 상식적으로 의미가 있을 만한 단 열 줄의 글을 써내려가며 겪는 어려움이 역겹게 느껴지네. 이러한 현상들의 논리적인 분류에 오랫동안 신경을 써오면서 내가 계속해서 더 절실하게 느끼는 것은 한 언어학자가 그가 하는 일을 증명해 보이기 위해 필요로 하는 엄청난 양의 작업과…… 아울러, 언어학을 통해 궁극적으로 할 수 있는 모든 것의 이루 말할 수 없는 허영이네……. 이 모든 것이, 나의 노력에도 불구하고, 책 속에 실리게 될 걸세. 그리고 나는, 열광도 열정도 모른 채, 왜 내가 무슨

---

8 "이 침묵은 굉장히 고통스러웠을 것이 틀림없는 하나의 드라마를 감추고 있었다. 이 드라마는 시간이 흐르면서 더욱 심각해졌고 게다가 어떤 결과도 이루어내지 못했다." (Benveniste, 『Problèmes de linguistique générale』, 37쪽)

의미든 그것을 부여할 수 있는 언어학적 용어가 단 하나도 존재하지
않는지 설명하게 될 걸세. 고백하지만, 그래야만, 나는 내가 그만두
었던 지점에서 내 작업을 다시 시작할 수 있을 걸세.[9]

소쉬르가 언급하고 있는 책은 한 번도 집필된 적이 없다. 하지
만 『일반 언어학 강의』에서 뒤늦게 회자되는 이 책의 노트와 초고
의 논제들은 소쉬르가 그의 '막다른 골목'에 대해 아주 또렷하게 의
식하고 있었음을 보여준다. 이 '막다른 골목'은 그의 것이었을 뿐만
아니라 일반 언어학의 것이었다.

언어학이라는 학문에 대한 우리의 신앙고백이 여기에 있다. 다른 분
야에서라면 **이런저런 관점에서** 대상을 다룰 수 있을 것이다. 동일한
대상 속에서 확고부동한 기반을 발견할 수 있다고 확신할 수 있기
때문이다. 하지만 언어학에서 우리는 원칙적으로 대상이 주어질 수
있다는 가능성을 부인한다. 우리가 부인하는 것은 우리의 생각이 한
차원에서 다른 차원으로 움직일 때, 생각의 대상들이 계속해서 존재
할 수 있으리라는 가능성과, 결과적으로 동일한 대상들이 또 다른
질서 속에서 발견될 수 있다는 가능성, 마치 그 대상들이 그 자체로
존재하는 것처럼……

---

9 페르디낭 드 소쉬르가 앙투안 메이예에게 보내는 편지(『Cahiers F. de Saussure』 21,
1964).

적어도 우리가 용기를 내서 말할 수 있는 것은, 진정한 의미에서 언어의 마지막 법칙이란, 단 **하나의** 용어 안에 거주할 수 있는 것은 이 세상에 아무것도 존재하지 않는다는 사실이다. 그 이유는 언어적인 상징들이 언어가 가리키는 것과는 아무런 관계도 없기 때문이며, 어쨌든, a는 b의 도움 없이 무언가를 가리킬 능력이 없고 b도 마찬가지로 a의 도움 없이는 아무것도 할 수 없기 때문에, 다시 말해 a든 b든 서로 간의 상대적인 차이가 아니면 존재할 가치가 없거나, 혹은 둘 중 어느 것도 그 자체로는, 즉 그 자체의 어느 한 부분(예를 들어 "뿌리")뿐만 아니라 이렇듯 무질서하게 얽혀 있는 영원히 부정적인 차이점들이 아무런 가치가 없기 때문이다.

놀라운 일이다. 하지만 사실 이것과 반대의 현상이 벌어질 수 있다는 가능성은 어디에 있는가? 언어 전체에 단 한 순간이라도 긍정적인 빛을 발할 수 있는 지점은 어디에 있는가? 하나의 음성 이미지가 무언가를 의미할 때 그 음성이 그 의미에 가장 적합하다는 것을 보장해주는 것이 아무것도 없지 않은가?[10]

소쉬르가 강의를 하는 동안 긍정적인 언어학 용어의 발견 가능성에 대한 자신의 불신을, 교육적인 의미에서 드러내지 말아야겠다고 느꼈다는 것은 분명해 보인다. 어쨌든 『일반 언어학 강의』의 교정판이 보여주는 것은, 기호를 긍정적인 용어로 설명하는 그의 문장들이 강의를 들었던 학생들의 노트와 정확하게 일치하지 않는

---

10 소쉬르, 『미간행 노트』, 63쪽.

다는 사실이다. 『일반 언어학 강의』의 문장이 "기호를 총체적인 관점에서 고려하는 순간 우리는 무언가 긍정적인 것을 그 속에서 발견하게 된다"고 이야기하는 곳에서 학생들의 노트는 좀 더 조심스럽게 접근하고 있다.

이러한 차이점들이 상호 간에 영향을 끼친다고 하는 사실에 힘입어, 우리는 '사유'상의 어떤 차이와 '기호'상의 어떤 차이를 비교함으로서 긍정적인 용어와 유사한 무언가를 발견할 수 있을 것이다.[11]

좀 더 밑에서 다음과 같은 기록을 읽을 수 있다.

그러나 기표와 기의의 관계가 형성되는 것은, 일정량의 음성기호와 질량으로부터 추출해낸 일정양의 입자들이 조합을 이루면서 만들어내는 가치들이 구체화되면서 가능해진다. 이 기표와 기의 사이의 관계가 그 자체로 주어지기 위해서는 무엇이 필요한가? 무엇보다도 개념이 먼저 확립되어 있어야 할 것 같지만 그것은 불가능한 일이다……. 무엇보다도 기의가 먼저 하나의 정해진 사물이어야 할 필요가 있지만 그것은 불가능한 일이다……. 따라서 이 관계는 대립된 가치들의 또 다른 표현에 지나지 않는다…….[12]

---

11 소쉬르, 『일반 언어학 강의』, 272쪽.
12 같은 책.

만약에 언어가 "영원히 부정적인 차이점"의 절대적으로 실체화할 수 없는 공간이라면, 기호는 틀림없이 "현행 용어들의 무능력"으로부터 드디어 자유로울 수 있는 언어학을 구축하기 위해 "긍정적인 빛을 발할 수 있는" 마지막 요소일 것이다. 아니, 오히려 기호는 언어학적 기초단위의 이중적 성격을 결정짓는 요소인 만큼, 현존의 형이상학적 파열이 가장 눈부신 방법으로 드러나는 절대적 차이의 공간이다. 노트 속의 한 문장은, 기호로서의 언어가 소쉬르에게는 무언가 결코 붙잡을 수 없는 것이었다는 사실을 결정적으로 증언하고 있다.

언어는 기호 이론의 한 독특한 경우에 지나지 않는다. 그러나 정확히, 바로 그런 이유에서, 언어는 결코 무언가 단순한 것으로 남을 수 없다는 (혹은 그것이 존재하는 방식 그대로는 우리의 정신이 직접적으로 이해할 수 없다는) 절대적인 불가능성 속에 갇히게 된다. 물론 그렇다고 해서 음성기호라는 특별한 경우가 알려져 있는 모든 특별한 경우들, 즉 문자나 숫자처럼 일반 기호학 이론의 가장 복잡한 경우라는 말은 아니다.[13]

언어를 기호학적 관점 속으로 끌어당기는 작업은 여기서 언어적 사실들을 단순화하기는커녕 무언가 불가능한 것으로 만들고 있다. 바로 이러한 불가능성을 의식하는 한도 내에서만 (이 불가능성

---

13 소쉬르, 『미간행 노트』, 64~65쪽.

은, 스토아학파에서 중세논리학에 이르는 기호라는 개념의 역사가 보여주
듯, '의미작용'에 관한 모든 해석이 '현존'의 형이상학적 해석과 유지하고 있
는 본질적인 연대성 속에 뿌리를 두고 있다) 기호학은 스스로의 위기상
황을 받아들일 수 있을 것이다. 소쉬르가 되돌아올 수 없는 지점,
즉 "하늘과 땅의 모든 비유로부터 버림받게 되는"[14] 지점에 도달했
을 때, 다시 말해, 언뜻 보기에는 역설적인 표현들을 통해, 이를테
면 수수께끼를 "불가능한 것들의 연결"로 보았던 아리스토텔레스
의 정의를 연상시키면서 "무질서하게 얽혀 있는 영원히 부정적인
차이점들"에 대해 이야기할 때, "사물보다 먼저 존재하는 사물들
간의 유대관계"에 대해, "앞면과 뒷면을 가지고 있는" 이중적 기초
단위에 대해 말하면서 그가 전적으로 피하고 싶어 했던 것은, 그의
눈에 '언어'와 동질적인 것으로 드러났던 '분리'의 용어들을 실체
화하는 것이었다. 그런 식으로 그는, 현대 기호학에서 "의미작용에
저항하는 저항선"에 의해 은폐되고 거세된 "불가능한 것들의 연결
고리", 그 차이점들을 향해 방향을 제시하고자 했다. 기호의 연산
식 속에서 기표와 기의 사이를 가르는 저항선이 등장하는 것은 기
호가 현존의 충만함 속에서 생성될 수 없다는 불가능성을 표시하
기 위해서다. **형식**signans과 **의미**signatum의 긍정적인 단위로서의 기호
라는 개념을, 소쉬르의 독창적이고 비판적인 입장, 즉 언어현상을
"무질서하게 얽혀 있는 영원히 부정적인 차이점"으로 보는 입장과

---

14 "반대로 우리가 확실하게 믿는 것은, 누구든지 언어라는 땅에 발을 들여놓은 사람
은 하늘과 땅의 모든 비유로부터 버림받게 되리라는 사실이다." (소쉬르, 『미간행 노트』,
64쪽)

분리시킨다는 것은 곧 기호학을 형이상학 속에 다시 빠트린다는 것을 의미할 것이다.[15]

3.2.

기표와 기의의 조합을 의미작용으로 보는 해석과 서구 형이상학과의 유대관계를 분명하게 인정한 바 있는 한 비평적 입장에 따르면 기호를 다루는 학문(기호학)은 문자를 다루는 학문(그라마톨로지)에 의해 대체되어야 한다. 이 구도에 따르면, 형이상학은, 외부적인 흔적으로 보아야 할 '기표'에 비해 현존의 충만함으로 이해해야 할 '기의'를 선호하는 입장을 토대로 형성되었다. 문자gramma에 대한 음성fone의 우월성, 글쓰기에 대한 목소리의 우월성 역시 동일한 입장을 토대로 성립되었다. 그라마톨로지의 특별한 성격은 따라서, 원천적인 경험은 언제나 이미 하나의 흔적, 문자이며 기의는 언제나 기표의 자리에 미리 가 있다는 주장을 통해 나타난다. 충만하고 원형적인 현존에 대한 환영은 바로 기호의 이중적 구조 속에서 형성되는 형이상학적 환영이다. 형이상학의 결말 그리고 형이상학과

---

15 곰곰이 따져보면, 언어현상을 총체적인 관점에서 설명하는 데 기호학이 부적절하다는 사실을 가장 분명하게 의식했던 인물은 방브니스트다(그는 언어과학에 새로운 장을 연 학자다). 의미화의 이중적 단계에 대한 구별의 문제와 (그는 '기호론적인' 방법과 '의미론적인' 방식을 구분한다. 첫째는 '인식'되어야 하는 것으로 두 번째는 '이해'되어야 하는 것으로 구별되며 두 단계 사이에 교류는 이루어지지 않는다) 기호라는 기호학적 개념이(기표와 기의의 긍정적인 단위로서의 기호) 의미론적인 단계에서는 더 이상 유효하지 않다는 문제를 다루는 그의 연구는, 우리의 연구와 동일한 지대, 즉 여기서 우리가 오이디푸스적인 개념을 스핑크스의 그것과 대립시키면서 파악해보고자 했던 동일한 영역을 향하고 있는 것으로 보인다.

유대관계에 있는 기호학의 결말이 필연적으로 떠올리게 하는 것은 기표와 흔적을 넘어선 기원은 존재하지 않는다는 사실이다. 기원이란 곧 출현과 의미의 가능성 자체를 기원의 부재에 두는 **흔적의 원형**이다.[16]

그라마톨로지의 계획이 기표의 기원을 복원시키면서 기호라는 개념 속에서 실체화된 형이상학적 전통을 건강한 방식으로 재평가 해내는 것이라면 그것은 그라마톨로지의 기초를 닦은 철학자가 좀 더 신중하게, 완성했다는 말도 혹은 가능하다는 말조차도 꺼려했던 형이상학의 그 "한 걸음—뒤로 물러서기 혹은 뛰어넘기—내딛기"를 실질적으로 이루어낼 수 있다는 것을 의미하지 않는다.[17] 형이상 학은 사실상 현존의 파열을 단순히 표현과 본질의 이원론, 혹은 기표와 기의, 감각적인 것과 지적인 것의 이원론으로 나열하는 해석학이 아니다. 반대로, 원천적인 경험이 이미, 언제나 하나의 꺾임 속에 붙잡혀 있다는 것, 이미 **단순**하다는 것(simplex의 '한 번 꺾인'이라는 어원적인 의미에서), 즉 현존이 이미, 언제나 하나의 의미작용 속에 붙잡혀 있다는 것, 정확하게 이것이, 바로 서구 형이상학의 기원이다. 문자와 흔적을 기원에 둔다는 것은 이러한 원천적 경험을 강조한다는 것을 의미하지 그것을 초월한다는 것을 의미하지는 않는다. 문자와 음성은 모두, 아주 오래전부터 "문법"을 언어에 관한 성

---

16 데리다, 『그라마톨로지』.
17 현대 프랑스 철학의 상당 부분이 그렇듯이 데리다의 철학 또한, 그도 어렴풋이나마 인정한 바와 같이, 그 기초를 하이데거에 두고 있다.

찰로, 음성을 의미론semantiche 으로(즉 "영혼 속에 글쓰기"의 기호로)[18] 여기면서 언어를 "철자"의 관점에서 이해해왔던 그리스인들의 형이상학적 전통에 속하는 요소들이다. 글쓰기와 기표의 형이상학은 목소리와 기의의 형이상학이 가지고 있는 또 다른 얼굴, 빛을 통해 드러나는 그것의 부정적인 기반에 지나지 않으며 결코 그것의 초월일 수 없다. 현대 기호학이 보유하고 있는 형이상학적 유산을 고스란히 펼쳐 보이는 것이 만에 하나 가능하다 하더라도, 차별화로부터 드디어 해방된 열린 공간에서 순수하고 분리되지 않은 지대로 남을 뿐인 현존이 과연 무엇일까 하는 문제를 우리는 여전히 이해할 수 없을 것이다. 우리가 할 수 있는 것은, 의미작용에 저항하는 저항선 속에서, 즉 오이디푸스적인 거세가 이미 접근 불가능한 것으로 만들어버린 의미작용에의 저항 속에서 언어의 원천적인 상황, 이 "영원히 부정적인 차이점들의 매듭"을 알아보는 일이다. 원천적인 의미작용의 핵심적인 요소는 기표나 기의나 글쓰기나 목소리 속에 있지 않고, 이러한 것들이 기반을 두고 있는 현존의 꺾인 상처 속에 들어 있다. **'말을 가진 생명체**Zoon logon echon'로서의 인간을 특징짓는 **로고스**는 현존의 "결속" 속에 모든 것을 모으고 나누는 이 상처를 말한다. 인간적인 것이란 정확하게, 한 세상을 열어 보이는 현존의 파열을 의미한다. 바로 이 현존의 파열 위에 머무는 것이 언어다. 따라서 연산식 S/s는 하나의 저항선/만으로 축약되어야 한다. 하지

---

18 아리스토텔레스는 이미 언어의 의미론적인 특징을 환상과 연관 지어서 이야기한 바 있다. 플라톤에게서도 나타나는 비유를 인용하자면, 환상이 만들어내는 이미지는 곧 영혼 위에 글을 쓰는 것과 마찬가지다.

만 우리는 이 저항선 속에서 어떤 차이점의 흔적만 보지 말고 결속과 배분synapsies의 위상적 유희를 찾아야 한다. 이 유희의 모델들을 우리는 스핑크스의 제령除靈적 어두움ainos 속에서, 표징의 밑도 끝도 없는 우울함 속에서, 페티시스트의 부정 속에서 찾아볼 수 있었다.

그리스철학의 태동기에 이 현존의 배분은 조화armonia라는 이름을 가지고 있었다. 이 단어의 인도유럽어 어근을 중심으로 존재하는 수많은 용어들이 하나의 방향을 가리키는 사이에 우주라는 기본개념이 형성되었고 우주의 움직임을 조정하는 옳은 질서의 개념, 별들의 움직임과 계절의 뒤바뀜, 인간과 신의 관계라는 개념들이 형성되었다.[19] 하지만 여기서 우리가 관심을 갖는 것은 이러한 개념의 중요성이 아니라 이 "옳은 질서"라는 생각이 그리스적 사유의 태동기에서부터 하나의 배분으로, 하나의 조화로서, 하나의 짜맞추기로 등장했다는 사실(armodzo, ararisko는 원래, 목수가 하듯이, 붙이고 연결하다는 뜻을 가지고 있었다),[20] 즉 그리스인들의 눈에는 우주의 이 완벽한 "보석"이라는 개념 속에, 분열이면서 동시에 결합인 것, 혼돈이면서 질서인 것, 차이점이면서 공통점인 것에 대한 생각이 이미 담겨져 있는 것으로 비쳤다는 사실이다. 헤라클레이토스가 격언[21]을 통해 암시했던 바가 바로 이러한 "아름답기 짝이 없고"

---

19 전부 동일한 어근 ar-를 가지고 있는 이 용어들 사이에는, 베다어 rta, 이란어 arta, 라틴어 ars, ritus, artus, 그리스어 ararisko 등이 포함된다. (방브니스트, 『Le vocabulaire des institutions indo-européennes』, Paris, 1969, vol. II, 101쪽)
20 레오 슈피처L. Spitzer, 『Classical and Christian Ideas of World Harmony』, Baltimore, 1963.
21 Fr. 8, 51, 54.

"보이지 않는" 배분이었다. 그에 따르면, armonia는 우리가 익히 알고 있는 조화라는 뜻만 가지고 있는 것이 아니라, 현존 속에서의 "옳은" 지대라는 원리 자체의 이름이다. 헤라클레이토스에 따르면 여전히 촉각-시각적인 차원에 머물러 있는 이러한 구분이 이어서 수와 음향의 차원에까지 적용되었다는 사실은 서구사상에 커다란 변혁이 있었음을 증명해준다. 어쨌든 우리는 언어의 시각적인 차원이 음향적인 차원으로 이동하는 이 변화의 과정 속에서 여전히 형이상학적인 구분과 의미작용 사이에 남아 있는 유대관계의 흔적을 찾아보게 된다.

이 "보이지 않는 구분"에 가까이 도달했을 때에만 우리는, 한 걸음 뒤로 물러서서, 기호의 서구적인 해석을 지배하고 있는 이 형이상학을 정말 넘어설 수 있는 영역에 들어섰다고 할 수 있을 것이다. 세잔의 한 작품이 서양의 마지막 철학자에게 암시하고 있는 듯한 이 "보이지 않는 조화"[22]의 단순함 앞으로 되돌려진 현존이 과연 무엇일지 우리는 막연히 예감할 수 있을 뿐이다. 이러한 관점에서 우리는, 그리스철학의 태동기에 수집이나 은폐와는 거리가 먼 말하기로 비쳤을 주술적인 의미에 대한 믿음을 가지고, 먼 곳에 남아 있을 수밖에 없는 그 무엇을 향해 계속해서 정진하는 수밖에 없을 것이다.

---

22 "화가의 후기 작품 속에 상처가 들어 있다./ 현존 앞으로 오는 것의 상처, 그리고 단순해졌고/ 성취를 이루었고 회복되었고/ 신비로 가득한 정체로 정화된 현존 자체의 상처다./여기에서 시와 사상이 서로에게 속해있는 곳으로/ 인도해줄 하나의 여정이 시작되는 건가?"(Heidegger, 「Cézanne」, in 「Gedachtes」, in 『L'Herne, Cahiers René Char』, Paris, 1971).

후기

『신지학』에서 라이프니츠는 하나의 웅장하고 무시무시한 우화를 통해, '일어날 수 있었지만 일어나지 않은 일'에 대해 '일어난 일'이 가지고 있는 권리를 정당화시켰다. 『자유의지에 관한 대화록』에서 로렌초 발라가 이야기하는 섹스투스 타르퀴니우스의 에피소드를 좀 더 발전시키면서 라이프니츠는 하나의 피라미드, 정상은 찬란히 빛나는 반면 기초는 심연을 향해 끝없이 곤두박질치는 거대한 피라미드를 상상한다. 이 "운명의 궁전"을 구축하고 있는 무수히 많은 방들은 섹스투스의 운명이 가지고 있는 수많은 가능성들을 하나씩 가리킨다. 방들 하나하나에 가능하지만 아직 실현되지 않은 하나의 세계가 상응하는 셈이다. 아테나 여신의 힘으로 순식간에 궁전에 도달한 테오도로는 방들을 하나씩 방문하면서 "한 번의 시선으로, 마치 연극의 한 장면을 바라보듯" 섹스투스의 가능한 운명들을 관찰한다. "그가 또 다른 방으로 들어서자 또 다른 세계, 또 다른 섹스투스가 나타났다……. 일종의 피라미드를 형성하고 있던 방들은 정상을 향해 오를수록 훨씬 더 화려하게 변했고 방들이 상징하던 세상도 훨씬 더 훌륭한 세상으로 변해갔다. 드디어 피라미드의 정상에 도착했을 때 방은 다른 어떤 곳에서보다도 찬란히 빛나고 있었다. 피라미드는 그러나 출발점은 있었지만 바닥이 보이지 않았다. 정상은 있었지만 기초는 보이지 않았다. 그것이 끝없이 확장되고 있었기 때문이다. 아테나 여신은 그런 일이 벌어지는 이유가, 무수히 많은 가능한 세계들 가운데 가장 우수한 세계가 존재하기 때문이라고 말한다. 그렇지 않다면 신은 세계를 창조하지 못했을 것이다. 뿐만 아니라 바로 아래에 보다 덜 완벽한 세계를 가지고 있지 않은 세계는 존재하지 않는다. 바로 그런 이유에서 피라미드는 심연을 향해 끝없이 확장된다."

책에 관해서도 우리는 이 "운명의 궁전"과 비슷한 하나의 도서관을, 끝없이 이어지는 책꽂이들 속에 모든 책들의 또 다른 가능성들이 들어 있는, 어느 시점에서 무언가가 책들이 쓰이고 출판되도록 결정하지 않았다면 결코 빛을 보지 못했을 책의 또 다른 가능성들이 숨어 있는 "운명의 도서관"을 상상해볼 수 있다. 실제의 책이 정상을 차지하고 있는 피라미드 속에서 책의 무수히 많은 또 다른 가능성들이 한 계단씩 추락하며 우리가 절대로 쓰지 못했을 불가능한 책이 숨어 있는 타르타로스에까지 도달하게 될 것이다.

이런 종류의 도서관에 발을 들여놓는다는 것이 저자에게는 쉬운 일이 아니다. 한 사유의 진정성을 가늠하는 일이 다름 아닌 과거와의 관계 속에서 이루어지기 때문이다. 저자에게는 이 잠재적인 책들의 궁전으로 돌아가 라이프니츠의 조물주처럼 "자신이 만든 세상을 즐겁게 돌이켜보며 자신의 선택이 옳았음을 다시 확인하고 행복해할 수 있는" 기회가 주어지지 않았다. 본 저서가 처음 출간되었을 당시(1977)에 저자가 의식하고 있던 비평-철학적 전통에 따르면 한 작품의 가치란 작품의 실질적인 내용뿐만 아니라 그 작품 속에 하나의 가능성으로 남아 있는 것, 그것이 글쓰기의 행위를 넘어서서 유지할("살려낼") 수 있었던 가능성을(글쓰기의 행위 속에서 하나의 과제로서 살아 있던 가능성들) 기준으로 평가할 수 있는 것이었다. 중요한 것은, 이러한 관점에서, 오히려 과거를 단순히 어떤 필연적인 것으로 변신시키지 않고 대신에 가능성을 반복할 줄 아는 (키에르케고어에 따르면, 다시 붙잡을 줄 아는) 입장 혹은 과거와의 관계, 더불어 그리고 무엇보다도, 우연적인 것으로 변신하지 않을 수 있는 (혹은 그것과 다를 수 있는) 가능성을 붙잡을 줄 아는 입장이다. 창조 행위는 사실 오늘날의 자극적인 표현방식들이 보여주는 것처럼 잠재력에서 행동으로 옮겨지고 행동 속에서 소모되는 과정이 아니라, 하나의 반창조적인 행위, 즉 이를 통해 '일어난 일'과 '일어나지 않은 일'이 신의 정신 속에서 하나로 묶여 있던 원래의 상태로 되돌려지고, '일어날 수 없었지만 일어난 일'이 '일어날 수 있었지만 일어나지 않은 일' 속에서 베일에 가려지는 반창조적인 행위를 중심에 가지고 있는 과정이다. 이 반창조적인 행위가 정확히 의미하는 것이 바로 작품의 **삶**이다. 그것이 바로 독서와 번역과 비평을 가능케 하고 매번 이들을 통해 반복된다. 어쨌든 바로 그런 이유에서 이 반창조적인 행위는, 매번 주어지는 아이러니한 깨달음에도 불구하고, 항상 저자의 손아귀를 빠져나가며 바로 그런 방식을 통해서만 저자에게 계속해서 글을 쓸 수 있도록 허락해준다.

모든 창조 행위 속에서 지속되는 이 반창조적 행위의 영역을 완전히 구체화하고 그 잠재력을 결정적으로 종식시키려는 노력은 저자로 하여금 글쓰기를 포기하도록 만들거나 아니면 그를 자살로 (랭보, 미켈스테터), 그의 작품을 경전으로 유도할 수밖에 없다. 글을 쓰는 사람에게 그토록 위험한 것이 과거와의 관계, 즉 그가 자기 자신일 수 있는 모든 가능성이 흘러나오는 심연과의 관계다. (그래서 이 책의 경우에, 저자가 이 작품이 그에게 펼쳐 보인 가능성의 고랑과 긴박함 속에서 여전히 글을 쓰고 있다면 그 동기와 기준에 대해서는, 이어지는 책들을 통해, 독자들이 그보다 훨씬 더 훌륭한 판단을 내릴 수 있을 것이다.) 그런 의미에서 저자의 삶은 작품의 삶과 일치한다. 자신의 오래된 책을 판단한다는 것은 후속작품만이 어쩔 수 없이 저지르게 되는 불가능한 시도에 불과하다.

1993년 5월
조르조 아감벤

「에로스의 유령」은 좀 더 단순한 형식으로 『Paragone』(aprile, 1974)에 실렸던 논문이고 「오드라덱의 세계」의 핵심적인 부분을 내용으로 하는 초기 원고가 「댄디와 주물」이라는 제목으로 『Ulisse』(febbraio, 1972)에 실렸었다. 「말과 유령」과 「퇴폐한 이미지」는 이 책을 통해 처음으로 출판되는 논문들이다.

바르부르크 연구소 도서관에서의 작업을 허락해준 연구 소장 프란시스 예이츠Frances Yates에게 감사드리고 연구소 파리 국립 도서관 관계자 여러분과 린체이 국립 아카데미 도서관, 카에타니 재단Fondo Caetani의 트라이니Traini 교수에게 감사드린다.

아감벤의 동문서답

무언가가 베일에 가려져 있을 때, 그리고 그 무언가의 정체가 불분명할 때 그것을 지칭하기 위해 사용할 수 있는 가장 적절한 말은 다름 아닌 베일이다. 그러나 감추어진 것의 본질을 가리키지 않고 그것의 위치와 상황을 가리킬 뿐인 베일이라는 말이 다름 아닌 감추고 있는 것의 이름이 되는 순간, 그 이름은 그것이 감추어져 있다는 사실 외에는 아무런 특성도 가지고 있지 않다는 점을 강조함으로써 감추어져 있다는 형식상의 특성을 그것의 본질로 만들어버린다. 그것의 정체가 모호할수록 베일은 그것의 본질을 평가하는 말로 받아들여진다. 이러한 메커니즘이 가져오는 결과는 이중적이다. 베일이란 말 자체가 무언가의 정체를 가리키는 동시에 그것을 감추는 말이 되기 때문이다. 결과적으로 베일은 부재하지도 않고 존재하지도 않는, 죽지도 않았고 살아 있는 것도 아닌 무언가를 되살리거나 떠올리는 말이 된다.

이와 유사한 과정을 토대로 성립되는 것이 저자가 다양한 테마 분석을 통해 구축하고 있는 유령의 문법이다. 『행간』에는 동일한 메커니즘을 가지고 있기 때문에 본질적으로는 유령에 가깝다고 볼수 있는 다양한 이름들이 등장한다. 우울증 환자에게 절망을 안겨주는 악령과 부정의 언어 속에서 탄생하는 페티시즘의 주물呪物과 인간의 환상을 주재하는 프네우마와 표징, 상징, 기호 등이 바로 유령의 또 다른 이름들이다. 아감벤이 추적하는 것은 이러한 다양한 종류의 유령들이 상이한 차원에서 드러내는 동일한 특징, 즉 운명적인 이유에서든 인간적인 필요에 의해서든 붙잡을 수 없는 것을 붙잡기 위해 명명되거나 창조되었다는 특징의 흔적들이다. 이러한 흔적들은 유령의 영역을 벗어나 도처에서 발견된다. 예를 들어 사랑도 유령의 메커니즘을 따른다. 붙잡을 수 없는 것을 붙잡기 위한 노력이 사랑이기 때문이라기보다는 사랑하는 사람을 떠올리는 방식이 유령이 등장하는 방식과 유사하기 때문이다. 결과적으로 사랑을 실어 나르는 것은 유령이다. 이 유령을 우리는 오래전부터 이미지라는 이름으로 불러왔다. 때문에 이를 유령의 관점에서 바라보는 저자는 그것의 정체를 추적하는 대신 경계를 추적하는데 주력한다. 그런 식으로 유령의 접근 불가능성을 규명하면서 그는 세계가 하나의 완결된 상태로 존재한다는 신화를 무너트린다. 그는 필연적인 허구와 완성된 현실이라는 허구 사이에 유령의 세계가 부재의 형식으로 존재한다는 사실에 주목한다. 그리고 비평이 그 메커니즘 속에 뛰어들어 정체 대신 경계를 추적해야 한다고 말한다. 유령의 세계란 텅 비어 있는 세계, '부재와 현존 사이의 실체화할 수 없는 부정적 관계'가 말로 표현되어 있을 뿐인 세계이기 때문이다.

이러한 차원의 비평에서 힘이 느껴지는 것은 누구도 답하기 힘든 까다로운 질문에 예기치 않은 해석의 가능성을 제공할 수 있기 때문이라는 생각이 든다. 우리가 영spirito과 영혼anima의 경계가 아닌 정체를 밝히기 원한다면 가장 먼저 검토해야 할 것은 이 두 개념의 복잡한 변천과정이 수반하는 다양한 종류의 역사적이고 종교철학적인 문제들이다. 즉, 우리는 영혼을 영적인 것으로 보는 사상이 그리스도교 철학의 오랜 노력 끝에 정립되었고 동방에서는 오리게네스, 서방에서는 아우구스티누스 이후에야 등장했다는 사실에서 출발해야 한다. 그 이전에 영혼은 육체 혹은 한 개인과 분리되어서는 생각할 수 없는 것이었다. 그리고 우리는 반대로 영혼의 불멸성이 플라톤의 철학에서 비롯되었다는 일반적인 견해를 고려해야 한다. 『파이돈』에서 우리는 다음과 같은 문장을 읽을 수 있다. "죽음을 뭐라고 정의내릴 수 있는가? 육체가 영혼으로부터 나뉘고 독립되는 것, 영혼으로부터 분리되는 것이 아니라면 무엇인가? 영혼이 내부에 죽음을 안고 있다고 해야 할 것인가? 아니다. 그렇다면 영혼은 영원한가? 그렇다."

하지만 한편에는 이러한 상반된 요소들, 이 오래된 역사적 모순을 더 날카롭게 하고 복잡하게 만드는 중세사상이 존재한다. 상당수의 중세 문헌들을 인용하고 있는 저자 덕분에 전면에 모습을 드러내고 있는 영혼의 중세적인 개념은 그것이 육체와 분리되기 전 상태의 특징들을 고스란히 유지하고 있다. 중세의 영혼은 한 개인의 육체와 유전자적인 특성 및 기질과 밀접한 관련을 가지고 있는 것으로 드러난다. 물론 흥미로운 것은 이러한 중세적 특징을 해석하는 저자만의 방식이다. 이 같은 현상을 분리의 결과로 볼 것인지 조합의 결과로 볼 것인지 결정하기 전에 분리 혹은 조합의 원인을 바깥이 아닌 중세 내부에서 찾고 그것을 가장 중세적인, 즉 유령의 문법이 어느 시기보다도 철저하게 적용된 텍스트를 기준으로 분석하는 것이 저자가 고집하는 방식이다. 그의 분석을 통해 우리는 영과 영혼의 개념이 역사적인 관점에서 절대적으로 불규칙하게 발전해왔다는 사실을 새롭게 바라보고 그것을 당연한 결과로 받아들일 수 있는 새로운 관점을 얻게 된다. 즉 역사적인 해석의 가능성을 배제하지 않고 유령이라는 하나의 예측하기 힘든 보편적 특성을 일종의 메커니즘으로 제시함으로서 영혼의 역사가 안고 있는 황폐한 모순의 측면을 우리로 하여금 전혀 다른 각도에서, 즉 그 역사 속에는 유령이 주도하는 '부정과 차별화의 유희'가 있었을 뿐이라는 사실을 직시할 수 있도록 해준다. 물론 저자가 우리의 영혼에 관한 끊임없는 질문이 잘못되었다는 느낌을 주지는 않는다. 오히려 우리 모두의 오랜 질문에 저자가 전혀 엉뚱한 대답을 하고 있다는 느낌이 크다. 다만 그 동문서답이 기가 막히도록 옳다는 느낌만큼은 지울 수가 없다. 왜냐하면 동일한 메커니즘을 우리 시대에까지 확장시키고 있고 그것이 우리가 충분히 동의할 수 있는 중세와의 일관성을 확보하고 있기 때문이다. 중세문화와 현대문화의 공통점을 찾는다는 관점에서 바라보아도 이보다 더 훌륭한 책은 찾아보기 힘들 것이다.

『행간』은 지금까지 한국에 번역된 저자의 정치철학과 사회과학 분야의 책들과는 기본적으로 다른 성격의 작품이다. 아감벤이 가지고 있는 미학자로서의 면모를 보다 직접적으로 느낄 수 있는 책이고 그가 기본적으로 취하는 비평적 자세와 철학적, 문헌학적 방법이 다른 어떤 곳에서보다 선명하게 드러나는 글이다. 물론 쉽지 않은 면들이 있다. 저자가 다루고 있는 1차 문헌들이 예문과 각주를 통해 제시되는 경우를 제외하고는 사실상 접근이 불가능하기 때문이고 저자가 인용하는 중요한 이론서들 역시 국내에서는 자취를 찾아보기 힘들기 때문이다. 이러한 면을 제외한다면 저자가 해답만큼 많은 숙제를 남기고 있다는 점은 오히려 긍정적으로 생각하고 싶다. 흥미롭게 읽으면 읽을수록 더 많은 질문과 고민을 남긴다는 점은 그만큼 글이 덜 포장되었다는 것을 의미한다. 스쳐지나가는 관계에 학문의 이름을 부여하는 풍토에서 벗어나 조금은 깊이 있는 인문학에 귀를 기울여야 할 필요가 있다고 본다. 또렷하게 문헌학을 토대로 하는 철학서 『행간』이 문화를 바라보는 시각을 어떻게 발전시켜나가야 하는지 방법론적인 측면에서 좋은 길들을 예시해줄 수 있기를 기대해본다.

2015년 6월
윤병언

인명색인

[ㄱ]

갈레노스, 클라우디오 162, 167, 168,
189, 190, 199, 200, 223, 224, 260
고갱, 폴 92
고티에, 테오필 29, 113
곰브리치, 에른스트 한스 228, 272, 287
귀도 델레 콜론네 253
귀토네 다레초 264
그랑비유(장 이냐스 이시도르 제라르의
필명) 98~100, 103~106, 112~114, 290
그레고리우스 1세 26, 29
기, 콩스탕탱 101
기욤 도베르뉴 34, 49
기욤 드 로리스 132, 142
기욤 드 생 티에리 201, 261
기욤 드 콩슈 165
길로, 카를 44, 285
길핀, 윌리엄 79

[ㄴ]

나르디, 브루노 180, 228
나폴레옹 1세, 보나파르트 115
네르발, 제라르 드(제라르 라브뤼니의 필
명) 43
네메시오스 199
노발리스(프리드리히 폰 하르덴베르크의
필명) 11, 79
니체, 프리드리히 302, 305

[ㄷ]

다반자티, 키아로 174
단테 알리기에리 35, 146, 148, 161, 162,
167, 171, 174, 176, 180, 184, 186, 187,
193, 195, 198, 199, 207, 210~212, 215,
220, 233, 239, 254, 255, 259, 260~264
데리다, 자크 314
데모크리토스 43
도데, 레옹 31, 101
도른, 게르하르 38
도즈, 에릭 로버트슨 241
돈, 존 43
뒤러, 알브레히트 37, 42~46, 54, 55, 69,
71, 72, 237
드 퀸시, 토마스 43
디노 델 가르보 167
디오게네스 라에르티오스 246
디오니시우스 아레오파기타 283
디오클레스 카리스토스 189, 190

[ㄹ]

라바터, 요하나 캐스파 289
라캉, 자크 154, 276, 294, 298
랭보, 장 아르튀르 10, 110, 111, 322
러스킨, 존 92
레리스, 미셸 29
레스티프 드 라 브레톤, 니콜라-에듬
82, 134
레오파르디, 쟈코모 26

로데, 에르빈 26, 241
로렌초 데 메디치 43
로솔라토 83
로트레아몽, 르 콩트 드(이지도르 뒤카스의 필명) 111
루이스, 클라이브 스테이플즈 175
룰리오, 라이문도(일명 닥터 일루미나투스) 66
르나르, 장 143, 145, 146, 149
리카로, 빈첸조 201
리카르도 디 산 비토레 177
리카르두스 앙리쿠스 166
릴케, 라이너 마리아 85, 89, 90, 105, 121, 122

[ㅁ]
마네, 에드가 92
마로, 클레망 132
마루, 앙리 이레네 196
마르크스, 카를 87~89, 92, 94, 106~108, 110, 115, 116, 119
마에스트로 디 산 마르티노 249, 251
마티스, 앙리 111
말라르메, 스테판 10, 79, 111, 116, 266
메네스트리에, 클로드 프랑수아 285
메르쿠리알레, 지롤라모 66
메리필드 90
메소니에, 에르네스트 92
메이예, 앙투안 84, 305, 307, 308
멜란히톤, 필리프 55
모로, 구스타브 32
모스, 마르셀 82, 108, 116
모스타치, 야코포 148
모파상, 기 드 92
몬탈레, 에우제니오 112
무질, 로베르트 17, 116

미쇼-캉탱, 피에르 234
미켈란젤로 부오나로티 43, 79, 83
민코브스키, 외젠 101

[ㅂ]
바르베리노, 프란체스코 다 166, 248
바르부르크, 아비 13, 44, 55, 137, 153, 228, 237, 239, 271, 272
바사리, 조르조 79, 82
바이런, 조지 고든 115
바타유, 조르조 116
바탈리아, 살바토레 171
반 리에트 163
발레스코 디 타란타 234
발리, 샤를 305
밥, 로렌스 43
방브니스트, 에밀 293, 294, 306, 313, 316
베르나르 드 방타도른 133, 135, 175
베르나르 마르티 265
베르나르도 고르도니오 229
베르너, 하인츠 83
베르베케, 제라르 187
베르트랑 드 보른 146, 164
베이컨, 로저 166
벤, 고트프리트 112
벤야민, 발터 10, 31, 88, 98, 101, 113, 271
보나, 레옹 92
보넬리, 르나토 83
보들레르, 샤를 29, 32, 93~98, 101, 106, 109~112, 119~121
보쉬, 히에로니무스 26, 94, 98
보에티우스, 세베리누스 256, 258
부르크하르트, 야코프 크리스토프 199
불워 리턴, 에드워드 조지 115

브럼멜, 조지 브라이언 105, 106, 110, 111, 114, 115
브로스, 샤를 드 82, 84
브루노, 조르다노 227
브뤼헐, 피터 26
비네, 알프레드 82, 119
비탈레, 귀도 187
비트코버, 루돌프 45
빈첸조 디 보베 52
빈트, 에드가 45, 83, 117
빌라모비츠 127
빙켈만, 요한 요하임 94

[ㅅ]

산파올레지, 파올로 83
세슈아예, 알베르 305
세잔, 폴 239, 317
소쉬르, 페르디낭 드 276, 281, 297, 304~312
쇼, 제임스 180
슈펭글러, 오스발트 152
슈퍼처, 레오 266, 316
슐레겔, 아우구스트 빌헬름 폰 11
슐레겔, 프리드리히 폰 79, 117
스미르노프, 빅토르 83
스타티우스, 푸블리오 파피니오 212
스토베오, 조반니 247
스트린드베리, 요한 아우구스트 43
시네시우스(키레네의) 63, 176, 193~196, 211, 212
작슬, 프리츠 37, 41, 44, 45, 71

[ㅇ]

아감벤, 조르조 228
아그리파 폰 네테샤임, 하인리히 코르넬리우스 71

아르날도 다 빌라노바 52, 228, 232~234, 236, 241
아리스토텔레스 17, 42, 43, 50, 64, 68, 70, 149, 156~161, 167, 168, 170, 177~179, 183, 188, 189, 195, 222, 223, 240, 255~257, 274, 280, 286, 298, 302, 312, 315
아리에스, 필립 122, 123
아바스, 페트루스 287
아베로에스 162, 167, 170, 175, 178~181, 183, 184, 218~220
아브라함, 카를 57, 58, 61
아비센나 161~164, 166, 183, 184, 199, 200, 211, 212, 232
아우구스티누스 38, 84, 161, 182, 246, 326
아펠, 칼 133
아풀레이우스 244, 247
안드레아 카펠라노 66, 171, 265
안티페론테스 158
알렉산드로스 아프로디시아스 215
알리 이븐 아바스 알-마주시
알베르투스 마그누스 67, 164, 166, 187, 209, 257, 258
알베르티, 로마노 68
알쉐 드 클레르보 205, 208
알튀세르, 루이 92
알프레드 사례셸(일명 영국인 알프레드) 197
암미라토, 쉬피오네 300
앙리, 알베르 298
앨퀸 35, 38, 51
야코포네 다 베네벤토 35
야콥슨, 로만 298
에라시스트라토스 189, 190
에르누, 알프레드 84

에른스트, 막스 114, 116
엥글러, 루돌프 304, 305
예거, 베르너 189
오르테가 이 가세트, 호세 80
오리게네스 212
오리바시오스 241
오브리스트, 헤르만 114
오비디우스 나조, 푸블리우스 132~134, 231
와토, 앙투안트 239
외질 드 카다르 174
우고 디 산 비토레 48, 201, 203, 223, 284
워넘 92
워키, 다니엘 피커링 250
위고 드 폴리에토 49
위니콧, 도널드, 우즈 125
위스망스, 칼 조리스 29, 43
이사코 디 스텔라 182, 205
이시도르(세비야의 성인) 29
이암블리코스 193, 242
이폴리트, 장 296, 297

[ㅈ]
자코모 다 렌티니 146, 167
장 드 라 로셸 166, 234
장 드 묑 131~134, 139, 142, 266
장 드 제르송 219
쟈블레, 로베르 182
제논(키티온의) 189, 190
제프리 초서 228
조반니 클리마코 26, 38
존스, 어니스트 294
졸거, 카를 빌헬름 페르디난트 11, 117
졸라, 에밀 92
죠나스 도르레앙 38

지오토 디 본도네 26, 248

[ㅊ]
차라, 트리스탄 117
체코 다스콜리, 프란체스코(일명 스타빌리) 176, 208
첼란, 파울 83, 112
치노 다 피스토이아 261

[ㅋ]
카발칸티, 귀도 133, 166, 170, 179, 180, 198, 207, 213~216, 218~220, 235, 260
카시아노, 조반니 25, 26, 29
카프카, 프란츠 26, 112, 290
칼치디우스 153, 199, 244, 246
캉프루, 샤를 264
케레니, 카를 126, 264, 278
코르뱅, 앙리 182
코스타 벤 루카 197, 201
코스탄티누스 아프리카누스 49, 52, 197, 201, 232
콜리지, 사무엘 테일러 43, 164
쿠르베, 구스타브 92
크라우스, 카를 83
크래프트-에빙, 리처드 폰 83
크로이처, 프리드리히 289
크리스, 에른스트 287
크리스포스 190
클라드니, 에른스트 302
클라이스트, 하인리히 111
클라인, 로버트 187
클레, 파울 112
클레멘스(알렉산드리아의) 264
클리반스키, 레이몬드 41, 153
키에르케고어, 쇠얀 34, 271, 321

[ㅌ]

탄파니, 구스타보 66
테니얼, 존 290
테사우로, 엠마누엘레 286, 303
토마스 아퀴나스 29, 33, 35, 166, 180,
181, 209, 220, 282

[ㅍ]

라드베르토, 파스카시오 36
파노프스키, 엘빈 37, 41, 44, 45, 54, 71,
72, 248, 249
파바티, 귀도 180
팩스턴, 조셉 88, 90
페네옹, 펠릭스 10
페디, 고셀름 132
페트라르카, 프란체스코 65, 266
포르피리오스(티로스의) 192, 193, 212,
245
포우, 에드가 앨런 97, 112, 290
폰토르모(일명 야코포 카루치) 43
폴리치아노, 안젤로 215
푸리에, 프랑수아 마리 샤를 82, 98, 100
프라즈, 마리오 272
프랭어, 빌헬름 98
프로이트, 지그문트 56~63, 70, 77~80,
82, 85, 113, 114, 119, 155, 160, 238, 279,
290, 292~294, 296, 301
프로클로스(코스탄티노폴리스의) 192,
242, 249
프루스트, 마르셀 153, 179
프셀로스, 미카엘 245, 246
플라톤 13, 17, 36, 43, 64, 65, 67,
152~155, 161, 171, 172, 187, 192, 193,
195, 196, 198, 199, 203, 206, 212, 216,
219, 222, 223, 228, 237, 238, 240, 241,
243, 245, 247, 249~251, 260, 315

플레밍, 존 139, 176
플로베르, 구스타브 31
플로티노스 171
플루타르크 247, 249
피에르 델라 빈냐 148
피에트로 롬바르도 249
피치노, 마르실리오 43
피타고라스 242
피퍼, 요제프 32
필리타스 10
필리퐁, 샤를 301

[ㅎ]

하비, 윌리엄 209
하이데거, 마르틴 32, 314
할리 아바스 52, 196, 232
해즐릿, 윌리엄 114
헤겔, 게오르크 빌헬름 프리드리히 11,
92, 97, 188, 272, 273, 275, 278, 279, 289,
290, 292
헤라클레이토스 43, 47, 280, 281, 317
헤르더, 요한 고트프리트 284
헨드릭 판 헨트 54
호노리우스 폰 오툉 166
호라폴론(닐로폴리스의) 72, 73, 265,
288
호프만, 에른스트 테오도르 아마데우스
113
횔덜린, 프리드리히 14
홀레비츠, 비톨드 폰 85, 89
히에로니무스 48
히에로클레스 242
히파티아 65, 195
히포크라테스 48, 162, 189, 199, 241,
247, 248, 260
힐데가르트 폰 빙엔 48, 51

옮긴이 **윤병언**

서울대학교에서 작곡을 공부했고, 이탈리아 피렌체 국립대학교에서 미학과 철학을 전공했다. 지금은 전문 번역가로서 이탈리아의 인문학과 문학 작품을 국내에 활발히 소개하고 한국 문학 작품을 해외에 알리는 일에 매진하고 있다. 우리말로 옮긴 책으로 마리아피아 벨라디아노의 『못생긴 여자』, 에리 데 루카의 『나비의 무게』, 필리페 다베리오의 『상상박물관』, 알레산드로 마르초 마뇨의 『맛의 천재』, 조르조 아감벤의 『행간』, 『내용 없는 인간』, 『불과 글』 등이 있다. 대산문화재단 번역지원 대상자로 선정되어 가브리엘레 단눈치오의 『인노첸테』를 한국어로, 이승우의 『식물들의 사생활』을 이탈리아어로 옮겼다.

뉴아카이브 총서

행간

© 조르조 아감벤, 2015

초판 1쇄 발행일 2015년 6월 16일
초판 4쇄 발행일 2021년 10월 1일

지은이   조르조 아감벤
옮긴이   윤병언
펴낸이   정은영

펴낸곳   (주)자음과모음
출판등록 2001년 11월 28일 제2001-000259호
주소   10881 경기도 파주시 회동길 325-20
전화   편집부 (02)324-2347 경영지원부 (02)325-6047
팩스   편집부 (02)324-2348 경영지원부 (02)2648-1311
이메일   munhak@jamobook.com

ISBN 978-89-5707-853-2 (03100)

이 도서의 국립중앙도서관 출판예정도서목록(CIP)은 서지정보유통지원시스템 홈페이지(http://seoji.nl.go.kr)와 국가자료공동목록시스템(http://www.nl.go.kr/kolisnet)에서 이용하실 수 있습니다.(CIP제어번호: CIP2015013915)